A CLÍNICA

VICENTE VILARDAGA

A CLÍNICA
A FARSA E OS CRIMES DE ROGER ABDELMASSIH

1ª edição

EDITORA RECORD
RIO DE JANEIRO • SÃO PAULO
2016

CIP-BRASIL. CATALOGAÇÃO NA PUBLICAÇÃO
SINDICATO NACIONAL DOS EDITORES DE LIVROS, RJ

V749c
Vilardaga, Vicente
A clínica: a farsa e os crimes de Roger Abdelmassih / Vicente Vilardaga. – 1ª ed. – Rio de Janeiro: Record, 2016.

ISBN 978-85-01-10726-8

1. Jornalismo – Reportagem. 2. Polícia. 3. Ética. 4. Abdelmassih, Roger, 1943-. 5. Fertilização humana in vitro. I. Título.

16-29744

CDD: 613.9
CDU: 611.013.2

Copyright © Vicente Vilardaga, 2016.

Todos os direitos reservados. Proibida a reprodução, armazenamento ou transmissão de partes deste livro, através de quaisquer meios, sem prévia autorização por escrito.

Texto revisado segundo o novo Acordo Ortográfico da Língua Portuguesa.

Direitos exclusivos desta edição reservados pela
EDITORA RECORD LTDA.
Rua Argentina, 171 – Rio de Janeiro, RJ – 20921-380 – Tel.: (21) 2585-2000.

Impresso no Brasil

ISBN 978-85-01-10726-8

Seja um leitor preferencial Record.
Cadastre-se e receba informações sobre nossos lançamentos e nossas promoções.

Atendimento e venda direta ao leitor:
mdireto@record.com.br ou (21) 2585-2002.

À memória de minha mãe, Therezinha, de meu pai, José, e do médico Milton Nakamura, que me trouxe ao mundo.

"Em toda casa, aí entrarei para o bem dos doentes,
mantendo-me longe de todo dano voluntário
e de toda sedução, sobretudo longe dos prazeres
do amor, com as mulheres ou com os homens.
[...] se eu cumprir este juramento com fidelidade, que me
seja dado gozar felizmente da vida e da minha profissão,
honrado para sempre entre os homens; se eu dele
me afastar ou infringir, o contrário aconteça."

Juramento de Hipócrates

"Castiga sem raiva, pensou o médico, pela necessidade
de achar uma sensação de prazer, que só a dor alheia
lhe pode dar: é o segredo deste homem."

Machado de Assis, "A causa secreta"

Sumário

1. A festa — 11
2. A investigação — 91
3. A prisão — 141
4. A condenação — 193
5. A fuga — 229

Epílogo: A antimedicina — 299
Nota do autor — 343
Juramento de Hipócrates — 345
Cronologia — 347
Bibliografia — 349

1

A festa

A apresentadora de TV Hebe Camargo circulava com um boneco ruivo e rechonchudo no colo entre as mesas do gazebo do Leopolldo Plaza, bufê de luxo no bairro dos Jardins, em São Paulo. Passeava pelo grande salão decorado com réplicas do pintor francês Jean-Baptiste Debret e levava o bebê de mentira para todos os lados, dizendo que até ela, com 78 anos, conseguira engravidar. Aproximava-se orgulhosa dos convidados para mostrá-lo e dizer que era seu segundo filho, nascido havia dois meses. Estava especialmente animada e fazia uma brincadeira para homenagear o médico Roger Abdelmassih, especialista em reprodução humana mais renomado do país, anfitrião da festa em que se celebrava o aniversário de trinta anos da fertilização in vitro (FIV), técnica aplicada pela primeira vez com sucesso na Inglaterra, em 1977.*

A primeira bebê de proveta do mundo, o ser humano que inaugurou os novos tempos em que bebês podem ser fecundados fora da barriga de uma mulher, a inglesa Louise Brown, foi a convidada de honra de Abdelmassih. Anna Paula Caldeira, primeira criança a

---

* Thaís Botelho, "Festa da fertilidade", *IstoÉ Gente*, 19 nov. 2007; *Caras*, 14 nov. 2007; *Programa Amaury Jr.*, RedeTV!, 22 nov. 2007; *Vip Show*, programa de Ramy Moscovic, TV Gazeta, 11 nov. 2007. A festa aconteceu no dia 7 de novembro, uma quarta-feira.

nascer no Brasil e na América Latina graças à FIV, também estava presente. Hebe fazia carinhos e apertava a bochecha do boneco, batizado de Marcelo, como seu filho verdadeiro. Justificava a presença do "recém-nascido" no jantar, naquela hora da noite, porque ele precisava dar um beijo no doutor Roger, que havia lhe trazido ao mundo. Queria agradecer as maravilhas que ele fazia para as mulheres e sua contribuição para a ciência. O médico estava lisonjeado e transbordava simpatia. Agarrava o boneco com as duas mãos e tascava-lhe uns beijos molhados no rosto. Fazia o mesmo com Hebe. Estava entusiasmado com a força do desenvolvimento da tecnologia de reprodução e com o reconhecimento público de seu importante lugar na história da especialidade no Brasil.

Amiga fiel, Hebe era uma grande garota-propaganda do médico, a quem considerava um dos brasileiros mais brilhantes de sua geração. Ela e todos os quatrocentos convidados da festa distribuíam elogios para Abdelmassih e engrandeciam seu talento, comprovado pelos fabulosos números de fertilizações e de nascimentos de crianças sadias em sua clínica, na avenida Brasil, situados entre os maiores do mundo. A FIV era sua arte e a festa no Leopolldo, a exaltação da evolução do conhecimento humano, bem representado por Louise e Anna Paula, mas também uma auto-homenagem e outra iniciativa de marketing bem sacada da clínica. Os meios de comunicação deram atenção à visita de Louise. O *Fantástico* fez uma reportagem[*] e a *Veja* destinou uma página para a entrevista com a primeira bebê de proveta do mundo.[**]

Amigos e ex-pacientes circulavam na mesma órbita para Abdelmassih, que parecia misturar com perfeição o afeto com os negócios. Grande parte dos presentes, fossem celebridades ou não, eram ex-pacientes que se tornaram amigos. Apesar de terem desembolsado

---

[*] Matéria no *Fantástico*, da TV Globo, 11 nov. 2007.
[**] Entrevista feita pela repórter Sandra Brasil com Louise Brown, publicada na seção "Autorretrato", da revista *Veja*, 31 out. 2007.

fortunas para fazer um tratamento, muitos se sentiam claramente devedores de Abdelmassih pelo presente que ele lhes dera — o tão sonhado filho. Reconheciam algo de divino e milagroso no seu trabalho e sobravam palavras sinceras para agradecer-lhe e endeusá-lo. A parte financeira se tornava secundária ou insignificante diante da alegria com os resultados. Os que não tinham alguma relação de gratidão eram simples e sinceros admiradores.

Produzir bebês sempre foi um serviço médico fascinante, de forte apelo emocional e que envolve anseios pessoais muito profundos. O caso de Abdelmassih era ainda especial por causa de seus índices de acerto superiores a 50%. As expectativas de quem o procurava eram altas e ele as atendia. Mulheres inférteis que haviam tentado de tudo para ter filhos descobriam em sua clínica uma panaceia. Seu nome atingiu aquele estágio de última esperança, quando se tentaram todos os tratamentos possíveis e nenhum deu resultado. Homens que realizaram vasectomia e interromperam o fluxo de espermatozoides contavam com as chances de voltar a reproduzir em um segundo casamento sem precisar de uma cirurgia de reversão. Abdelmassih vendia soluções eficazes de reprodução e era responsável pela felicidade de muitos casais. Não era o único, apenas o mais conhecido e midiático e o que mais novidades tecnológicas trouxe para o mercado brasileiro a partir dos anos 1990.

Por causa de suas façanhas, Hebe inventou o epíteto de Doutor Vida para o médico, lançado em uma das dezenas de vezes em que ele apareceu em seu programa no SBT.* Sempre que aparecia uma oportunidade, Abdelmassih era um dos entrevistados da noite. Semanas antes da comemoração, exibiu sua simpatia no programa. Era personagem fácil não só na Hebe, mas em todos os programas

---

* A expressão é normalmente usada para se referir a médicos especialistas em reprodução assistida. Em maio de 1996, a *Revista da Folha* publicou uma reportagem de autoria de Nelson de Sá que tinha o título de "Doutor Vida" e se referia ao médico Paulo Serafini, dono, na época, da Clínica Huntington, na Califórnia. Posteriormente, Serafini instalou seus centros reprodutivos no Brasil.

femininos e de variedades da televisão. Vivia como celebridade, badalando em eventos sociais, passando temporadas de verão na Côte D'Azur, no sul da França, com a própria Hebe inclusive, e aparecendo em fotos na revista Caras. Outras apresentadoras de TV, como Luciana Gimenez e Eliana, estavam na festa da FIV, assim como os comediantes Carlos Alberto de Nóbrega e Tom Cavalcante, e os cantores Moacyr Franco, Bruno, da dupla sertaneja Bruno e Marrone, e Edson, parceiro de Hudson. Bruno e Edson fizeram o show de encerramento da festa.

Médicos ilustres e amigos queridos como Ruy Marco Antônio, dono do hospital e maternidade São Luiz, o infectologista David Uip, os ginecologistas José Aristodemo Pinotti e Waldemar Kogos, este com a mulher, a dermatologista Ligia Kogos, foram prestigiar Abdelmassih, Louise e Anna Paula, assim como o empresário Abram Szajman, fundador da Vale Refeição e outro companheiro das viagens para Côte D'Azur. Luciana Gimenez estava acompanhada do marido, Marcelo de Carvalho, um dos sócios da RedeTV!. O arcebispo da Igreja Ortodoxa Antioquina no Brasil, Dom Damaskinos Mansour, com vestes de gala, dava o toque solene para o evento.

Sua mulher Sônia, com quem Abdelmassih vivia há mais de trinta anos e a quem declarava amor incondicional, também foi à festa. Estava doente, enfrentando as agruras de um câncer, mas continuava bonita e alegre. Os cinco filhos do médico estavam presentes. Soraya e Vicente, os mais velhos, eram, na verdade, enteados, filhos do primeiro casamento de Sônia que foram criados e reconhecidos por Abdelmassih e trabalhavam na clínica. Ela como embriologista e ele como médico. Os outros três eram filhos biológicos: Juliana, casada com o ginecologista húngaro Peter Nagy, Mirella, mulher de José Luiz Cutrale Júnior, herdeiro do grupo Cutrale, um dos maiores processadores de laranja do mundo, e Karime, a caçula e a única ainda solteira. Para mestre de cerimônia foi destacado o jornalista César Filho. Abdelmassih, que vestia terno preto, camisa branca e gravata prateada, fez um discurso de celebração à vida e exaltou o milagre contemporâneo da fertilização fora do útero, além de apresentar Louise e Anna Paula para os convidados. Em entrevista para o colunista social Ramy Moscovic, o humorista Carlos Alberto de Nóbrega resumia o sentimento geral em relação ao médico. Ambos tiveram filhos graças a Abdelmassih.

— Não é um cientista, não é um médico, é um homem iluminado por Deus. A vontade que eu tenho é de beijar as mãos desse homem, carregar ele no colo — dizia, diante de um Ramy embevecido, que balançava a cabeça em tom de aprovação.

Marcelo de Carvalho, que era amigo do peito, declarava para o programa de outro colunista social, Amaury Jr., que queria dar os parabéns para Abdelmassih por duas razões. Primeiro, por ele ser uma pessoa doce, gentil e maravilhosa e, segundo, por causa de seu destaque como especialista em reprodução humana. Para Carvalho, Abdelmassih era o grande profissional do ramo no Brasil e o maior do mundo — uma pessoa respeitável para quem só restava desejar a continuidade do sucesso, porque sucesso ele já possuía de sobra. Tom Cavalcante, agraciado com três filhos na clínica, dava um depoimento marcante ao justificar sua presença no Leopolldo naquela noite. Destacava, de um lado, a "figura humana" e, do outro, o "cientista, pesquisador e profundo conhecedor da matéria de reprodução".

— É tudo muito bonito, emocionante. E a gente está aqui para abraçá-lo. E para festejarmos juntos o nascimento de Maria, que está completando 7 anos e é uma criança inteligente e sadia. Tomara que a medicina avance, que a sociedade carente possa ter acesso a esse serviço algum dia.

Nos cálculos de Abdelmassih, havia no mundo, naquele momento, entre 3 e 4 milhões de crianças fertilizadas in vitro. No Brasil, sua estimativa era de 12 a 13 mil, talvez 14 mil. Desse total, 6.500 saíram da sua clínica, ao longo de 18 anos de existência, o que dimensionava bem sua participação no mercado. Ele dizia ser responsável pela metade de todos os bebês de proveta nascidos no país, onde existiam mais de 120 centros de reprodução cadastrados pela Rede Latino-Americana de Reprodução Assistida (Rede Lara). As provetas nem eram mais usadas. Em seu lugar, uma pequena placa de vidro servia para abrigar o meio de cultura onde acontece o encontro do espermatozoide com o óvulo e se forma o embrião. Vivendo seu auge, a clínica de Abdelmassih fazia, em média, 120 tentativas de fertilização por mês, quase 1.500 por ano, que resultavam em cerca de novecentos bebês.*

O médico falava desses números como uma prova de força e se sentia uma espécie de segundo pai de todas essas crianças. Via-se, porém, longe dos seus limites e não se acomodava com a eficácia dos seus métodos. Aos 64 anos, admirado por todos, declarava que não iria parar de evoluir e que os resultados da sua clínica ainda poderiam melhorar. Na festa de Louise, emanava otimismo, reforçado pela gesticulação exuberante, e projetava para o futuro próximo taxas de sucesso nas fertilizações ainda mais altas. Contava, para isso, com o desenvolvimento científico. Investia 2 milhões de reais por ano em pesquisa, e uma notícia promissora, que ele explicava didaticamente no *Programa Amaury Jr.*, era a produção de espermatozoides e óvulos a partir de células-tronco. O trabalho, encabeçado pelo casal de biólogos russos Alexandre e Irina Kerkis, contratados pela clínica, avançava a todo vapor e deixava Abdelmassih empolgado. Os primeiros ensaios com camundongos tinham sido bem-sucedidos e agora começavam os testes com material genético humano, em especial com células-tronco obtidas da polpa dos dentes de leite. Descobrindo uma maneira de se obter células sexuais a partir das próprias células-tronco do paciente, as doações de óvulos

---

* Abdelmassih informou esses dados em entrevistas para *Espaço aberto*, Globo-News, 26 nov. 2007; *A noite é uma criança*, apresentado por Otávio Mesquita, TV Bandeirantes, 17 out. 2007; *Boa noite Brasil*, apresentado por Gilberto Barros, TV Bandeirantes, 12 jun. 2006 e *Estilo e saúde*, apresentado por Solange Frazão, Rede Mulher, 1 jul. 2007.

e espermatozoides deixariam de ser necessárias. Era o próximo salto que Abdelmassih vislumbrava para aumentar a eficiência e a produtividade da sua linha de produção de bebês.

Nessa altura, inclusive para a classe média, a infertilidade, problema que afeta em graus variáveis 20% dos casais, deixou de ser uma condenação para se tornar uma dificuldade superável para homens e mulheres. Bebês de proveta deixaram de ser considerados seres especiais e a FIV, de certa forma, se banalizou. Continuava, porém, sendo um negócio fora do leque de serviços da previdência social, 100% privado e caro no Brasil, onde uma tentativa de fertilização não custava menos de 15 mil reais. No caso de Abdelmassih, considerado uma sumidade, o valor era o dobro, e havia uma peregrinação de casais inférteis de todas as regiões e de outros países da América Latina e da África para sua clínica, em São Paulo, aonde todos iam com a certeza de que encontrariam a mais avançada tecnologia.

O mercado de reprodução assistida movimentava cerca de 150 milhões de reais por ano e crescia de maneira acelerada, tendência geral dos gastos privados com saúde. Aumentava o número de pessoas com condições de pagar por um tratamento de infertilidade, e as clínicas, concentradas na capital paulista, aproveitavam o bom momento econômico brasileiro para apertar o passo, facilitar os pagamentos e atrair esse novo público, que vinha, principalmente, dos estados do Centro-Oeste e do Nordeste, onde a riqueza emergente jorrava a olhos vistos. Surgiam 10 mil milionários por ano no país e o mercado potencial de casais para as clínicas especializadas só crescia. No mês da festa, as estimativas de crescimento do Produto Interno Bruto (PIB) para 2007 superavam 6%, de longe o melhor número da década.

Em plena euforia econômica, Louise Brown veio ao Brasil acompanhada da mãe, Leslie, do marido Wesley Mullinder e do filho, Cameron, de dez meses, nascido em uma fertilização natural. Seu cachê girou em torno de 20 mil libras ou 80 mil reais (na época), excluídos os custos da viagem de toda a família. Estava à vontade na festa e confortável com a temperatura e o frescor da noite. Dizia que só se sentia especial nos momentos em que era homenageada. Sabia que seu nascimento passara a representar uma esperança imediata para casais inférteis de todo o mundo, mas no seu cotidiano nem se lembrava disso. Estava ocupada em cuidar do pequeno Cameron.

Sua fertilização foi feita em novembro de 1977 e Louise nasceu saudável, em 25 de julho de 1978, depois de oito meses de gestação. Leslie sofria de um bloqueio nas trompas de falópio e, havia nove anos, tentava engravidar do marido, John. Apesar da dificuldade, apresentava ovulação abundante e regular, o que aumentava bastante as chances de acerto em uma FIV. Os responsáveis pelo seu tratamento foram o médico ginecologista Patrick Steptoe e o biólogo Robert Edwards, ambos da Universidade de Cambridge. Os dois trabalhavam em um hospital público na localidade de Oldham, a trezentos quilômetros da universidade, e, depois de quase uma década de experiências em laboratórios e tentativas frustradas de levar a cabo uma gestação, indo e vindo de um lugar para o outro, tiveram êxito, pela primeira vez na história, com a fertilização de Louise.*

Anna Paula Caldeira nasceu sete anos depois da menina britânica, no dia 7 de outubro de 1984, na Maternidade de São José dos Pinhais, no Paraná.** Sua mãe, a administradora hospitalar Ilza, tinha cinco filhos e era casada, pela segunda vez, com o médico urologista José Antonio Caldeira, sem filhos. Ilza queria mais uma criança com o segundo marido, mas uma inflamação na quinta gravidez a deixou estéril. O ginecologista paulista Milton Nakamura, que estava na vanguarda do assunto no Brasil havia pelo menos uma década, foi o responsável pela fertilização. Teve o apoio do ginecologista Carl Wood, um dos chefes de um grupo inovador da Universidade de Melbourne, que conseguira fertilizar o primeiro bebê de proveta

---

* "Superbabe, Meet Louise, the World First Test-Tube Arrival", *Evening News*, 27 jul. 1978; "And here she is...The lovely Louise", *Daily Mail*, 27 jul. 1978.
** "Eis o nosso bebê de proveta", *Jornal da Tarde*, 12 out. 1984.

na Austrália em 1980 e, um ano antes de vir ao Brasil, participara do grupo pioneiro na consumação da primeira gravidez com um embrião congelado. Wood também foi responsável por uma cirurgia inédita de trompa artificial, utilizando uma cápsula plástica para reproduzir os tubos que ligam os ovários ao útero.

Mulheres comuns, discretas e despreocupadas com o próprio significado, Louise e Anna Paula eram o resultado bem acabado de uma das maiores revoluções da medicina contemporânea. Abdelmassih estava certo em exaltá-las na sua festa. Comemorar os trinta anos da fertilização in vitro foi uma ideia oportuna. Louise foi um desafio exorbitante, talvez comparável à chegada do homem à Lua em termos de efeito simbólico, e uma conquista humana ainda mais tardia. O parto de Louise aconteceu quase uma década depois do sucesso da missão espacial da Nasa. E essa demora tinha relação com os entraves éticos e religiosos para o florescimento da pesquisa. A Igreja não queria que se evoluísse nesse campo. Entre os anos 1960 e 1970, tentar fertilizar um óvulo fora do útero era uma subversão ou uma insanidade de cientista louco, e não havia investimentos expressivos em pesquisa, nem do Estado, nem das universidades, por causa das polêmicas sobre o tema. Além disso, os governos de países em desenvolvimento, de modo geral, estão interessados em soluções para conter a natalidade e não para estimulá-la. Cientistas que se metiam com estudos de reprodução enfrentavam uma oposição ferrenha dos cristãos conservadores, que não queriam que a medicina invadisse algo tão sagrado como a concepção e fizesse algo que só Deus podia fazer.

A brincadeira de Hebe com seu bebê de mentira poderia lhe render uma excomunhão trinta anos antes. O presidente da Conferência Nacional dos Bispos do Brasil (CNBB), Dom Ivo Lorscheiter, dizia, na época em que nascia a primeira geração da FIV, refletindo a visão da Igreja, que "todas essas experiências de fazer nenês artificiais, bebês de proveta, são condenáveis". E previa: "Isso vai ter uma repercussão terrível sobre a humanidade." Pesquisa de reprodução humana era, portanto, um negócio barra-pesada, alvo de contestação explícita e dogmática. Não havia nada de romântico ou poético em tentar fazer um bebê de proveta. Isso só existe nos bebês feitos naturalmente. Mesmo a ética da atividade não estava nada clara. A rigor, ninguém sabia o que iria acontecer, se nasceriam, por exemplo, crianças com deficiências graves devido à fertilização em ambiente antinatural ou se isso abriria a porta para a criação de super-homens e outras aberrações genéticas.

A pesquisa de reprodução assistida começou a se desenvolver na Europa, nos Estados Unidos e no Japão entre os anos 1950 e 1960, e no Brasil, nos anos 1970, dentro dos departamentos de ginecologia e obstetrícia de algumas poucas faculdades de medicina e em clínicas privadas de planejamento familiar, onde se diagnosticava e tratava a infertilidade feminina e a masculina e se realizavam procedimentos de esterilização, como a ligadura de trompas e vasectomias. Em algumas universidades, como a Universidade de São Paulo (USP), a Universidade Federal da Bahia (UFBA) e a Universidade Federal de Juiz de Fora (UFJF), se instalaram laboratórios de biologia reprodutiva e se organizaram grupos de pesquisa. Na Bahia, por exemplo, os médicos Elsimar Coutinho e Hugo Maia realizaram estudos de referência em anticoncepção. Em São Paulo e em todo o país, a clínica privada que mais se destacava era, justamente, a de Milton Nakamura, ginecologista e obstetra que, depois de um período de estudos na Keio University, a mais antiga universidade do Japão, trouxe na bagagem para o Brasil experiência para sistematizar os serviços de diagnóstico e tratamento da esterilidade e de planejamento familiar.*

Nessas novas clínicas, juntavam-se ginecologistas, que cuidavam do aparelho reprodutor feminino, e um novo profissional, o andrologista, especialista dedicado aos problemas de infertilidade

---

* Dirceu Henrique Mendes Pereira, "A história da reprodução humana no Brasil", revista *Femina*, da Federação Brasileira das Associações de Ginecologia e Obstetrícia, fev. 2011.

masculina. Propunha-se, pela primeira vez, um tratamento integrado e orientado para as aspirações e os objetivos da família, tanto em ter um primeiro filho como em parar de tê-los. Nesses primórdios, os médicos consideravam que os homens tinham uma participação insignificante na esterilidade conjugal, em torno de 10%, ficando a maior parte da responsabilidade com a mulher, e não havia profissionais dedicados a entender melhor as dificuldades reprodutivas do sexo masculino. Os urologistas, apesar do senso comum, não são médicos de homens, mas especialistas no trato urinário de indivíduos dos dois sexos. Estudam as partes do sistema reprodutor masculino, como os testículos, os epidídimos, o canal deferente, a próstata e o pênis, mas também os rins e a bexiga. O andrologista deixou de lado a função excretora e passou a dar atenção exclusiva à questão da infertilidade. Abriu-se um campo de estudo que mostrou, ao longo do tempo, que o fator masculino era mais relevante do que se pensava.

A técnica mais antiga de reprodução assistida, a inseminação artificial, antecessora da FIV, era praticada nas clínicas locais de planejamento familiar, nos anos 1970. As primeiras tentativas bem-sucedidas em seres humanos foram realizadas no século XIX, na Europa e nos Estados Unidos.* Por muito tempo, foi a única alternativa de fertilização para casais estéreis. Era indicada, por exemplo, para casais em que o homem tem espermatozoides lentos e com baixa motilidade ou para mulheres com endometriose leve, doença que dificulta a chegada dos espermatozoides até o óvulo, e também para casos de doação de sêmen. A inseminação artificial consiste, basicamente, na colocação do sêmen, através de um tubo fino, direto na cavidade uterina. É fundamental que isso seja feito no momento oportuno, durante a ovulação. Também é fundamental a preparação do esperma em uma centrífuga

---

* Willem Ombelet e Johan Van Robays, "History of Human Artificial Insemination", ObGyn, obgyn.net, 2010.

para capacitá-lo a fecundar um óvulo. Depois da centrifugação, os espermatozoides que se desprendem e nadam para o alto, em direção à superfície do tubo de ensaio, são selecionados e utilizados na inseminação. Bem aplicada, a técnica alcança taxas de sucesso de 20% por tentativa.

Nascido em Marília, no interior de São Paulo, em 1934, Nakamura era filho de um casal de japoneses da primeira geração de imigrantes trazida para o Brasil pelo navio *Kasato Maru*. Dedicação e vocação o levaram para a Escola Paulista de Medicina (EPM), onde fixou seu interesse na saúde feminina, e, na sequência, para o doutorado na USP, quando avançou nos assuntos de concepção e anticoncepção. Era ginecologista, obstetra e pesquisador em reprodução humana, e demonstrava brilhantismo e compromisso profissional nas três áreas. Na juventude, era capaz de acompanhar uma mulher grávida com descolamento prematuro de placenta, duas ou três vezes por semana, durante meses, em sua casa, em uma região distante da zona sul de São Paulo. Com diligência, pegava o bonde e ia observar de perto sua paciente que não podia se locomover e corria risco de vida. Fazia isso por misericórdia e interesse pela ciência. Atendia ricos e pobres com o mesmo empenho e vontade de acertar. Um de seus clientes, o banqueiro Joseph Safra, agradecido pelo nascimento de seu primeiro filho, Alberto, presenteou Nakamura, em 1980, com dois caríssimos aparelhos de radioimunoensaio para equipar seu Centro de Planejamento Familiar de São Paulo. Aparelhos desse tipo, ainda muito úteis, medem com exatidão ínfimas quantidades de hormônio.

O nome de sua clínica parecia de serviço público, mas era um negócio privado que podia fazer atendimentos *pro bono*, sem remuneração. Nakamura era, por exemplo, um craque da inseminação artificial e também das laparoscopias e laparotomias. As primeiras são pequenas incisões na região do abdome para colocação do laparoscópio, aparelho que permite visualizar e manipular o ovário para retirar folículos e óvulos. As outras são cortes maiores, como os feitos nas cesáreas. Nakamura adorava realizar partos e não perdia crianças. Fazia de cada gravidez que acompanhava parte de um processo de aprendizado para entender melhor os mecanismos da reprodução feminina. Transitava todo o tempo da pesquisa científica básica para o trabalho clínico e vice-versa. Conduziu, por exemplo, uma grande pesquisa em São Paulo, ao longo da década de 1970, sobre níveis de fertilidade entre as donas de casa da cidade, que envolveu 4.500 mulheres casadas com idades entre 15 e 44 anos. A pesquisa mostrou que 64% delas usavam contraceptivos. Mostrou também um declínio na fertilidade, com a taxa de nascimentos caindo 29% entre 1970 e 1978.

Trabalhando na USP e depois na Universidade Estadual de Campinas (Unicamp), era o principal porta-voz das tecnologias reprodutivas e contrarreprodutivas e comandava a política no setor. Tudo passava pela sua clínica, na praça Oswaldo Cruz, 138, no Paraíso. Nakamura foi fundador e presidente da Sociedade Brasileira de Reprodução Humana (SBRH), cuja sede passou a ocupar o mesmo endereço de seu Centro de Planejamento Familiar, a partir de 1975. Para alguém que quisesse entender do assunto não havia nenhum caminho melhor no Brasil do que aprender com Nakamura. Ginecologistas, andrologistas e embriologistas — biólogos especializados em manipular células sexuais e embriões em laboratório e terceiro vértice indispensável nesse tipo de clínica — se reuniam para integrar seus conhecimentos e descobrir o máximo que pudessem sobre uma área inovadora e instigante. Tratava-se de um campo de estudo promissor para a ciência e, ao mesmo tempo, para os negócios médicos. Para alcançar seus objetivos, Nakamura se cercava de gente capacitada do Brasil e de outros países. Mantinha correspondência permanente com os principais centros de pesquisa reprodutiva do mundo e convidava grandes cientistas para participar de trabalhos conjuntos e apresentações técnicas. A seu convite, Patrick Steptoe veio ao Brasil duas vezes, nos anos anteriores ao sucesso na fertilização de Louise.

Foi a partir do encontro com Nakamura que a trajetória profissional de Abdelmassih se direcionou para a reprodução humana. Na festa da FIV, diante de Anna Paula Caldeira, Abdelmassih lembrou dele, destacou seu pioneirismo científico e falou, em entrevistas posteriores, da importância que teve em sua carreira. Os dois se conheceram, em 1973, dois anos depois de Nakamura ser convidado para organizar os setores de esterilidade conjugal e de endoscopia ginecológica do departamento de Tocoginecologia da Unicamp, a convite do diretor do departamento e professor titular da faculdade, José Aristodemo Pinotti. Pinotti queria sua contribuição nesses novos assuntos ligados à reprodução humana, e Nakamura aproveitou para fazer seus estudos de livre-docência. Abdelmassih se especializou em urologia e era visto como um médico ambicioso e promissor. Trabalhava como professor assistente da faculdade e era muito próximo de Pinotti, de quem se tornou amigo na época em que foi aluno.

Assim que conheceu Nakamura, Abdelmassih se afinou com ele e ficou interessado em suas ideias. Nakamura falou de uma frente de desenvolvimento da medicina que era a andrologia. Até então, Abdelmassih era um urologista com uma visão tradicional, que não dava a atenção devida às questões reprodutivas. Admitiu que não conhecia a especialidade. Achou até meio estranho no início, mas, conforme entendeu melhor, passou a acreditar que aquele poderia ser seu próprio caminho. Nakamura explicou que ginecologistas e andrologistas trabalhavam em equipe, tentando compreender e resolver as causas da infertilidade do casal. A ciência sabia menos sobre as dificuldades reprodutivas masculinas do que sobre as femininas. Havia um enorme campo de estudos e negócios relacionados à saúde sexual e reprodutiva do homem para explorar.

Abdelmassih se formou na primeira turma de medicina na Unicamp, em 1968, aos 24 anos, com outros 41 alunos. Foi o primeiro a dar essa honra a sua família. Seus avós e pais eram comerciantes. O avô paterno veio do Líbano para o Brasil com a mulher e três filhos adolescentes e trabalhava como mascate, percorrendo o interior de São Paulo. Jorge, seu pai, também se dedicou ao comércio ambulante, mas logo se instalou na cidade de Espírito Santo do Pinhal, onde, com o irmão, montou um armarinho conhecido como Dois Mil Réis, e conheceu sua mãe, Olga. Assim que se casaram, Jorge e Olga se mudaram para um município vizinho, São João da Boa Vista, a 32 quilômetros de Pinhal, onde viam melhores oportunidades para começar a vida. Lá, nasceram Abdelmassih, seu irmão mais velho, Emir, e sua irmã Maria Stela. A mãe abriu uma loja de tecidos chamada Bazar Shangai, que se tornou popular e recebia boa clientela, e o pai passou a fazer transações imobiliárias. Prosperou comprando e vendendo grandes propriedades, como a Fazenda Maravilha e a Fazenda da Barra.* Era um homem que gostava dos prazeres da vida e costumava frequentar, em momentos de lazer, os cassinos de Poços de Caldas.

Aos oito anos, Abdelmassih se mudou com a família para Campinas, principal cidade da região, para onde Jorge expandia seus negócios imobiliários. Era dono de fazendas, fazia loteamentos e projetos residenciais em bairros recém-criados, como Nova Campinas, investia em estacionamentos e teve planos de montar uma fábrica de cerveja. Assim que chegaram, ele e Olga garantiram uma rápida inserção para as crianças na alta sociedade. Associaram-se ao Tênis Clube de Campinas e buscaram os melhores estabelecimentos de ensino. Abdelmassih estudou, primeiro, em uma escola pública, o Grupo Escolar Dona Castorina Cavalheiro, e, depois, no mais tradicional colégio da cidade, o ultrarreligioso Liceu Salesiano Nossa Senhora Auxiliadora. Compenetrado e dedicado aos estudos, manifestou desde a adolescência o objetivo de se tornar médico. Gostava do comércio e das fazendas, como o pai, mas definiu precocemente sua opção pelo estudo. O pai aprovou a decisão. Queria as glórias da medicina, uma profissão muito respeitada e bem executada

---

* Rodrigo Falconi, biografia de Roger Abdelmassih, Guia São João, out. 2003.

no Líbano, país de seus antepassados. Para quem não o conhecia direito, como alguns amigos do irmão mais velho, Emir, o jovem Abdelmassih parecia arrogante e sério demais para sua idade. Emir, que gostava de carros velozes e de participar de rachas na periferia da cidade, fazia o estilo playboy boa-praça e despreocupado. O comportamento dos irmãos contrastava.

Para concluir sua formação, Abdelmassih foi fazer o antigo curso científico, atual ensino médio, com uma carga horária maior em Ciências Exatas, no excelente Colégio Bandeirantes, em São Paulo.* Nessa escola, dizia ter encontrado, pela primeira vez, alunos com desempenho melhor do que o seu. Ficou inconformado com o fato de não ser o primeiro da classe, o que aumentou sua competitividade. Menino ambicioso, só queria estar entre os melhores. Ficava mais preocupado que os resultados dos outros fossem melhores do que os seus do que com suas próprias notas, e seu objetivo permanente passou a ser o topo. Pensava no estudo como o caminho do sucesso e também percebeu cedo a importância do relacionamento com as pessoas certas para subir na vida. Abdelmassih era seletivo para escolher suas amizades e só se aproximava de quem podia lhe abrir portas e encurtar seus caminhos de ascensão profissional e social. Seus amigos o ouviam dizer, desde a juventude, que o sucesso de um médico está em suas relações. Nunca descuidou desse aspecto profissional.

Com esse espírito pragmático entrou na Faculdade de Medicina da Unicamp, para orgulho de seus pais e de todos os Abdelmassih, que haviam encontrado um lugar privilegiado no Brasil em apenas uma geração. O curso da primeira turma da Unicamp coincidiu com os primeiros anos da ditadura militar, mas o principal interesse dos alunos foi a política interna. A grande luta dos estudantes

---

* Nilza Bellini, "Os avanços da fertilização assistida, as conquistas de Roger Abdelmassih, especialista em andrologia e reprodução humana", revista *Problemas Brasileiros* — *Sesc-SP*, 13 nov. 2008.

era conseguir um prédio próprio e garantir a implantação de uma infraestrutura adequada para que fosse oferecido um curso de qualidade. Metade dos cinco anos do curso foi passada em instalações emprestadas da Maternidade de Campinas. A faculdade só ganhou uma sede definitiva, em 1965, quando passou a ocupar o belo e centenário prédio da Santa Casa de Misericórdia, tombado como patrimônio histórico. Abdelmassih participava dessa mobilização e também dos encontros da Juventude Universitária Católica (JUC), que se dividia, nesse tempo, em uma disputa encarniçada entre progressistas e conservadores. Abdelmassih estava do lado conservador, mas seu interesse pela política, de modo geral, era mais de admirador do que de praticante. Gostava de saber de tudo, se envolvia com o jogo e conspirava, mas não queria ser protagonista. Sua lógica era procurar ficar ao lado dos fortes, dos vencedores, dos que faziam sucesso, mas atuando nos bastidores, inclusive, dentro das suas possibilidades, ajudando a financiar campanhas.

Assim que entrou na medicina, direcionou as atenções para a urologia, sem muita dúvida de que seria sua especialidade. Realizou, por dois anos, estágio no departamento de urologia com o doutor Wilson Simas e, na sequência, foi monitor de cirurgia pediátrica com o doutor Gustavo Murgel, dois expoentes do corpo docente da faculdade. Nos últimos anos do curso, também, graças às amizades e aos bons contatos, assumiu a direção do banco de sangue de Campinas, um cargo político, no qual permaneceria por mais de uma década. Não foi o melhor da sua turma, como ambicionava, mas obteve notas acima da média. Pelas fotos do dia de formatura demonstrava ser um aluno animado e que gostava de fazer brincadeiras e aparecer. Estava sempre posicionado no alto e no centro das imagens, nas quais surge sorridente ou fazendo chifre nos colegas. Assim que terminou a faculdade, Abdelmassih tratou de se encontrar no mercado e ganhar experiência. Fez residência em urologia no Hospital Santo Antônio e outro estágio na área com o doutor Roberto Rocha Brito, no Hospital Vera Cruz. Trabalhou, por dois anos, no Hospital e Santa Casa de Misericórdia, de Limeira, e atendia pelo Instituto Nacional de Previdência Social (INPS) no Hospital Irmãos Penteado.

Quando conheceu Nakamura, Abdelmassih estava começando sua clínica particular de urologia, em Campinas, e tratou de direcioná-la para o atendimento em andrologia. A empatia imediata e o encontro de interesses levaram Nakamura a convidá-lo para trabalhar na sua equipe e comandar o atendimento de andrologia no Centro de Planejamento Familiar, em São Paulo. Abdelmassih aceitou a oferta. Teria acesso ao que havia de mais avançado no mercado. Nakamura iria importar um aparelho de ultrassom, fundamental para fazer a localização dos folículos para retirada dos óvulos. Sua clínica seria, em alguns meses, a primeira do país a receber o equipamento. Só funcionavam outros dois aparelhos de ultrassom no Brasil, na Maternidade de São Paulo e na Universidade Federal do Rio de Janeiro (UFRJ). Abdelmassih passou a ir a São Paulo três vezes por semana, para dar consultas e tratar de problemas de fertilidade masculina. Participava também das pesquisas de interesse da andrologia levadas adiante por Nakamura, como, por exemplo, uma técnica de congelamento de espermatozoides que dava grande estabilidade para a célula sexual em baixas temperaturas, permitindo seu uso até um ano depois do armazenamento. Nos outros dois dias, Abdelmassih atendia em sua clínica, em Campinas, e o urologista Antonio Carlos Lima Pompeo, da USP, ocupava seu lugar no Centro de Planejamento Familiar. Na Unicamp, Abdelmassih assumiu a chefia da andrologia no setor de reprodução humana.

O movimento de pacientes nos seus consultórios era alto. Percebia-se, por exemplo, na época, alta demanda por vasectomias, por conta do aperfeiçoamento e da simplificação do processo cirúrgico, que existia desde o final dos anos 1950. Um número maior de homens se sentia seguro em passar pela cirurgia e o interesse em realizá-la com objetivos de planejamento familiar aumentou. Homens casados ou descasados, com filhos e sem vontade de aumentar a prole eram clientes em potencial. Ricos e poderosos, preocupados em proteger heranças ou imagens públicas, e evitar uma gravidez indesejada ou fora do casamento, compunham um nicho expressivo de mercado que sempre interessou para Abdelmassih e que ele conquistava naturalmente graças à sua rede de relacionamentos. Em Campinas, Abdelmassih virou o médico dos políticos para assuntos de saúde masculina. O ex-prefeito da cidade e senador pelo estado de São Paulo, Orestes Quércia, compadre de Pinotti, era outro de seus antigos amigos que ele conhecia desde que era estudante de direito da Unicamp e locutor da Rádio Cultura. Na mesma categoria, se situavam lideranças locais como o vereador Romeu Santini, também jornalista e diretor de rádio. Seu consultório no interior, onde ele só atendia homens, era um ambiente aberto para um uisquinho no fim da tarde e para eventuais conchavos. A ida de Quércia para Brasília, onde promoveu a competência de Abdelmassih para seus colegas no Senado e ministros de Estado, ajudou a lhe trazer novos clientes ilustres de outras partes do país.

Abdelmassih e Nakamura trabalhavam havia quatro anos, lado a lado, em uma convivência pacífica e produtiva quando Steptoe e Edwards tiveram sucesso com a fertilização de Louise Brown. O nascimento da garotinha britânica mudou a cabeça dos dois e levou seus trabalhos para outra direção. Não restavam mais dúvidas de que a FIV era possível e de que a criança resultante de um procedimento de fertilização artificial nasceria normal. Simbolicamente, o homem ganhava o atributo divino de produzir seres à sua imagem e semelhança. Entre os médicos que participavam da corrida para dominar a técnica houve uma grande euforia. Uma corrente de esperança soprou sobre milhões de mulheres de todo o mundo impossibilitadas de serem mães biológicas. Sem contar as boas perspectivas de negócios que se abriam. Dando certo, a FIV daria lucros na mesma proporção em que traria alegria para casais inférteis. Menos por dinheiro e mais pela glória, para Nakamura era hora de centrar fogo no seu projeto e ser o primeiro no Brasil a repetir a experiência britânica. Depois de tanta pesquisa e conhecimento adquirido, não havia ninguém mais habilitado. Seria sua máxima prioridade. Conversava com Steptoe e outros grandes especialistas da Austrália e do Japão, estudava todo o processo e, com alguma ajuda, para superar dificuldades específicas, não ficaria muito longe da conquista.

Abdelmassih decidiu sair do Centro de Planejamento Familiar, em meados de 1979, sem que houvesse qualquer conflito. Adquiriu confiança para alçar um voo solo no maior mercado de saúde do país, pelo menos dez vezes maior que o de Campinas. Ainda não estava apto a participar da corrida pelo bebê de proveta brasileiro, mas se considerava maduro e com um nome de respeito para ocupar um lugar na linha de frente de uma clínica e não nas sombras de outro médico. Gostava de Nakamura, mas pensava em ganhar mais prestígio e dinheiro trabalhando sozinho. A experiência no Centro de Planejamento lhe dera o traquejo necessário para gerenciar uma operação complexa e o ajudara a entender o funcionamento de um centro privado especializado em medicina reprodutiva. Além disso, contribuiu para aumentar sua base de clientes na cidade. Abdelmassih encontrou um sobrado do tamanho das suas necessidades e bem localizado, na avenida Brigadeiro Luís Antônio, 4178, esquina com a rua Marechal Bitencourt, no Jardim Europa, um endereço nobre da cidade, e instalou um novo centro de saúde masculina com o nome de Clínica de Andrologia Campinas. Também começou a planejar a transferência de sua residência para a capital. A exemplo de Nakamura, optou por se concentrar no seu próprio projeto.

Entusiasmado com o nascimento de Louise Brown, Nakamura, em dezembro, vinha a público em uma matéria publicada no *Estadão* para dizer que, em dois anos, nasceria, nessa parte dos trópicos, o primeiro bebê fertilizado fora do útero de uma mulher. O título era assertivo: "Vai nascer o primeiro bebê de proveta brasileiro."*
Era uma projeção amparada nos esforços anteriores do médico, um

---

* Roberto Godoy, "Vai nascer o primeiro brasileiro de proveta", *O Estado de S. Paulo*, 27 dez. 1979.

profissional qualificado para realizar o grande feito. Apesar disso, outros especialistas, como Elsimar Coutinho ou o próprio Pinotti, seu parceiro na Unicamp, até pouco tempo antes, viam o projeto com ceticismo. Diziam que ainda era muito cedo e talvez inadequado e que as necessidades do Brasil eram outras. Sob uma visão de saúde pública, talvez fosse mais importante controlar a natalidade do que estimulá-la. O ministro da Saúde na época, Waldyr Arcoverde, afirmava não ver finalidade em uma pesquisa de bebê de proveta em um país pobre como o Brasil. Dominar a técnica da FIV parecia um capricho, o procedimento era apontado como supérfluo, algo que só gente com muito dinheiro conseguiria pagar.

Pouco interessado nas críticas e determinado a realizar sua experiência, o médico anunciava que começaria a selecionar um grupo de voluntárias, todas mulheres jovens e saudáveis, mas também estéreis e incapazes de completar o ciclo da fecundação. Ele dizia que, para se beneficiar da técnica, a mulher precisava "apenas de um ovário que funcionasse bem, um útero normal e um marido fértil". E anunciava também que Steptoe viria pela terceira vez ao Brasil para apoiá-lo. Nakamura bancava o projeto com recursos próprios, sem apoio da PUC, onde obteve o cargo de professor titular de ginecologia depois de concluir a livre-docência na Unicamp. Segundo avaliações do próprio Steptoe, o custo de um bebê de proveta, no começo dos anos 1980, era estimado em cerca de 20 mil dólares, o equivalente a 130 mil dólares atualmente.

— O que nos move é a insatisfação, o reconhecimento do quanto não sabemos a respeito dos mecanismos de reprodução humana — justificava Nakamura. — Só através de um tremendo esforço, e aí coletivo, com a soma de diferentes experiências, é que um dia poderemos equacionar o grande dilema do casal sem filhos.

As polêmicas em torno de seu trabalho não cessavam. E Nakamura foi demitido da PUC, em 1981.* A universidade, cujo conselho

---

* "Protesto na Pucamp por demissão de professor", *O Estado de S. Paulo*, 15 fev. 1981.

era comandado pelo arcebispo de Campinas, Gilberto Pereira Lopes, tomou a decisão de excluí-lo de seus quadros por causa das discrepâncias de seu trabalho com a filosofia cristã. Ele se tornou uma presença transgressora em uma instituição católica. Sua expulsão foi uma decisão sumária e injusta que gerou protestos e paralisações de professores durante várias semanas, exigindo a reintegração do médico, mas não houve volta. Nakamura seguiu adiante, sem qualquer aval acadêmico, e anunciou mais detalhes de seu projeto, que envolveria um total de trinta mulheres, que seriam distribuídas em seis grupos e fariam três tentativas de fertilização cada, para aumentar as chances de sucesso ao longo do tempo.

No primeiro desses grupos, cinco mulheres se submeteriam a uma laparoscopia, no dia 15 de outubro de 1982, no Hospital Santa Catarina, em São Paulo, para retirada de óvulos e posterior inseminação com os espermatozoides de seus maridos. Nakamura fez farta divulgação da iniciativa e alardeou todos os seus passos na imprensa, muito além do necessário. A laparoscopia exige anestesia geral e internação e envolve todos os riscos de uma cirurgia. Pelo acordo com Nakamura, nenhuma das mulheres pagaria pelos procedimentos médicos relacionados à fertilização. Se tudo desse certo e a criança nascesse, haveria uma taxa pelo sucesso. As pacientes só cobririam os custos da hospitalização, de 800 mil cruzeiros, que equivaleria em tempos atuais a 300 reais.

Steptoe, afinal, muito envolvido com a Bournhall, sua clínica privada de reprodução, a primeira desse tipo no mundo, que ele e Edwards acabavam de inaugurar, não pôde retornar ao Brasil. Os dois pesquisadores encadearam sua descoberta à imediata abertura de uma clínica especializada em serviços reprodutivos. Criaram um modelo de negócio de medicina reprodutiva que não existia, um lugar onde se vendia a FIV — a fertilização fora do útero, um serviço médico sofisticado, inédito e ambicioso — e não mais cirurgias contraceptivas e soluções de planejamento familiar. Nakamura contava com uma rede capilarizada de contatos internacionais, e no lugar de Steptoe vieram o australiano Alan Trounson e o italiano Luca Gianarolli, ginecologistas da equipe de Carl Wood, na Universidade de Melbourne.

Um dos trunfos dessa equipe era o controle do tempo da ovulação, fundamental para fazer a coleta no momento adequado. Wood e sua equipe avançaram muito no uso do citrato de clomifeno, substância cuja ação foi descrita no começo dos anos 1960 pelo pesquisador canadense Robert Greenblatt e que vinha sendo usada pelos pioneiros da reprodução assistida. Administrado por via oral, o clomifeno era prescrito no tratamento de mulheres com ovulação irregular ou ausente para aumentar as chances de uma gravidez natural. Ele ativa a hipófise, que passa a produzir níveis mais altos de hormônios folículo-estimulante (FSH) e luteinizante (LH), chamados de gonadotrofinas. Começa a ser tomado no primeiro dia da menstruação e a ovulação acontece 16 ou 17 dias depois.

Esses pioneiros da reprodução assistida encontravam muita dificuldade para controlar todo o processo e obter as condições ideais para a fertilização. Para dar certo, cada etapa deveria ser executada com precisão e todos os detalhes tinham de ser bem planejados, mas as condições de controle eram limitadas. Edwards e Steptoe passaram anos tentando encontrar a solução nutriente ideal para abrigar a fertilização na proveta, por exemplo. Outro problema crítico naqueles tempos era a qualidade das incubadoras, onde se criam as condições para a fertilização artificial, com temperatura de 37°C e 5% a 6% de gás carbônico. No Brasil, as incubadoras eram de má qualidade, muito instáveis, e os médicos sofriam com dificuldades burocráticas e altos custos para importar equipamentos.

Nakamura reuniu todas as mentes de que precisava para realizar uma FIV, coordenava um grupo experiente e contava com os melhores equipamentos e materiais, mas um acidente perturbou seus planos. Uma das pacientes, uma dona de casa, sofreu um choque anafilático com a anestesia, entrou em coma profundo e foi parar na Unidade de Terapia Intensiva (UTI), onde morreu oito dias depois.* Foi um trauma forte para Nakamura, que se tornou alvo de várias denúncias públicas no que ficou conhecido como "caso da proveta". O Conselho Regional de Medicina de São Paulo (Cremesp) queria apurar sua responsabilidade e a do hospital pela morte e descobrir o papel dos especialistas australianos no trabalho, bem como se estavam autorizados a exercer a medicina no Brasil. Não estavam. O Cremesp tratou, também, de reprovar Nakamura pela publicidade excessiva de técnicas controversas. Houve consenso de que ele ultrapassara limites éticos ao comunicar suas iniciativas. Envolvera a imprensa precocemente em uma experiência de risco, quando o acertado seria esperar os resultados antes de se manifestar. A obsessão em fazer o primeiro bebê de proveta do país para assegurar seu lugar na história acabara minando sua lucidez. Falara demais e antes do tempo sobre uma técnica cercada de desconfiança e que sofria forte oposição.

A partir desse acidente, Nakamura passou a trabalhar de maneira mais discreta, mas se manteve resiliente. Continuou levando adiante o plano de fertilizações em grupos de pacientes dentro da sua clínica e realizou novas séries, mas a imprensa não soube de nada, inclusive porque nenhuma das tentativas vingou. Em janeiro de 1984, voltou à carga e fez cinco tentativas. Dessa vez, o próprio Carl Wood veio representar os pesquisadores de Melbourne. Uma das tentativas foi com Ilza Caldeira, de 36 anos, uma das candidatas que Nakamura avaliava com menor chance, por causa da idade — depois dos 35 anos há um evidente declínio da função ovariana, que se acentua após os 40 — e de uma inflamação chamada paniculite pós-parto que comprometera suas trompas irremediavelmente depois da quinta gestação. Moradora do Paraná, Ilza foi indicada para Nakamura por sua ginecologista. Ela e o marido, José Antonio, tiveram que se deslocar para São Paulo uma dezena de vezes, durante nove

---

* "Oito dias depois, morre a paciente da proveta", *O Estado de S. Paulo*, 23 out. 1982.

meses, para fazer o acompanhamento médico. Das cinco mulheres que faziam parte do grupo, quatro haviam feito pelo menos uma tentativa com Nakamura nos meses anteriores. Ilza era a única estreante. Seus óvulos foram retirados por meio de uma laparotomia. Ela foi a 23ª tentativa do médico de realizar uma FIV.

Precavido, o casal não queria de nenhuma forma que vazassem informações a respeito de seu tratamento e nem sobre o eventual nascimento do bebê. Foi feito um registro em cartório em que Nakamura se comprometeu a não fazer propaganda do feito. O nascimento lhe seria comunicado por uma certidão enviada pelo correio, no mesmo dia, e se esperava que ele não fizesse alarde. Ilza engravidou na primeira tentativa, teve uma gestação tranquila e Anna Paula veio ao mundo às 21 horas do dia 7 de outubro de 1984. Pesava 3.350 quilos e media 47 centímetros. E Nakamura, apesar da promessa, não se segurou. Quando soube do sucesso com informantes do hospital de São José dos Pinhais, conversou com alguns amigos. Um deles foi o médico ortopedista Haruo Nishimura, que tratava a coluna do presidente João Batista Figueiredo. A notícia chegou em poucos minutos a Brasília e no mesmo dia foi feito um anúncio oficial do acontecimento. A revolução do bebê de proveta chegava à América Latina. A exposição desagradou a Ilza e José Antonio, mas a alegria com Anna Paula e a importância do feito tornaram a indiscrição do médico historicamente insignificante.

Para sair da maternidade, o casal felizardo deu uma entrevista coletiva ao lado de Nakamura e apresentou Anna Paula para a imprensa. Havia grande curiosidade em saber se Anna Paula era saudável, se exibia alguma característica especial e se nascera com todos os dedinhos das mãos e dos pés. A entrevista deu oportunidade para se esclarecer várias tolices que diziam sobre as técnicas de fertilização. Logo em seguida ao anúncio de Nakamura, Nilson Donadio, da Irmandade da Santa Casa de Misericórdia de São Paulo, divulgou em congressos médicos que havia conseguido realizar uma FIV sem falhas e a criança nascera alguns meses antes de Anna Paula.* Ele manteve e continuaria mantendo o sigilo sobre o nome da criança e dos seus pais por causa das imposições éticas da Santa Casa, que não permitiu qualquer divulgação. Seja como for, Nakamura conseguiu a primazia do feito.

Embora muito atento aos acontecimentos, Abdelmassih, neste momento, seguia seu rumo de urologista e andrologista e estava profissionalmente distante de Nakamura. Lamentava não ter sido ele o realizador da façanha, mas achava bom para todos que o Brasil se capacitasse para a execução da FIV. Havia dezenas de casos bem-sucedidos no mundo todo e uma grande demanda reprimida por esse tipo de serviço. Aprender a executá-lo era uma grande conquista. Como dizia Robert Edwards, "a coisa mais importante da vida é ter um filho". E todos os médicos especialistas na área sabiam que à medida que as chances de sucesso da FIV aumentassem, haveria filas de pacientes nas portas das clínicas dispostos a pagar por ela. A Bournhall, de Edwards e Steptoe, se tornara um negócio muito lucrativo. Abdelmassih continuou atendendo em sua clínica e trabalhando na Unicamp, onde era chefe da andrologia e fazia pesquisas sobre infertilidade masculina. Fez alguns estágios e treinamentos no exterior, no departamento de clínica médica da Universidade de Chent, na Bélgica, na American Fertility Society, nos Estados Unidos, na Universidade de Salzburgo, na Áustria, e na Faculdade de Medicina de Estocolmo, na Suécia, mas nada de muito fôlego ou que gerasse qualquer tipo de trabalho original. Exercia sua profissão discretamente, como a maioria dos médicos urologistas, e não chamava muita atenção fora dos círculos especializados.

Ampliava sua grande clientela de políticos, empresários e artistas, que vinha nutrindo desde Campinas, e continuava circulando em eventos sociais, onde fazia sua propaganda. Passou a ser o urologista e andrologista das celebridades. Atendia homens com problemas de impotência, infertilidade ou interessados em fazer

---

* "Santa Casa afirma que fertilizou 1º bebê in vitro", *O Estado de S. Paulo*, 30 abr. 1991.

vasectomias ou reversões da cirurgia. Mas a presença de Abdelmassih na mídia era insignificante. Resumia-se a notas de pé de página, nos jornais, dos cursos e seminários que promovia ou dos quais participava sobre esterilidade conjugal e métodos anticonceptivos, abordando o lado masculino. Conseguiu eventual destaque na imprensa promovendo uma pílula anticoncepcional para homens desenvolvida na China e feita a partir do gossipol, substância natural extraída da semente de algodão. Testes indicavam que o gossipol desativava a enzima que garante o amadurecimento dos espermatozoides e impedia que ele se tornasse capaz de fertilizar um óvulo. Abdelmassih fazia estudos para aferir a quantidade ideal de aplicação da droga e, na segunda metade dos anos 1980, previa seu lançamento para breve.*

Nakamura, por sua vez, se tornou popular, virou uma celebridade, um personagem adorado pelos meios de comunicação, que aparecia em grandes reportagens e matérias de destaque na TV. Estava nas capas dos principais jornais e revistas do país. O sucesso com Anna Paula ofuscou seus erros anteriores e o converteu em um cientista reconhecido e admirado. O Centro de Planejamento Familiar, transferido da praça Oswaldo Cruz para um casarão na avenida Brasil e convertido em clínica de reprodução assistida, se tornou uma referência nacional no tratamento da infertilidade feminina e a primeira clínica a oferecer um pacote de serviços de reprodução assistida. Durante dois ou três anos, Nakamura ficou sozinho na especialidade e, praticamente, criou um mercado. Aprofundava-se na tecnologia de congelamento de embriões e espermatozoides e era fonte permanente da imprensa sobre assuntos de ética médica e as descobertas na área. As chances de uma mulher engravidar com uma FIV quando Anna Paula nasceu eram de 18%.

---

* "Em testes, uma pílula masculina", *O Estado de S. Paulo*, 25 set. 1984, p. 25.

Nakamura foi responsável, em 1986, pelo nascimento das primeiras trigêmeas fertilizadas in vitro no país, Bárbara, Bruna e Renatha, no Hospital Santa Catarina, em São Paulo.* Declarava, no final daquele ano, que sua clínica fora responsável pela fertilização de um total de 15 bebês de proveta, desde Anna Paula. Fazia, em média, por semana, dez inseminações artificiais e uma tentativa de FIV, usando exclusivamente células sexuais do próprio casal. Cobrava 28 mil cruzados, o equivalente a 2 mil dólares, por uma série de tentativas de fertilização.** Naquele ano, a economia parecia controlada, a moeda estava fortalecida e o Brasil vivia um curto período de equilíbrio, depois uma hiperinflação, que levou um dólar a valer mais de 13 mil cruzeiros. O ministro da Fazenda, Dilson Funaro, implementou o Plano Cruzado, um plano de emergência para controlar a inflação, que, entre outras medidas, criava uma nova moeda equivalente a mil cruzeiros. Também reavivava os centavos, abolidos como subdivisão da moeda, porque se tornaram inexpressivos. O Plano Cruzado deu 12 meses de trégua para a crise profunda que o país vivia e permitiu que os financiamentos voltassem a existir e muitos negócios florescessem, inclusive as primeiras clínicas de reprodução assistida.

Existiam entre cinquenta e sessenta crianças fertilizadas fora do útero no país no final dos anos 1980, metade no Centro de Planejamento Familiar. Era ainda um negócio pequeno, que se misturava, nas clínicas, com serviços de ginecologia e obstetrícia. Médicos que faziam inseminação artificial eram candidatos naturais a se aprofundar na FIV. Havia, no máximo, dez clínicas nacionais com uma equipe capacitada para fazer uma fertilização fora do útero dar certo. Nakamura realizou 23 tentativas antes de conseguir seu primeiro êxito. Outros médicos talentosos faziam sessenta, setenta

---

* Roberto Godoy, "Nascem em São Paulo trigêmeas de proveta", *O Estado de S. Paulo*, 27 set. 1986.
** Roberto Godoy, "Embrião congelado, a vida guardada", *O Estado de S. Paulo*, 3 dez. 1986.

tentativas para alcançar um resultado positivo. As taxas de acerto ainda eram irrisórias, mas se verificava uma evolução lenta e consistente, na medida em que os procedimentos eram padronizados, a qualidade dos equipamentos melhorava e surgiam medicamentos e hormônios cada vez mais eficazes, além de tecnologias promissoras que estavam elevando, ano a ano, as chances de mulheres e homens considerados estéreis terem um filho na hora que quisessem.

Quando percebeu que o negócio começava a deslanchar e que a andrologia oferecida isoladamente já não era tão valiosa — e muito menos a urologia, Abdelmassih fez uma transformação na sua clínica e integrou vários serviços. Aproveitou o modelo de Nakamura, mas utilizou sua vantagem competitiva em assuntos de infertilidade masculina para converter sua clínica andrológica em um centro de reprodução assistida com seu nome, no mesmo endereço na avenida Brigadeiro Luís Antônio. Em vez de receber apenas homens, o espaço passou a oferecer o tratamento para casais, e o médico, a receber mulheres em seu consultório, o que não acontecia desde que atendia emergências urológicas relacionadas com as dores do cálculo renal, no início de sua carreira. Para formar sua equipe, reuniu especialistas de outras áreas, como Dirceu Mendes Pereira, da USP — com quem trabalhou no Centro de Planejamento Familiar, ao lado de Nakamura —, convidado para comandar a ginecologia. Pereira, um dos profissionais mais capacitados do mercado, havia produzido um único bebê artificialmente até então. Outro reforço trazido por Abdelmassih foi o jovem andrologista Lister Salgueiro.

Para transformar sua clínica, Abdelmassih precisava também de um bom trabalho de comunicação. Queria atingir um público diferente e explicar direito o que pretendia fazer. Não tinha nome como especialista em reprodução. Ninguém sabia quem ele era nem o que significava andrologia. Se quisesse atrair interessados na FIV, precisava sair nos jornais, nas revistas e na TV e mostrar novidades para o mercado, além de explicar direito os atrativos de sua clínica. Teria que oferecer, por exemplo, mais do que Nakamura e outros poucos concorrentes ofereciam. De maneira planejada, Abdelmassih foi logo atrás de um assessor de imprensa, para aumentar sua presença nos meios de comunicação e ganhar fama. Naquela época, assessores de imprensa ainda eram personagens raros e pouco utilizados por profissionais liberais em geral, e menos ainda por médicos. Através de um amigo que trabalhava no escritório da Associação dos Dirigentes de Vendas e Marketing (ADVB), em Campinas, Abdelmassih contactou um jornalista e relações-públicas de São Paulo chamado Mario Humberg que poderia resolver seu problema.

Humberg soube que o médico trabalhava na Unicamp e estava mudando o foco de seu centro médico em São Paulo. Precisava de um especialista para cuidar dos contatos com a imprensa e colocar seu nome nos principais veículos de comunicação. Teve uma reunião com Abdelmassih, que reclamava da falta de dinheiro e do orçamento limitado, mas queria ajuda na divulgação de seu projeto. Humberg se interessou pela conta, achou que seria interessante fazer o trabalho de comunicação de um médico, mas queria se precaver e verificar se não se tratava de um charlatão. Pediu para o cunhado, que sofria de varicocele, um problema de varizes nos testículos, e passara por vários médicos, se consultar anonimamente com Abdelmassih. O cunhado marcou a consulta e saiu com uma opinião favorável do médico. Achou que era competente, mas fez uma ressalva. Incomodara-o a insistência de Abdelmassih em fazer uma cirurgia. Era muito pragmático e insistente nesse aspecto. Com base nas outras consultas, sabia que existia opção para o paciente e que a cirurgia, em seu caso, não era tão necessária. Sua sensação foi de que o médico queria empurrar-lhe o máximo de serviços para extrair todo dinheiro que pudesse.

Humberg foi contratado, recebendo menos do que esperava, e fez o trabalho inicial de conversão da clínica, com o apoio da jornalista Mônica Teixeira. Começaram a promover as novidades tecnológicas de Abdelmassih como andrologista e, mais tarde, a orientar a comunicação da clínica para a especialidade em reprodução assistida. A estratégia era abrir dois canais de comunicação: um com o público em geral, clientes em potencial, casais sem filhos, através de meios de comunicação de massa, e outro com a comunidade médica e científica, mais qualificado. Para falar com esse segundo grupo, Humberg propôs que Abdelmassih criasse um boletim informativo, uma *newsletter*, que trouxesse as últimas notícias das áreas de andrologia e reprodução e também servisse para esclarecer muitos aspectos da especialidade nascente ainda não muito claros. Uma questão que preocupava Abdelmassih era o lugar do especialista em reprodução humana. Ele não queria que os ginecologistas se sentissem ameaçados em seu mercado pelo profissional que surgia. Deveria ficar claro que o ginecologista ou o urologista entregariam seus pacientes para a clínica de reprodução e depois os receberiam de volta. Tratava-se de um serviço específico e complementar aos já existentes, que não criava uma nova concorrência.

O trabalho de Humberg e Mônica deu bons frutos. No final de 1989, Abdelmassih conseguiu um espaço privilegiado no jornal *O Estado de S. Paulo*, seu momento de maior destaque na imprensa desde que trabalhava como médico, com foto e um título pretensioso e positivo: "Médico aperfeiçoa fertilização in vitro". O texto começava dizendo que, depois de introduzir no país, dez meses antes, a fertilização intratubária, que oferecia aos casais inférteis chances de 15% de gravidez por ciclo ovulatório, ele promovia uma técnica de coleta ambulatorial de óvulos, sem necessidade de intervenções cirúrgicas. A matéria mostrava o médico como um portador de inovações na área, exatamente como ele queria. A técnica se mostraria decisiva na evolução operacional das clínicas e também vinha sendo tentada por Nakamura. O anúncio foi feito no seminário Infertilidade Conjugal: Fator Masculino, realizado em São Paulo e organizado pelo próprio Abdelmassih.*

---

* Aurélio Gimenez, "Médico aperfeiçoa fertilização in vitro", *O Estado de S. Paulo*, 10 out. 1989.

A técnica foi importada em uma parceria com a Clínica Huntington, fundada em Pasadena, na Califórnia, pelo ginecologista gaúcho Paulo Serafini, radicado, desde 1979, nos Estados Unidos, onde obteve licença para praticar a medicina e se especializou, na Universidade da Califórnia, em Irvine. Serafini trabalhou, a princípio, como pesquisador, ao lado do endocrinologista Andrew Schally, prêmio Nobel de Medicina pela descoberta da sequência de hormônios das gonadotrofinas e dos mecanismos da ovulação. Participou também da equipe do Long Beach Memorial Hospital, que realizou a primeira FIV em uma clínica privada na Califórnia. Reconhecido nos Estados Unidos, pensava em expandir seus negócios no Brasil. Associou-se a Abdelmassih, que buscava formas de se diferenciar no mercado.

Deixar de fazer a coleta de óvulos por laparoscopia ou laparotomia, sem necessidade de anestesia geral, era uma pequena revolução. Os óvulos passavam a ser retirados pela vagina, sugados com uma agulha especial. Havia uma preparação hormonal da mulher para estimular a produção de células. Durante 14 dias se estimulavam as funções do ovário para se alcançar maior precisão e maior quantidade de células na coleta. No final, o procedimento podia ser feito em um ambulatório, usando um sedativo, que deixava a mulher desacordada por poucos minutos, tempo suficiente para realizar a retirada. Essa técnica, que eliminava a necessidade de internação hospitalar, permitiria que as clínicas de reprodução se tornassem unidades autônomas e seguissem um modelo verticalizado, no qual, para comodidade das pacientes, tudo seria oferecido em um lugar só, desde exames iniciais, hormônios e remédios necessários para o tratamento, passando pela coleta de esperma e de óvulos, até a FIV e a posterior colocação do embrião no útero, dentro de um pacote fechado de serviços médicos.

Na virada para a década de 1990, Nakamura começava a passar o bastão da reprodução assistida no Brasil para outros médicos mais jovens, que entravam no mercado com uma visão bem estruturada de como um centro especializado deveria funcionar. Além de Abdelmassih e de Serafini, apareceram outros doutores emergentes disputando um lugar de destaque na medicina reprodutiva, como o ginecologista José Gonçalves Franco Júnior, que fundou o Centro de Reprodução Humana (CRH) da Fundação Maternidade Sinhá Junqueira, em Ribeirão Preto, ou o ginecologista Assumpto Iaconelli Jr. e o urologista Edson Borges, que se preparavam para fundar a clínica Fertility. Nakamura, de alguma forma, se acomodou no seu pioneirismo e nos seus grandes feitos e deixou de lado qualquer ansiedade novidadeira. Embora mantivesse o espírito humilde e laborioso, a glória lhe deu ares de medalhão. Não tinha a mesma motivação que os concorrentes para perseguir técnicas inéditas. Sua clínica estava sempre lotada e ele, naturalmente, passou a fazer mais do mesmo. Abriu outra clínica em Assunção, no Paraguai, em sociedade com sua segunda esposa, a ginecologista e obstetra paraguaia Maria Margarita Concepción Nakamura, e dividia-se no atendimento a pacientes de São Paulo e de Assunção.

O plano de Humberg de fazer um boletim informativo, editado com recursos próprios, para se promover na comunidade médica interessou a Abdelmassih. Ele disse que o dinheiro seria curto, mas que valia a pena investir em conhecimento. Quanto mais pessoas soubessem sobre o assunto, mais o mercado se desenvolveria. Humberg criou o projeto da *newsletter* junto com o jornalista Romeu--Sérgio Osório e o objetivo era desbravar os assuntos da andrologia e da reprodução assistida. O médico gostou do plano, que tinha metas de consolidação de longo prazo, não menos do que cinco anos. O público seria composto de médicos, em particular ginecologistas, urologistas e estudantes de medicina. Escolheram o nome *Gênesis* para a publicação, que poucos meses depois se transformou em uma revista trimestral com tiragem de mil exemplares. Na época do lançamento, Humberg conseguiu levar Abdelmassih para participar de um programa de sucesso na TV Manchete chamado *Osmar Santos Show*. A revista contava com um comitê editorial, do qual participavam outros médicos ligados à clínica, que também contribuíam com textos científicos. A matéria de capa quase sempre era baseada em um artigo científico internacional traduzido e comentado.

Com a *Gênesis*, Abdelmassih conseguiu se acertar com os ginecologistas, mostrando que a reprodução assistida não concorria com seus serviços, e explicou a andrologia para uma audiência ampla. Houve uma edição de grande repercussão cuja chamada de capa foi "Fator masculino", que esclarecia o lugar do homem nos problemas de fertilidade do casal. A revista chegou a ser distribuída para 10 mil médicos e estudantes de medicina e deu grande visibilidade para a clínica de Abdelmassih, que, como multiplicador de conhecimento, passou a se situar um patamar acima de outros médicos e amplificou sua influência, mesmo sem grande relevância acadêmica, títulos ou pesquisas originais divulgadas em publicações científicas de prestígio. O que importava era que seu nome ficasse falado como o de um especialista em reprodução humana que entregava resultados. Abdelmassih, inclusive, se afastou nessa época de suas funções de professor assistente na Unicamp, para se dedicar com exclusividade à clínica.

O médico percebia que a notícia na imprensa era a primeira e a mais eficiente forma de atrair clientes. Uma publicação em um jornal ou programa de TV ou rádio de credibilidade gerava uma inevitável alta no movimento da clínica já no dia seguinte. Era um impacto muito maior do que a velha propaganda boca a boca, eterna e eficaz, mas de alcance limitado, ou da indicação de outros médicos, que nem sempre estavam dispostos a admitir a existência de algum colega com capacidade para fazer algo que eles mesmos não conseguiam. Aparecer em jornais regionais, de outras cidades e estados, onde a medicina não era tão desenvolvida nesse campo como em São Paulo, também se tornou um objetivo tático da clínica de Abdelmassih, que buscava pacientes em todos os cantos do país. Era inevitável que depois da publicação de uma notícia com os números favoráveis de sua clínica em um jornal de Pernambuco, por exemplo, casais estéreis e abonados de Recife e de outras cidades do estado e da região partissem para São Paulo atrás de um tratamento infalível.

O problema de falta de mídia que afligia Abdelmassih se resolveu com uma boa assessoria, e suas aparições na imprensa se tornaram frequentes. Um indicador de prestígio foi que as notícias de seus cursos e seminários, por exemplo, antes escondidas nas agendas dos cadernos de cotidiano dos jornais, migraram para as colunas sociais, como a Galeria, do Caderno 2, do *Estadão*, comandada por Nirlando Beirão, no início dos anos 1990. Ele se tornou uma fonte confiável e passou a aparecer também em programas de televisão e na grande imprensa, mostrando suas experiências com técnicas importadas. Desde o início, falava dos números impressionantes em sua clínica, que pareciam sempre superiores aos da concorrência. Gostava tanto de números, de exaltar taxas de acerto e de garantir o sucesso da FIV e uma gravidez completa para suas pacientes, que, já em 1991, foi denunciado pela primeira vez para o Cremesp, uma situação desagradável para qualquer médico. Acusaram-no de propaganda enganosa de seus feitos. Em sua curta história, ele já falava em cem fertilizações bem-sucedidas, um ritmo alucinante, dadas as condições da época. E sustentava um discurso demasiadamente assertivo, de ética duvidosa, garantindo resultados que ele não podia garantir. Foi questionado pelo Cremesp e aconselhado a ser mais cuidadoso na propaganda de sua clínica. Defendeu-se, conseguiu se livrar de uma investigação rigorosa e continuou se comportando da mesma forma. Desde sempre vendeu resultados acima da média para as técnicas que importava.

Abdelmassih trouxe da Colômbia, por exemplo, uma técnica desenvolvida pelo médico Elkin Lucena, a Direct Intra-Follicular Insemination (Difi), realizada 24 horas antes da ovulação e que permitia a injeção direta de espermatozoides no folículo do óvulo.* Utilizando a ultrassonografia e o mesmo cateter ultrafino com o qual se fazia a sucção do óvulo era possível injetar até 5 mil espermatozoides no

---

* Luiz Roberto de Souza Queiroz e Aurélio Gimenez, *O Estado de S. Paulo*, "Médico experimenta nova forma de fertilização artificial no Brasil", 2 dez. 1991.

folículo. A fertilização era realizada dentro do corpo da mulher e, em vez do óvulo, o embrião caía na trompa e depois chegava ao útero. O Difi, porém, se revelou uma tecnologia paliativa, que representava uma esperança para homens que produziam baixas quantidades de espermatozoides, mas que se tornaria rapidamente obsoleta diante de uma técnica que revolucionou a reprodução assistida: a injeção intracitoplasmática de espermatozoide, do inglês Intracytoplasmatic Sperm Injection, a ICSI, criada por um grupo de pesquisadores da Universidade Livre de Bruxelas, em 1992.

A ICSI era, de fato, uma descoberta estrondosa.* Ela se resumia à aspiração de um espermatozoide direto do testículo ou do canal deferente e à posterior injeção deste espermatozoide no óvulo, depois de uma seleção morfológica em que se avalia o aspecto e a motilidade da célula. Resolvia imediatamente o problema de homens vasectomizados, que não precisavam reverter a cirurgia, e daqueles que produzem células sexuais em quantidade insuficiente na ejaculação. Com apenas um espermatozoide, o homem conseguia participar da fertilização. Em teoria, a ICSI poderia resolver o problema de 90% dos homens estéreis, já que só 10% deles são afetados pela azoospermia ou oligospermia severa, a ausência completa ou a quase ausência de espermatozoides ativos no sêmen.

De olho no fator masculino da esterilidade e no potencial da ICSI, Abdelmassih importou a técnica para o Brasil um ano depois de começar a dar certo na Bélgica e começou a testá-la com resultados auspiciosos. Para isso, trouxe um equipamento de alta precisão do Japão, que custou 120 mil dólares, e contou com o apoio inicial do diretor da Clínica de Fertilidade da Universidade de Gante, o russo Dmitri Dosortsev, e de um integrante do grupo da Universidade de Bruxelas, o médico Peter Nagy. Ambos vieram ao Brasil para mostrar como tudo funcionava. Em 11 de agosto de 1994, foi realizada a

---

* "Milagre ICSI", programa de sete partes produzido pela clínica de Roger Abdelmassih, fev. 2009. Ver <youtube.com/watch?v=AKSJ3VwD8sA>.

primeira fertilização bem-sucedida com o uso da ICSI no país. Para ter mão de obra capacitada dentro de casa, o médico enviou sua filha Soraya, recém-formada em biologia, para fazer um intercâmbio na Bélgica. Soraya revelou-se uma embriologista de talento, com mão segura e precisa, que lhe renderia o apelido de "mãos de fada". Com o tempo se tornaria perita na execução da ICSI. Nagy acabou sendo convidado por Abdelmassih para trabalhar na clínica e voltou para o Brasil, onde começou a namorar a filha do médico, Juliana.

Os dez anos do nascimento de Anna Paula Caldeira coincidem com a formatação definitiva do negócio de reprodução assistida, com clínicas verticalizadas e serviços de prateleira para todos os gostos e necessidades. No limite, com a doação de células, tudo se tornava possível. Só dependia da vontade do cliente. Os médicos assumiram um maior controle sobre a ovulação e se tornaram muito pragmáticos em atingir os objetivos de fertilização. A meta era uma só: fazer filhos. Abdelmassih, percebendo o momento, aproveita para fazer sua estreia no mercado editorial e lança o livro *Tudo por um bebê*, que passa a ser seu lema. Com a ICSI, produtos farmacêuticos que tornavam a estimulação ovariana eficiente e produtiva eram lançados. Como opção ao citrato de clomifeno chegavam ao mercado gonadotrofinas injetáveis, que atuam diretamente no ovário, regulando e estimulando a produção de óvulos. Eram inicialmente extraídas da urina de mulheres menopáusicas, com marcas como Pergonal e Humegon, e depois o FSH humano passou a ser produzido por tecnologia de DNA recombinante, utilizando células de ovário das fêmeas do hamster chinês. Surgiram primeiro os produtos agonistas e depois os antagonistas, com objetivos de estímulo e bloqueio da ovulação, que foram dando mais precisão ao processo de coleta. O aumento da carga de hormônio garantia, com frequência, uma superprodução de óvulos, às vezes vinte, quando em uma ovulação natural são produzidos um ou dois. Para médicos e embriologistas, a vantagem é a margem de escolha. Com frequência, o uso de hormônios e do citrato passou a ser combinado.

No embalo autopromocional, Abdelmassih aproveitou o Dia das Mães para organizar uma primeira festa anual, algo que se tornaria parte da sua rotina de marketing. Reuniu trinta mães de cinquenta bebês de proveta, todas pacientes que tiveram filhos na sua clínica e estavam dispostas a dar a cara para ratificar sua capacidade de realizar fertilizações.* Queria mostrar sua força, principalmente para o próprio Nakamura, convertido de antigo mestre em competidor. Fez um balanço do desempenho da clínica e anunciou que ela alcançara a surpreendente marca de 1.500 fertilizações realizadas e 410 crianças nascidas graças ao tratamento, com um índice de resultados positivos situado entre 20% e 22%. Estimava que, naquele momento, havia cerca de 1.400 bebês de proveta no país, dos quais 25% haviam sido fertilizados no seu centro médico.

No dia do aniversário de Anna Paula, em outubro, Nakamura, que tinha todos os motivos para celebrar os dez anos de seu êxito, fez uma festa de aniversário na avenida Brasil, mas nem de longe a agressividade da sua propaganda era comparável à de Abdelmassih. Desde o nascimento da menina, o médico se tornara bem próximo da família e era chamado por ela de tio Naka. Costumava trazer presentes para ela sempre que viajava e, quando podia, participava de suas festas de aniversário. Abriu sua clínica para fazer um encontro com pacientes e amigos em que se valorizava uma conquista histórica e não para propagar suas virtudes profissionais de maneira exagerada. Não se movia tanto pela lógica dos números e da competição desenfreada. Pertencia a uma geração de médicos que defendiam processos mais demorados e que chegaram à reprodução assistida estudando as causas da infertilidade e, em comparação com os novos concorrentes, já começava a parecer um homem do passado.

Abdelmassih logo se afirmou como propagador de um comportamento médico imediatista e contrário a essa velha abordagem, que

---

* "Dia das Mães é comemorado com bebês de proveta", *O Estado de S. Paulo*, 7 maio 1994.

passou a ser considerada acadêmica e ultrapassada no novo mercado. Preconizava tratamentos de fertilização sem exames prévios e diagnósticos das causas de infertilidade, no que passou a ser chamado de "cultura da proveta". Não se tratava mais de examinar o paciente para saber as causas de seu problema. Solucionava-se a dificuldade reprodutiva do casal sem atuar sobre suas causas. O que fazia diferença no mercado era ir direto ao ponto. Ficava para os ginecologistas a responsabilidade de cuidar dos exames prévios para a realização da FIV. Para o especialista em reprodução, o foco era só a produção do bebê. Com os índices de sucesso da ICSI cada vez mais altos, uma tentativa de fertilização na clínica de Abdelmassih passou a custar 7.500 dólares, um preço acima da concorrência, que cobrava a partir de 4 mil dólares pelo serviço. Os preços de uma clínica estavam diretamente relacionados às chances de sucesso que ela oferecia.

O movimento crescente de pacientes fez Abdelmassih procurar outro endereço, em um local mais exclusivo. Transferiu-se para um imóvel amplo e luxuoso, na rua Maestro Elias Lobo, 805, em uma quadra arborizada, a cerca de oitocentos metros da antiga clínica. Ficava mais perto de outros consultórios afamados, como os de Nakamura, Pinotti ou o do cirurgião plástico Munir Cury, na avenida Brasil, no ponto mais nobre da medicina paulistana. Nasceu com o nome de Clínica de Reprodução Humana Roger Abdelmassih. Era uma mansão dos anos 1950, recuada e com um amplo gramado na frente e um estacionamento grande o suficiente para abrigar as dezenas de carros importados que chegavam ao longo do dia trazendo pacientes. A clínica antiga ocupava um sobrado mais acanhado, não oferecia estacionamento e ficava em uma via movimentada e barulhenta. As novas instalações eram perfeitas para atender o público classe A que frequentava seu consultório. A construção contava com uma grande recepção, como o médico procurava, e possuía um número maior de salas para distribuir todos os serviços. O imóvel estava a dez minutos a pé da antiga clínica e a cinco minutos da casa de Abdelmassih, também na rua Marechal Bitencourt.

Para se consagrar de vez e se converter na grande estrela da medicina reprodutiva nacional faltava só um caso emblemático, de grande repercussão, que promovesse o nome do médico para um público de massa. Esse caso apareceu quando o jogador Pelé e sua mulher, a cantora gospel Assíria, casados há dois anos, entraram no seu consultório. Antes do casamento, questionado sobre a possibilidade de ter mais filhos, Edson Arantes do Nascimento comentava que precisaria fazer uma reversão de vasectomia. Procurou um médico nos Estados Unidos e, como era previsto em casos como o dele, depois de dez anos da cirurgia, a reversão falhou. Nos meses seguintes, Pelé soube da ICSI e marcou uma consulta com Abdelmassih. Assíria tinha 34 anos, ovulação normal e nenhum problema de fertilidade. Associado com a Pesa, uma tecnologia complementar, que permite aspirar espermatozoides diretamente do epidídimo, região dos testículos onde eles amadurecem, a ICSI foi realizada com precisão. A fertilização se consumou, Assíria recebeu os embriões e sua gravidez foi anunciada em março de 1996. Os gêmeos Joshua, por causa do personagem bíblico, e Celeste, em homenagem à mãe de Pelé, nasceram, sete meses depois, na Maternidade São Luiz.*

Sob o efeito Pelé, a clínica de Abdelmassih cruzou a barreira de 1 milhão de dólares de faturamento mensal e ele virou o médico da moda. A paternidade tardia e surpreendente do rei do futebol tornou sua clínica alvo de peregrinação nacional e internacional para casais que enfrentavam dificuldades para ter filhos. No país inteiro, médicos ginecologistas e andrologistas, quando atingiam o limite de seu conhecimento, passavam a encaminhar seus pacientes para o prestigiado endereço da avenida Brasil, onde esterilidade era uma palavra extinta. A imprensa dava para Abdelmassih tudo que ele esperava dela. Seu nome estava em todos os lugares, na *Veja*, no

---

* Ricardo Feltrin, "Filhos de Pelé nascem prematuros", *Folha de S.Paulo*, 30 set. 1996 e "Pelé e a reprodução assistida", artigo assinado por Roger Abdelmassih e publicado no mesmo jornal em 24 jun. 1996.

Jornal Nacional, no *Fantástico* e em muitas publicações internacionais. E, em todos os casos, com um apelo positivo.

Depois de altos investimentos em comunicação e marketing, Abdelmassih chegava ao topo. Não existia propaganda melhor do que a exaltação pela imprensa. O povo sabia quem ele era. E os ricos, candidatos a comprar seus serviços, também. Na revista *Caras*, lançada três anos antes e muito atenta à vida de Pelé, desde seu casamento, Abdelmassih ganhou um lugar de destaque, que manteria dali para a frente. Mostrava-se um homem afetivo e caloroso, que ainda se emocionava com cada FIV que dava certo em sua clínica. Quanto à competência do médico e da sua equipe, estava acima de qualquer prova. Dizia-se que era um gênio da reprodução assistida. O caso Pelé era tratado como uma façanha médica, embora tenha sido só um serviço profissional, uma ICSI executada com precisão. Antes de Pelé, no início da gestação de Assíria, o médico declarava a realização de mais de 2.500 ciclos com oitocentas crianças nascidas a partir de 1988, o que dava uma média de 110 bebês por ano. Segundo declarações publicadas na imprensa, um ano e meio depois, o número de bebês produzidos saltou para 1.500, numa média de oitenta por mês.

O dinheiro jorrava na clínica. E Abdelmassih tratava de expandir seu patrimônio. Fora da medicina, o investimento que lhe interessava era o imobiliário. Gostava de comprar terras. Desde a juventude, por influência do pai, se meteu em vários projetos. Foi fiador da empresa Shangai Empreendimentos Imobiliários, ligada à sua família e responsável pelo loteamento Jardim Shangai, na periferia de Campinas, perto da rodovia dos Bandeirantes.* Centenas de casas foram vendidas, mas as obras nunca terminaram nem foram entregues. O local virou um foco de permanentes problemas fundiários e rendeu ações na Justiça contra Abdelmassih. Quando

---

* Cecília Polycarpo, "Abdelmassih foi fiador no Jardim Shangai", *Correio Popular*, 26 ago. 2014.

percebia uma oportunidade e dispunha de dinheiro para investir, o médico tratava logo de comprar terras. Sua preferência era a região de Avaré, onde adquiriu uma fazenda de laranjas e instalou sua casa de campo. Tornou-se conhecido também por esbanjar e por gostar de fazer dívidas. Desde seus primeiros tempos em São Paulo circulava com carros de luxo, principalmente Mercedes-Benz. Certa vez seu nome foi falado nas rodas sociais de São Paulo porque foi pego em uma investigação da Polícia Federal por causa de um Mercedes importado irregularmente. Com a abertura das importações, depois do Plano Collor, pôde colocar suas fantasias em prática e passou a comprar modelos recém-lançados da marca Maserati, sua preferida.

Abdelmassih era o vendedor da clínica, a mente orientada para o lado comercial, o gestor e o responsável pela sua imagem. Com lábia, convencia um em cada dois clientes que entravam em seu consultório a comprar seus serviços. É o que se chama no comércio varejista de índice de retenção, o percentual de clientes que cruza as portas de um estabelecimento e decide fechar negócio. Abdelmassih cuidava da primeira consulta e acompanhava os pacientes ao longo do tratamento, mas executava cada vez menos tarefas relacionadas à FIV. Ângela Arantes, que desenvolvia os projetos de comunicação e planejava os eventos e festas, ocupava o cargo de gerente de marketing e bolava a maior parte dos projetos. Depois de negociar com duas ou três empresas, Abdelmassih contratou uma assessoria de comunicação chamada Lide, que cuidava de divulgar os acontecimentos na sua clínica para a imprensa. Um dos sócios da Lide, o jornalista Charles Magno, ficou responsável diretamente pela conta.

O próprio Abdelmassih, sempre recheado de informações que recebia de políticos, empresários e gente famosa com quem convivia, fazia contatos diretos com colunistas influentes de vários veículos. Isso lhe abria muitas portas na imprensa. Era tido como um cara legal e acessível. Abundavam pedidos de entrevistas de jornalistas interessados em fazer reportagens sobre reprodução assistida. No cadastro de pacientes estavam identificadas mulheres de diferentes perfis disponíveis para contar sua experiência na clínica e dar seu depoimento para a imprensa. Amigo de Hebe Camargo e de cada vez mais gente da televisão, ele capitalizava sua fama para atrair mais pacientes e usava boa parte do seu tempo fazendo marketing. Passou a se considerar uma pessoa com domínio sobre a mídia. Todas as semanas fazia reuniões com o time de comunicação para conversar sobre assuntos de rotina e novos projetos. Quem cuidava, de fato, de todo o trabalho técnico e executava fertilizações com maestria era sua equipe de médicos e embriologistas. O filho Vicente, formado em medicina e especializado em ginecologia, acabava de assumir funções na clínica e se aperfeiçoava em procedimentos de retirada de óvulos e implantação de embriões.

Na primeira consulta, Abdelmassih tratava de convencer os casais a realizar o tratamento reprodutivo e a desembolsar o preço que ele pedia. Não era difícil, porque todos sonhavam, ávidos, com um filho e estavam convencidos de que falavam com uma sumidade. Quando ele entrava no consultório ou na sala de reuniões, onde frequentemente fazia seus atendimentos, o cliente era envolvido pelo seu discurso convincente. Falava emocionado do seu talento para produzir bebês e atribuía tudo a uma graça divina. Demonstrava ser um católico ferrenho, um sujeito que declarava tanta fé em Deus, que, às vezes, dava a impressão de ser um cientista criacionista que se envergonhava da natureza herética de seu trabalho. Dizia que era um instrumento de Deus, como um curandeiro espírita, e costumava falar do que fazia como um milagre. Reparava bem as pessoas, principalmente no tamanho do seu bolso, e descobria rápido se tinham condições de bancar aquele sonho caro — a maioria dos casais que entrava na clínica demonstrava ter dinheiro de sobra. Outros contavam com uma reserva financeira destinada ao tratamento e deviam existir aqueles que se envergonhavam de dizer que estavam sem recursos. Abdelmassih tratava logo de despertar o sentimento nos pacientes e falava do sonho maior, que não tinha a ver com questões materiais. Partia do princípio elementar de que quem estava ali queria um filho de qualquer jeito e depositava suas esperanças no colo do médico. E se o problema era só dinheiro, então era fácil de resolver.

Seu pacote básico incluía três tentativas de fertilização e custava 30 mil dólares — naquele tempo, o dólar e o real valiam quase o mesmo. Depois de Pelé, esse virou o preço de referência, que saía de vez em quando na imprensa e todo mundo dizia pagar. Mas o pacote encobria um sem-número de exames e hormônios e medicamentos. Além disso, o preço poderia variar 30% ou 40% se fosse pago com recibo ou sem recibo, e também havia alguma margem de negociação, embora Abdelmassih detestasse ouvir pedidos de desconto. Quando o marido pechinchava, dizia que aquilo era uma desfeita à mulher e que não era o momento para pão-durismo. Ficou conhecido também pela mão pesada para medicamentos e hormônios, o que significa que gostava de indicar grandes quantidades de hormônios folículo-estimulantes, por exemplo, para garantir uma produção excedente de óvulos e ter margem de escolha no momento da implantação dos embriões. A mão pesada servia também para ganhar mais dinheiro.

Depois da consulta, os pacientes saíam direto da sala do médico e se dirigiam para uma porta ao lado da recepção, a farmácia, onde desembolsavam mais seiscentos dólares pelos produtos receitados, que movimentavam um negócio complementar e de altas margens de lucro. A paciente deixava a clínica com uma caixinha de isopor na mão cheia de medicamentos e com as instruções para a aplicação da injeção subcutânea de hormônio no mesmo dia ou no dia seguinte. Abdelmassih intensificava o uso de estimuladores da ovulação. Não se preocupava muito — como era típico dos médicos afinados com a "cultura da proveta" — com os efeitos colaterais na mulher do uso do citrato de clomifeno e dos hormônios, como alterações de humor, dor abdominal e nos seios, inchaço nos ovários, insônia, vômitos, irritabilidade e ganho de peso. Também era rápido na execução das três tentativas e as realizava, muitas vezes, em sequência, em três ou quatro meses, o que para médicos preocupados com o equilíbrio psicológico e metabólico de suas pacientes é uma temeridade. Seis meses seria um período razoável, mais humano e menos desgastante.

Quando chegava na consulta com um especialista em reprodução, no final dos anos 1990, a maioria dos casais sabia das causas de sua infertilidade. As pesquisas haviam provado que a mulher e o homem dividiam essa responsabilidade por igual. Ambos haviam passado por especialistas, ginecologistas ou urologistas de confiança e carregavam seus diagnósticos. Se a dificuldade fosse do homem, em geral se tratava de um número reduzido ou da total ausência de espermatozoides no sêmen, algo que a ICSI deveria resolver. Se fosse da mulher, podia ser um problema nas trompas ou uma endometriose. A idade era o outro obstáculo, quase sempre o mais difícil de superar. Chegou um tempo em que um número maior de mulheres adiou o sonho da maternidade por questões profissionais e quando decidiram mesmo ter um filho, depois dos quarenta anos, os entraves para a gravidez haviam aumentado. Às vezes, uma doação se tornava imprescindível. Isso acontecia quando o uso do óvulo se mostrava inviável. A doação, uma prática legal, desde que assentida e sem cobrança pelo material genético, estava no leque de serviços da clínica, e era uma possibilidade considerada por alguns pacientes.

Abdelmassih propunha doações, normalmente, nos casos em que não havia jeito de usar as células do casal, e também fazia ou aceitava propostas mais ousadas. A fama, de alguma forma, começou a libertar Abdelmassih de falsos moralismos e de hipocrisias. Nessa época, em entrevistas aprofundadas, mas também em programas de auditório, ele começou a falar o que lhe dava na telha. Mostrava que era um médico abusado, radical, que não se preocupava muito com a ética e iria a extremos no seu pragmatismo para satisfazer o desejo dos pacientes por um filho. Dava alguns exemplos que, se estivesse em países da Europa ou nos Estados Unidos, o levariam, na mesma hora, a tomar um pito público da agência reguladora ou do Conselho de Medicina, ou até a ser suspenso da medicina. Afirmava em público que havia enfrentado uma situação em que dispunha do espermatozoide armazenado do marido e aceitou entrar em conluio com a mulher para usá-lo em uma fertilização. Abdelmassih e a mulher fizeram o marido pensar que o bebê nasceu de uma relação.

— Cada caso é um caso, são situações do mercado de fertilização — afirmava, se referindo aos pacientes que entravam no seu consultório e às soluções que estava capacitado para oferecer.

Demonstrava atrevimento ao falar da escolha do sexo do bebê, chamada de sexagem, manipulação genética só permitida em caso de risco de doença genética e proibida em qualquer outra situação. Deixava claro para quem quisesse ouvir que a sexagem estava na sua prateleira de serviços. Para Abdelmassih, a escolha era só uma questão de vontade do cliente. Dizia isso à luz do dia, em grandes meios de comunicação. Argumentava que se um casal tivesse três filhas e quisesse muito um filho homem ou o contrário, três filhos homens e desejasse uma menina, a escolha do sexo era justa e razoável. Exemplificava com alguns clientes árabes que procuravam sua clínica só para conseguir um descendente do sexo masculino. Segundo Abdelmassih, quase todos os médicos da área aceitavam fazer esse tipo de seleção.

A clínica de Abdelmassih era elegante, com uma decoração refinada e sem exageros, onde se destacavam objetos de prata e as luminárias de cristal. Primava pela brancura das paredes e por um mobiliário distribuído de maneira adequada pelos diversos ambientes. A recepção, com uma escada ao fundo, era grande e escancarada, dividida em três grandes salas — um local mais adequado para as pessoas verem umas às outras do que um espaço discreto e acolhedor, onde os casais vinham tratar de um assunto íntimo. Havia mimos e regalias para quem estava esperando, como costumam ser os consultórios médicos da moda. Garçons serviam café, água, champanhe e também salgadinhos e doces, tudo importado ou com marcas de butique.

Nos corredores, estavam fixados grandes painéis revestidos de fotos de mães satisfeitas com seus bebês nascidos graças a fertilizações realizadas na clínica. Viam-se imagens tocantes que representavam a alegria da maternidade. Liam-se bilhetes de agradecimento e notavam-se várias lembranças de momentos felizes. As mulheres que entravam naqueles corredores passavam por uma espécie de túnel da fantasia, em que se antecipava a realização de seu maior desejo. Abdelmassih atendia no consultório, no andar de cima, e também em uma sala de reuniões, no térreo, onde costumava receber muitos pacientes na primeira consulta ou em alguns encontros de esclarecimento. Tudo na decoração seguia um estilo clássico e de bom gosto. O único detalhe estranho era um elefante de bronze de mais ou menos um metro de altura, com a bunda virada para a rua, instalado no gramado na frente da casa. Abdelmassih dizia que o elefante dava sorte e instruía os seguranças a não deixar ninguém chegar perto dele, nem crianças.

Para receber seus pacientes, o médico costumava descer as escadas de maneira triunfal e com total domínio de cena. Corpulento, com 1,80 metro de altura, aparecia, no andar de cima, caminhando firme com seu jaleco branco esvoaçante em direção à recepção. Invariavelmente usava gravatas, seu adereço preferido, que podia ser de qualquer cor, e ternos e sapatos importados. Recebia os pacientes de forma calorosa, com abraços e beijos. Abraçava algumas mulheres de maneira forte e intensa. Dava beijos barulhentos e molhados, às vezes muito perto da boca. Com os homens também demonstrava carinho, mas nada tão exagerado como com as mulheres. Seja como for, ainda que se tratasse de uma situação profissional, todos consideravam seu comportamento normal e o atribuíam ao seu caráter afetivo e não a uma intenção maliciosa. Fazia parte do seu estilo.

A jornalista Fernanda, de 36 anos, e o marido Marcos estavam em busca de uma solução para seus problemas de infertilidade e passaram por um tratamento com Abdelmassih um ano depois do nascimento dos gêmeos de Assíria e Pelé. Observaram de perto o funcionamento da clínica e sentiram o clima de badalação que existia por lá. Procuraram Abdelmassih por indicação do ginecologista de Fernanda e estavam conscientes das suas dificuldades. Marcos tinha filhos do primeiro casamento, era vasectomizado há 14 anos e não tivera uma cirurgia de reversão bem-sucedida. E a jornalista sofria com a baixa produção e o envelhecimento de óvulos, por ter mais de 35 anos. Chegara a receber um implante de embrião, por meio de uma laparotomia, mas a tentativa deu errado.

No dia da consulta inicial, a clínica não estava muito agitada. Dois casais aguardavam na recepção. Fernanda e Marcos esperaram meia hora até que Abdelmassih viesse recebê-los. Não se excedeu, nesse caso, com beijos e abraços. Cumprimentou normalmente e levou os dois para a sala de reunião, onde se via uma grande mesa ovalada de mármore branco, sentou na ponta da mesa, ouviu o que os pacientes queriam dizer e explicou seu tratamento. Falou da estimulação ovariana com hormônios, da ICSI que Marcos faria para obtenção de seus espermatozoides e das três tentativas de fertilização e implantação de embriões em Fernanda, sem necessidade de realizar qualquer cirurgia. Passou a conta de 30 mil reais e deu a opção de dividir o pagamento e dar desconto sem nota.

O casal optou em pagar em três vezes e com nota. Na saída, desembolsaram a primeira parcela de 10 mil reais com cheque e mais 600 reais na farmácia, pela geladeirinha de isopor com hormônios que deveriam ser conservados em baixas temperaturas, entre eles o Puregon, do laboratório Organon, um FSH recombinante. O excesso de hormônio a deixava à flor da pele. Chorava à toa e passava pela sua cabeça toda hora que aquela seria a última chance de ter um bebê. Passou a frequentar a clínica pelo menos uma vez por semana, para fazer o controle de sua ovulação pelo ultrassom transvaginal e exames de sangue. Marcos teve seus espermatozoides extraídos por uma ICSI. Mesmo com a bomba hormonal, na primeira coleta, Fernanda produziu apenas três óvulos, quando o mínimo que se esperava na sua idade, para dar alguma margem de escolha e aumentar as chances de o processo ser bem-sucedido, eram quatro. Os óvulos foram fertilizados e os embriões, transferidos para o útero de Fernanda. Nenhum deles vingou.

Ao longo dos vários exames e tentativas de fertilização, Fernanda foi à clínica sempre acompanhada pelo marido, que ficava na sala de espera, como se recomenda nesse tipo de atendimento médico. O casal costumava encontrar Sônia, mulher de Abdelmassih, que frequentava a clínica e circulava pela recepção. Pelo menos uma vez, eles viram Assíria com os gêmeos bebês. Na sala de espera, Fernanda percebia diversos sotaques de gente que vinha do interior de São Paulo, de Minas Gerais ou dos estados do Nordeste e também ouvia línguas estrangeiras. Notava a tietagem explícita a Abdelmassih quando ele parava para conversar com as clientes. Quem atendeu Fernanda, na maioria das vezes, foi o filho Vicente. Era ele que fazia os exames de ultrassom e a coleta dos óvulos. Raras vezes, Abdelmassih acompanhava algum serviço.

A segunda tentativa de Fernanda também deu errado e ao longo da terceira aconteceu um imprevisto. Abdelmassih, que, naquele dia, cuidava de fazer a ultrassonografia, acabou furando o dedo ao pegar um instrumento, ficando exposto, por um instante, aos fluidos corporais de Fernanda. Parecia algo insignificante, mas Fernanda e Marcos tiveram uma surpresa ao sair da clínica. Receberam uma conta extra de um teste anti-HIV. O Conselho Federal de Medicina (CFM) proíbe a realização desse tipo de exame sem o consentimento do paciente, o que se chama testagem compulsória. Fernanda pensou imediatamente na tatuagem feita vinte anos antes no braço direito e pela qual o médico demonstrara curiosidade em uma das consultas. Fernanda e Marcos se recusaram a pagar essa conta. Vicente tentou demovê-los da decisão, mas ela argumentou que se Abdelmassih estava preocupado com a contaminação pelo HIV então que ele próprio fizesse o exame. Realizar um teste de Aids sem autorização era proibido.

Depois da confirmação do fracasso da terceira tentativa, foi marcada uma consulta para fazer um balanço do tratamento e conversar sobre outras possibilidades. E aí os limites éticos de Abdelmassih se expandiram um pouco mais, assim como seu sentido de urgência, e seu comportamento começou a mudar, se tornando mais ríspido. A conversa foi na sala de reunião, onde o médico, dessa vez, ficou de pé, com as mãos apoiadas sobre as bordas na cabeceira da mesa, menos simpático e com alguma intenção de intimidar. Estava inconformado com o mau resultado e sabia que usando os óvulos de Fernanda não haveria solução. Sem delongas, propôs uma doação como único caminho para a jornalista engravidar. Sabia que a essa altura apelos emocionais não funcionavam mais. Fernanda descartou a doação logo de cara e disse, em seguida, que quem queria mesmo ter o filho com uma FIV era o marido. Ela preferia adotar uma criança.

Abdelmassih começou a insistir na sua proposta. Tentava convencê-los de seu ponto de vista a qualquer custo. Explicou que seriam obtidos óvulos de uma doadora jovem, com as mesmas características físicas de Fernanda. Células da doadora e de Fernanda seriam fertilizadas com os espermatozoides de Marcos e os embriões resultantes seriam misturados e implantados no seu útero. A mistura daria chance para o acaso e para a dúvida. Não se poderia afirmar, com certeza, de quem seriam os embriões que prosperaram. Além disso, o médico argumentava que a maternidade era a condição que realmente estabelecia o vínculo com a criança e que a gestação era tão importante como a fecundação. A gravidez afirmaria sua condição de mãe verdadeira. O valor para fazer uma tentativa de fertilização com óvulos doados eram os mesmos 10 mil dólares. Fernanda não se convenceu. Estava cansada de tomar hormônios e de tratamentos prolongados. Preocupava-se com a origem do óvulo doado. Ele guardaria alguma doença genética que pudesse se manifestar na criança? Qual era o risco? Qual era a história familiar e pessoal da doadora? O casal lidava com muitas incertezas e recusou a proposta de uma vez por todas.

Não seria a argumentação venal do médico que os faria mudar de ideia. Abdelmassih começou a se irritar com a recusa.

— Vocês querem um filho ou não? — perguntou para Fernanda e Marcos, quase debruçado sobre a mesa de mármore.

— Não. E se é assim, a conversa acaba aqui. Com doação eu não quero — afirmou Fernanda, antes de se despedir e sair da sala.

Abdelmassih demonstrava ojeriza por estatísticas desfavoráveis e se sentia ofendido quando era impedido em seus esforços de dar um filho para seus pacientes e de fazer mais uma venda. Detestava aquela sensação de perda de tempo, quando percebia que o casal deixava de confiar no seu trabalho e estranhava as suas propostas. Conseguia ser muito gentil e agradável se estivesse em uma posição superior, diante de pessoas crédulas e esperançosas, prestes a gastar seu dinheiro com ele. A crítica e o questionamento, porém, o perturbavam. Na medida em que um tratamento não ia dando certo, ficava irascível e podia ser rude com algumas pacientes. Seus assessores de comunicação percebiam que Abdelmassih não suportava as pequenas derrotas do negócio, lidava mal com contrariedades e se enfurecia quando, por exemplo, via um concorrente brilhar nas páginas da imprensa ou lia uma reportagem sobre reprodução assistida em que ele não aparecia como fonte. Tinha a característica de se incomodar com o sucesso alheio. Não era incomum que convocasse uma reunião para saber dos assessores o que acontecera e por que outros médicos estavam recebendo mais destaque nos jornais do que ele. Gostava de usar metáforas futebolísticas e perguntava como eles tinham conseguido "tomar essa bola no meio das pernas".

Uma notícia chocante comoveu a comunidade médica e toda a sociedade no último dia de 1997, e encerrou, antes do tempo, uma etapa da história da medicina reprodutiva brasileira. Nakamura foi encontrado inconsciente logo pela manhã, por seu motorista, caído na garagem de sua casa, na rua Sampaio Vidal, nos Jardins, aparentemente depois de escorregar da sacada do quarto, de uma altura de cerca de 3 metros, e sofrer um traumatismo craniano.* Teve também cortes na barriga e em um dos braços. Era madrugada e estava sozinho em casa. Não houve testemunhas dos acontecimentos. Para a polícia, em um primeiro momento, era uma "morte a esclarecer". O departamento de homicídios investigou o caso e concluiu que foi um acidente.

Com 63 anos, problemas cardíacos e hipertensão, a queda acidental parecia refletir a verdade dos fatos. Não surgiu qualquer outra versão conflitante. A própria família estava convencida de que o médico passara mal e caíra da sacada e descartava um assassinato. Vigias e vizinhos não viram ninguém e nem carros estranhos por perto. Não se observaram sinais de arrombamento e nenhum objeto foi roubado da casa, o que eliminou a hipótese de latrocínio. Nakamura vestia pijama quando foi encontrado. A televisão e o ar-condicionado do quarto estavam ligados. O motorista chegou pela manhã para buscar o médico, que pretendia trabalhar no primeiro dia do ano. Quando morreu, Nakamura era um homem consagrado e rico, que além do Centro de Planejamento Familiar e de uma clínica em Assunção detinha participação em vários outros negócios, como a Day Clinic, o Centro Materno Infantil e o Laboratório de Análises Clínicas e Radioimunoensaio Indianópolis. Mas continuava sendo um trabalhador incansável. Deixou quatro filhos do primeiro casamento.

A medicina brasileira perdeu um de seus grandes nomes, e o mercado foi redistribuído entre Abdelmassih e alguns concorrentes destacados, como Paulo Serafini — que abriu um primeiro centro Huntington, em Vitória, no Espírito Santo, e depois se associou com o ginecologista Eduardo Motta para abrir uma filial em São Paulo, alguns anos depois —, ou José Gonçalves Franco Jr. — que transformava Ribeirão Preto em um polo de serviços de reprodução humana. Outras clínicas começavam a ser abertas na cidade, entre

---

* "Nakamura é enterrado em São Paulo", *Folha de S.Paulo*, 2 jan. 1998.

elas a Infert, fundada pelo médico Jorge Barreto. No Rio de Janeiro, se destacava a Clínica Dale, do médico Luiz Fernando Dale. No final dos anos 1990, existiam cerca de cem centros de reprodução humana espalhados pelo país, dos quais metade estava em São Paulo, assim como 70% das fertilizações realizadas, e o restante em outros estados do Sudeste e do Sul, principalmente. Fora de São Paulo, poucos deles tinham capacidade de prestar serviços de ICSI, por exemplo, ou contavam com os recursos necessários para fazer testes genéticos mais sofisticados.

Desde o aprendizado com a ICSI e o esforço de capacitação do pessoal de sua clínica, Abdelmassih não parou mais de investir em pesquisa, que ele sabia ser a principal forma de se diferenciar no mercado e não perder a dianteira — uma das lições que Nakamura lhe dera nos anos 1970. Mantinha seus laboratórios funcionando a plena carga, testando tecnologias importadas ou tentando criar suas próprias inovações. Para permanecer na mídia, dava amostras dos avanços científicos que estava alcançando, organizava eventos para discutir temas da área e convidava especialistas estrangeiros para dar palestras no Brasil ou para passar uma temporada em sua clínica, trabalhando em pesquisa avançada. Além de Peter Nagy, buscou outros reforços de peso, como o ginecologista checo Jan Tesarik, responsável pela primeira FIV bem-sucedida na República Checa, em 1982, e pela primeira ICSI na França, em 1993. Tesarik veio para o Brasil financiado por Abdelmassih para pesquisar a chamada transferência citoplasmástica ou turbinamento de óvulo, em que parte do citoplasma da célula de uma doadora jovem é transferida para o óvulo de uma mulher mais velha, com o objetivo de rejuvenescê-lo e melhorá-lo para a fertilização.

Teve sucesso na sua experiência e conseguiu realizar, no Brasil, uma fertilização e obter um embrião a partir de um óvulo renovado pela transferência citoplasmática. Era um projeto experimental e o embrião não foi implantado no útero de nenhuma mulher. A grande discussão em torno dessa prática era se ela configurava uma modificação genética importante e se o filho que nascesse teria três códigos de DNA — o do pai e os das "duas" mães. Em um artigo publicado no jornal *O Estado de S. Paulo*, Abdelmassih argumentava que a quantidade de material cromossômico transferido pelo citoplasma, o material fluido que envolve o núcleo da célula, de um óvulo para outro era tão baixa que não se podia falar em manipulação genética ou alteração do DNA. De qualquer forma, o êxito da experiência de Tesarik foi tratado com discrição, até porque a pesquisa era incipiente e não tinha base legal.

Em parceria com Nagy, Tesarik começou a trabalhar, em seguida, em outra pesquisa, agora com células-tronco embrionárias, para conseguir produzir óvulos a partir de células não reprodutivas da mulher. Em uma primeira fase vinham sendo feitos testes de segurança com animais e se extraíam células-tronco da saliva ou de dentes. O Brasil tinha uma Lei de Biossegurança, sancionada pelo presidente Fernando Henrique Cardoso, em 1995, que proibia sumariamente as pesquisas com células-tronco ou qualquer atividade de modificação genética humana, e isso impedia a evolução do projeto. Mas conseguir produzir óvulos e espermatozoides a partir de células-tronco significaria tornar as doações desnecessárias e permitir que o mais estéril dos seres humanos passasse a ter plenas condições de reproduzir utilizando os próprios genes. O estudo com animais se tornou prioritário e entrou definitivamente na rotina de pesquisas da clínica, na expectativa de uma regulamentação futura da pesquisa genética em centros privados.

Um dos assuntos em voga na área de reprodução, na virada do século, era a clonagem humana, que se tornou uma possibilidade real depois do nascimento, na Escócia, do primeiro clone de ovelha, a Dolly. Começaram a aparecer nos jornais médicos e cientistas em várias partes do mundo se dizendo preparados e dispostos a fazer uma cópia genética de um ser humano. Dois desses médicos eram o ginecologista italiano Severino Antinori, presidente da Sociedade Italiana de Medicina Reprodutiva, e o andrologista grego Panayiotis

Zavos, que anunciaram, em 2001, um grande projeto de clonagem, que previa a produção da primeira criança em um prazo de dois anos. Antinori afirmava que a clonagem era o último recurso de homens e mulheres estéreis para transmitir os próprios genes, e que existiam, naquele momento, no mundo, entre seiscentos e setecentos casais interessados em participar da experiência, cinquenta deles na Itália. Mencionou também Abdelmassih e Peter Nagy, que, segundo ele, estavam muito avançados nas suas pesquisas no Brasil e demonstravam interesse pelas técnicas de clonagem.

Abdelmassih reconheceu sua relação com Antinori e disse que foi chamado pelo italiano para ser vice-presidente de uma sociedade internacional de reprodução humana formada apenas por clínicas privadas, mas recusou o convite. Abdelmassih considerava prematuro qualquer projeto de clonagem humana por causa dos mesmos riscos identificados em animais clonados, como graves alterações genéticas, envelhecimento precoce, excesso de peso e morte prematura.* Explicava que sua pesquisa para obtenção de células-tronco embrionárias cultivadas em laboratório utilizava a mesma tecnologia da clonagem, mas não com o objetivo de produzir seres humanos e sim óvulos. Além disso, reforçou que a experiência se reduzia inicialmente apenas a material genético de animais.

Outra frente de desenvolvimento que merecia atenção na clínica era o diagnóstico de óvulos para avaliação dos riscos de doenças genéticas. Um tratamento de FIV bem-feito não poderia gerar no final uma criança com uma deficiência grave. O risco se torna mais alto em mulheres com mais de 35 anos, sujeitas a alterações cromossômicas. Cerca de trinta doenças podem ser pré-diagnosticadas. O método tradicional é a biópsia, que permite uma análise interna com alto índice de precisão, mas pode destruir a célula. Abdelmassih investia forte em outro método, o visual, menos arriscado do que a

---

* Marcelo Robalinho, "Clonar humanos é uma aberração", *Jornal do Commercio*, 12 ago. 2001.

biópsia e com maior potencial de desenvolvimento. Comprou um equipamento chamado *Spindle View*, que permite uma detalhada análise morfológica dos óvulos e a visualização dos cromossomos para detectar as células mais saudáveis e descartar as problemáticas. O embriologista Dmitri Dozortzev voltou ao Brasil, a convite de Abdelmassih, para encabeçar um estudo comparativo sobre os dois métodos, avaliar seus riscos e vantagens e estabelecer o bom termo de utilização de ambos para reduzir as chances de surpresas. Com uma melhor seleção dos óvulos, Abdelmassih esperava diminuir de três para dois o número médio de embriões que se costumava colocar no útero do paciente e evitar gestações múltiplas.

Atraída pelo apelo futurista da clínica de Abdelmassih, a designer carioca Adriane, de 34 anos, procurou os serviços do médico quando havia perdido as esperanças de engravidar. Leu, em 2002, em um grande jornal, que Abdelmassih estava próximo de dominar e oferecer como serviço de mercado, justamente, a tecnologia de obtenção de óvulos utilizando células não reprodutivas. Mãe de um menino de 3 anos, Adriane descobriu uma falência ovariana precoce que a impedia de ter um segundo filho, que ela queria muito, de preferência uma menina. Recebeu o diagnóstico na prestigiada Clínica Dale e sabia que seu caso era complicado. Fez todos os exames necessários no laboratório Roseli, na Barra da Tijuca. Sua última medição de FSH, por exemplo, era a pior possível, indicava níveis superiores a 60, quando a taxa limite para que sejam produzidos óvulos de qualidade, em condições de serem fertilizados, é 10. Descartava o uso de óvulos alheios ou um turbinamento. Ou teria mais um filho com suas próprias células e as de seu marido ou abandonaria o sonho. Por isso ficou animada com a possibilidade que se abria na clínica de Abdelmassih. Pelo tom da matéria, imaginou que o recurso poderia estar disponível.

O casal marcou uma consulta com Abdelmassih e chegou um dia antes em São Paulo. Vieram de ponte aérea, dormiram em um hotel e foram para a clínica, às dez horas da manhã. Era um dia em que a recepção estava especialmente lotada e barulhenta, com cerca de dez casais e mulheres sozinhas espalhando-se pelos sofás dos três ambientes. Adriane se impressionou com a paparicação e com alguns detalhes do atendimento. Antes de trazer qualquer comida ou bebida, os garçons perguntavam se as pacientes enfrentavam alguma restrição alimentar e dispunham de todo tipo de opção. Aguardaram mais ou menos vinte minutos até que Abdelmassih aparecesse nas escadas com o indefectível jaleco para recebê-los. Paulo notou que todos os movimentos do médico eram calculados e que aquela recepção era a entrada do seu teatro.

— Esse cara é uma águia — comentou baixinho no ouvido de Adriane.

Cumprimentou Paulo com um aperto de mãos, abraçou e beijou Adriane e pediu que o casal o acompanhasse. Adriane achou o beijo carinhoso demais, e o médico, pegajoso. Enquanto caminhavam em direção a um consultório, Abdelmassih deu um jeito de segurar o braço de Adriane com firmeza e passou a repetir que a paciente era a cara de sua filha. Ao entrarem no consultório, ela entregou o envelope com os exames que havia trazido do Rio e contou de sua falência ovariana. Falou da informação que leu no jornal e de seu interesse pela tecnologia das células-tronco. Abdelmassih frustrou suas expectativas. Disse que a notícia não estava muito correta. Explicou que a tecnologia ainda estava em fase de testes e não era oferecida comercialmente pela clínica. Em seu lugar, Abdelmassih propôs que Adriane recebesse um óvulo doado, justamente o que ela não queria.

Disse que não se sentia segura em receber um embrião obtido com o óvulo de outra mulher, mas topou conversar. Temia, entre outras coisas, que fosse difícil encontrar uma doadora com o sangue O negativo, como o seu, mais raro. Também argumentava sobre as dificuldades de se encontrar uma doadora com seu tipo físico, loira, alta e de olhos azuis. Abdelmassih dizia ser capaz de resolver tudo rápido. Conseguiria a mulher ideal em poucos dias. No Rio, quando

Adriane tratava do assunto com outros especialistas, diziam que o procedimento era possível, mas encontrar alguém compatível poderia ser um pouco demorado. Na clínica de Abdelmassih, tudo aconteceria em um piscar de olhos. Adriane e Paulo não se deixaram seduzir pelo médico e mantiveram a negativa.

Ele propôs, então, mudando seu discurso de maneira radical, novos exames de sangue e ultrassom. Esqueceu a doação e observou que talvez os exames feitos no Rio não estivessem certos e pediu novos porque queria ter certeza de alguns indicadores, em especial do FSH, e gostaria de examinar Adriane pelo ultrassom. Mesmo confiando nos resultados que tinha em mãos, ela se sentiu constrangida e, a contragosto, cedeu ao pedido do médico. Uma enfermeira foi chamada para tirar seu sangue e agilizar os exames e, em seguida, Abdelmassih acompanhou o casal de volta à recepção. Lá, indicou o local onde Paulo deveria fazer o pagamento da consulta e pediu para que Adriane o seguisse em direção à sala de ultrassonografia. Ao passar pelos corredores repletos de fotos de mães felizes com seus recém-nascidos fertilizados in vitro no colo, ela ficou triste e oprimida e teve a sensação de que o médico estava fazendo exames inúteis que não iriam resolver nada. Enquanto isso, Paulo descobria na boca do caixa que deveria pagar 180 reais pela consulta e mais 1.200 reais pelos exames de sangue e pelo ultrassom.

Ao se encontrar na recepção, o casal comentou o absurdo da situação, mas queria saber aonde Abdelmassih iria chegar. A conversa foi na sala de reunião, na grande mesa oval, e o médico se mostrou satisfeito, dizendo que sua desconfiança fazia sentido e que o exame indicara um FSH inferior a 20, que tornava possível uma fertilização com os próprios óvulos de Adriane, com um tratamento adequado com outro hormônio produzido no ovário chamado desidroepiandrosterona (DHEA). De uma situação de insanável infertilidade, ela se tornara, de uma hora para outra, apta a utilizar seus próprios óvulos. O médico insistia no seu mérito de repetir os exames. Agora, segundo ele, as chances de Adriane ter um filho com seu próprio material genético eram reais, se fizesse as três tentativas sucessivas de fertilização. Recomendou que ela começasse a tomar hormônios e medicamentos para baixar seu FSH no mesmo dia.

— Em um mês, você estará esperando uma garotinha — disse o médico.

Passava um pouco do meio-dia e Adriane estava sufocada com a insistência de Abdelmassih em lhe vender um pacote de serviços. Repetiu que só lhe interessava utilizar o próprio material genético e que nada que o médico dissesse a faria mudar de ideia. A tecnologia que ela queria comprar, a clínica não podia oferecer. Paulo a apoiou. E Abdelmassih perdeu a fleuma. A simpatia foi se transformando em indelicadeza. Quando Adriane disse que nada faria, ficou impaciente e cometeu a grosseria de dizer que havia jogado seu tempo fora. O casal deixou a clínica, retornou no mesmo dia para o Rio, e, na manhã seguinte, ela correu para o laboratório Roseli para medir mais uma vez seu nível de FSH. Queria uma explicação para a redução drástica. Quando o resultado saiu foi sem surpresa que ela verificou que o nível permanecia acima de 60, exatamente como antes. Só pôde concluir que o exame de Abdelmassih era fraudado. Pensou que, se entrasse na conversa dele, ficaria grávida com um óvulo de uma doadora sem saber.

Mesmo com a prova do exame falso, Adriane optou por não denunciar Abdelmassih para evitar um desgaste desnecessário. Fez as contas, pensou nas dores de cabeça que viriam com um longo processo judicial e na possibilidade de perder no final. O médico era poderoso e teria recursos para massacrá-la com seus advogados. Preferia esquecer aquele capítulo de sua vida, e desistiu do sonho do filho. Não deixou de considerar, porém, que, por trás dos avanços tecnológicos e das mães felizes que apareciam na televisão com seus bebês de proveta, podia haver um jogo sujo naquela clínica e talvez em outras, que se explicava pela desenfreada disputa comercial para realizar ciclos de fertilização e produzir mais filhos. Viu algo de espúrio naquela insistência para convencê-la a aceitar doações de óvulos. E considerou escandalosa a mentira sobre o FSH. A impressão era que Abdelmassih não deixava a paciente perder a viagem e ia tirando coisas de sua mala de mascate para envolvê-la em seu tratamento. No mínimo faturava um exame aqui e outro ali. Pedia um anti-HIV porque lhe dava na telha, descolava um ultrassom nos últimos minutos da consulta e colocava mais uns caraminguás no caixa. Se fosse preciso, falsificava um exame. Talvez se amparasse na crença de que tudo que fizesse, inclusive práticas condenáveis, daria esperança para o casal e isso era bom, um ato de bondade. Para quem podia pagar não fazia muita diferença. E seria a oportunidade de passar mais um mês naquela clínica charmosa, tomando hormônios e comendo macarons multicoloridos franceses.

O desenvolvimento da pesquisa em clínicas privadas foi galopante e deixou os órgãos reguladores e fiscalizadores para trás. O mercado se desenvolvia no limite da ética, muito mais rápido do que a reflexão sobre as boas práticas. Um negócio milionário surgiu fora da universidade, totalmente privado, com pesquisa genética avançada e sem qualquer tipo de controle público. O Código de Ética Médica havia sido atualizado pela última vez 15 anos antes, em 1988, quando existiam menos de dez clínicas em operação no país, e não contemplava as tecnologias descobertas desde então. Obsoleta também era a resolução sobre procedimentos de reprodução assistida, do CFM, que vigorava sem atualização desde o começo dos anos 1990. A Agência de Vigilância Sanitária não fazia qualquer acompanhamento regular sobre as clínicas, que desenvolviam pesquisas sem a vigilância de comissões de ética e não eram obrigadas a fornecer informações sobre sua operação para nenhum órgão fiscalizador. Os especialistas podiam ser atrevidos e transgressores sem serem importunados. O tipo de negociação que acontecia nos consultórios só dizia respeito à intimidade dos pacientes e os bastidores de um centro de reprodução humana eram inalcançáveis.

Métodos obscuros e pouco éticos de conquistar clientes e vender serviços eram ignorados até porque a quase totalidade dos pacientes que passava por algum tipo de experiência desagradável ou abusiva em uma clínica de reprodução optava pelo silêncio. Algumas vezes porque não queriam expor a intimidade ou se enrolar em uma disputa judicial. E quando realizavam o sonho de ter um filho preferiam deixar no passado eventuais dissabores ocorridos durante o tratamento. Mesmo assim, nessa época, Abdelmassih, sem que a imprensa e a sociedade tivessem qualquer informação a respeito, era um campeão de denúncias no Cremesp, receptivo a acolher acusações de irregularidades de consultórios e clínicas do estado.

Desde a primeira acusação de propaganda enganosa contra o médico, em 1991, o órgão recebeu, em média, uma denúncia por ano contra Abdelmassih, nos 13 anos seguintes. Existiam mais casos de propaganda enganosa, sempre relacionada com números exagerados e promessas de resultados, mas também de conflitos financeiros por causa de cobranças indevidas, de falta de informação sobre destino de material genético, e havia uma denúncia de assédio sexual, feita em 1997. A vítima com iniciais C.A.P., acusava o médico de acariciar seus seios e de tentar beijá-la à força, além de agarrá-la pelas costas e sussurrar comentários obscenos durante as consultas. As denúncias que chegavam ao órgão deveriam ser investigadas, mas o primeiro passo era ouvir Abdelmassih para conhecer sua versão dos acontecimentos. E aí, invariavelmente, as acusações seriam derrubadas pelo contraditório do médico, que mobilizava advogados para se defender e contava com o apoio de amigos dentro do próprio órgão. Nenhuma delas vinha a público porque perdia força na fase inicial, quando a palavra do médico anulava a dos denunciantes, e a denúncia nem chegava a ser investigada com mais profundidade.

Longe de ser considerado um médico polêmico e que exigisse algum tipo de atenção especial ou até uma advertência pública, Abdelmassih costumava ter acesso fácil à presidência do Cremesp e circulava pelo órgão como uma celebridade e um profissional acima de qualquer suspeita. Eventualmente, era chamado pela presidência, como principal especialista na área, para dar consultoria e escrever pareceres para o órgão sobre assuntos de reprodução assistida. Sua reputação ofuscava as imperfeições que pudessem aparecer em suas atitudes.

No lugar de alguma reprovação que arranhasse sua imagem, Abdelmassih acumulava cada vez mais títulos honoríficos por causa de suas conquistas na medicina e nos negócios. Em todas as cidades importantes na sua vida, onde possuía propriedades ou cultivava amizades, se tornava cidadão honorário. Em Avaré, onde concentrava suas fazendas, recebeu o título de Cidadão Avareense, proposto pelo vereador Roberto Araújo, do DEM. Era um dos maiores plantadores de laranja de São Paulo e um empresário que contribuía para a economia do município. Teve seus méritos reconhecidos em Campinas, cidade onde cresceu e estudou. Uma proposta do vereador Romeu Santini, do PMDB, aprovada por unanimidade, em 2002, o converteu em Cidadão Campineiro. Em seguida, foi agraciado com o diploma de Cidadão Paulistano, da Câmara de São Paulo, proposto pela vereadora Myriam Athiê, do PPS. Até em São João da Barra, no Rio, era Cidadão Benemérito. Conquistou também o título de Doutor Honoris Causa na Universidade Paulista (Unip), propriedade de outro de seus amigos, o empresário João Carlos Di Genio.

Onde houvesse um programa de variedades na TV lá estaria Abdelmassih alardeando seus números e dando esperança para as mulheres terem filhos. Adorava programas femininos, onde encontrava uma audiência diretamente afetada pelo seu discurso da fertilidade, mas queria estar em todos os veículos de comunicação, importantes ou não, para atrair mais clientes. Contava com um orçamento mensal de marketing de cerca de 100 mil reais, bancados pelos laboratórios farmacêuticos. Esses gastos não incluíam a realização de eventos e custos de deslocamento para o médico fazer palestras pelo país. Para isso havia um orçamento à parte. Abdelmassih exigia dedicação permanente de seus assessores de imprensa e, ao longo do tempo, se tornou cada vez mais implacável na cobrança de resultados. A Lide permanecia cuidando de sua conta e o médico insistia para que, além de um assessor responsável pelo dia a dia, um dos donos da agência, Charles Magno ou sua sócia, Célia Romano, ficasse de prontidão na clínica. Magno era acionado e cobrado o tempo inteiro. O médico exigia que ele pensasse em pautas e fórmulas que o levassem a aparecer na capa da *Veja* ou em matérias sobre o futuro da reprodução assistida no *Fantástico*. Magno era repreendido se o nome de algum concorrente aparecesse na imprensa. Abdelmassih se enfurecia e pedia explicações para o assessor.

Apesar de Abdelmassih achar que tudo na sua clínica era perfeito, Magno e seus outros assessores de comunicação se preocupavam com o fato de alguns defeitos do médico se tornarem evidentes para jornalistas mais críticos. Sua vinculação com a "cultura da proveta" e o pragmatismo exacerbado nem sempre eram bem-vistos. Os rolos no Cremesp apareciam na forma de rumores e nunca chegaram a configurar uma crise, mas sua fama de mercenário, de médico que só pensava em dinheiro, começava a se alastrar, assim como se tornava conhecida a sua flexibilidade e displicência com as questões éticas. A jornalista titular da área de saúde na *Folha de S.Paulo*, Cláudia Colucci, por exemplo, fazia restrições ao médico por considerá-lo arrogante e tecnicamente limitado. Em algumas entrevistas que fez com Abdelmassih, percebeu que, quando a conversa se aprofundava, ele chamava o genro Peter Nagy para acudi-lo com informações. Cláudia não se impressionava com sua medicina de alto desempenho.

Além de causar desconfiança em jornalistas mais críticos, o marketing dos números se tornou muito superficial e monótono. Abdelmassih se posicionava de uma maneira esnobe em uma especialidade elitista por natureza e aparecia apenas como um médico de ricos, sem disposição de ter outra função social. Magno o alertava sobre esses problemas, mas ele não se alterava. Estava convencido de que fazia a coisa certa e de que dominava os jornalistas e os meios de comunicação com sua sagacidade e seu poder econômico. Magno lhe sugeriu, certa vez, que destinasse algumas horas, às quartas-feiras, para fazer atendimentos *pro bono* para mulheres carentes que não podiam sonhar em pagar por um tratamento na sua clínica. Abdelmassih descartou a ideia na hora e disse que não faria isso de jeito nenhum e que não atenderia gente pobre. Achava que a presença de pobres afugentaria a rica clientela tradicional. Seu grande trunfo sempre foi o atendimento a casais famosos e endinheirados, que davam grande repercussão às inovações de seu centro de reprodução. Não iria estragar seu apelo de exclusividade atendendo gente de graça.

Abdelmassih gostava de ostentar. Sabia que a melhor forma de se promover entre os ricos era sendo um deles. Quanto mais riqueza mostrasse, mais impressionaria as pessoas e mais clientes e dinheiro ganharia. Magno considerava, às vezes, seu comportamento exagerado. Estava ao lado do médico no dia em que este gastou 30 mil reais em um leilão de caridade só para se exibir e também enquanto pensava em dar um presente para Hebe Camargo em uma das vezes em que participou de seu programa. A amizade ainda engatinhava, mas Abdelmassih queria presentear Hebe. Magno sugeriu que fosse com um belo arranjo de flores, achou que seria adequado e de bom gosto. Abdelmassih achou que era pouco e pediu para Magno parar de pensar como pobre. Comprou um anel de 25 mil reais e mandou entregar para Hebe com um cartão de saudações. Depois de receber o regalo, a apresentadora se fez de ofendida, espalhou que estava brava com Abdelmassih e, temendo algum mal-entendido, até disse que devolveria o anel. Mas adorou a joia e, durante um bom tempo, não a tirou do dedo. Virou um símbolo de um casamento televisivo entre o médico e a apresentadora e mais uma prova de que o jeito de Abdelmassih de se promover e conquistar aliados funcionava bem, se não com jornalistas, pelo menos com apresentadores de programas de variedades.

Como mais um passo em sua escalada de ostentação, Abdelmassih mudou mais uma vez o endereço da sua clínica, dessa vez para a própria avenida Brasil. Em junho de 2004, passou a ocupar um imponente casarão branco, maior do que o anterior, na esquina com a rua Argentina. O aluguel mensal era de 75 mil reais. Diferentemente do imóvel na rua Maestro Elias Lobo, ficava em um local escancarado, em um ponto visível da avenida. Bem no alto da parede frontal, o médico estampou sua marca: Clínica e Centro de Pesquisa em Reprodução Humana Roger Abdelmassih. No novo templo, Abdelmassih conseguia o espaço de que precisava para atender um número maior de pacientes com conforto, além de um pequeno auditório e de instalações para seu centro de pesquisa, que não dispunha de um lugar adequado no antigo imóvel. Uma construção anexa ao sobrado principal na avenida Brasil, que não se misturava com o espaço da clínica, serviria para abrigar os laboratórios para as experiências científicas.

Na mesma época em que a clínica mudava de endereço, o presidente Luiz Inácio Lula da Silva sancionava uma nova Lei de Biossegurança, que autorizava a pesquisa com células-tronco de embriões criados em fertilizações in vitro, desde que congelados, há mais de três anos, e sem qualidade para implantação na mulher, por causa de problemas de fragmentação ou porque pararam de se dividir.* Em qualquer hipótese, o uso científico iria depender do consentimento dos donos do material genético. Sem esse consentimento, os embriões deveriam ser descartados. A lei proibiu a clonagem humana, assim como a engenharia genética em organismos vivos ou em células germinais, zigotos ou embriões humanos, mas liberou a pesquisa em clínicas privadas e legalizou alguns estudos que Abdelmassih tentava deslanchar havia cinco anos.** De olho nas possibilidades que se abriam, o médico acelerou seus trabalhos científicos e chamou, além de Dmitri Dozortzev, outros dois prestigiados embriologistas russos, Irina e Alexandre Kerkis, para compor a equipe de seu laboratório de pesquisas com células-tronco. A notícia foi publicada

---

* Natuza Nery, "Lula sanciona lei de biossegurança sem acatar vetos de Marina", Reuters, 24 mar. 2005.
** "Quando há vida?", *Jornal da PUC-Campinas*, 11 a 24 abr. 2005.

na coluna social do jornalista César Giobbi, no *Estadão*.* O casal trabalhava no Brasil com pesquisa genética desde a segunda metade dos anos 1990. Irina era diretora do laboratório de genética do Instituto Butantan. Alexandre foi pioneiro nas pesquisas com animais transgênicos no país, atuando no Instituto de Biociências da USP, e coinventor da patente da crotamina, toxina com múltiplas funções isolada do veneno da *Crotalus durissus terrificus*, a cascavel.

Outro negócio até então inexistente que passou a se desenvolver na clínica, e que não deveria ter qualquer relação com o laboratório de pesquisa, foi o armazenamento de óvulos. Enquanto o congelamento de espermatozoides e de embriões era prática corrente desde os primórdios da reprodução assistida, a conservação de óvulos em baixas temperaturas se mostrava instável e arriscada. As técnicas tradicionais destruíam o núcleo do óvulo e inutilizavam a maior parte das células congeladas. Não se garantia a mínima segurança para um reaproveitamento futuro. O problema foi resolvido com uma forma de congelamento chamada de vitrificação, em que os óvulos são coletados com 18 mm, sofrem um choque térmico e depois são rapidamente congelados em uma substância com temperatura de -196°C. Dessa forma, podem ser armazenados pelo tempo que for necessário sem que haja danos em seu núcleo. As chances de fertilização de uma célula feminina armazenada, irrisórias antes da vitrificação, atingiram índices comerciais, e as clínicas passaram a oferecer serviços de banco de óvulos.

No primeiro ano em que vendeu o serviço, Abdelmassih teve 65 clientes, mulheres jovens, de vida profissional intensa e sem tempo para pensar em filhos, que decidiram congelar seus óvulos saudáveis e armazená-los na clínica pensando em aproveitá-los no futuro, em uma maternidade mais tardia. Segundo ele, na sua clínica, de cada cem óvulos congelados, noventa eram recuperados depois de resfriados. Desse total, setenta eram selecionados e dez, fertilizados

---

* 28 set. 2005.

e viravam embriões, o que mostrava a viabilidade de todo o processo. O preço do congelamento era 9 mil reais, mais 300 reais por ano em que os óvulos ficassem estocados, e incluía uma preparação com hormônios e medicamentos e o procedimento típico de coleta, como se antecedesse uma FIV. Só com congelamento, o médico estava adicionando mais 1 milhão de reais ao seu faturamento anual.

Com tantas novidades, Abdelmassih decidiu reforçar seu marketing. Além da assessoria de imprensa convencional, queria fazer um trabalho mais qualificado e estratégico para ajustar as imperfeições na sua imagem. Buscava um profissional experiente que lhe desse um verniz de sofisticação e o ajudasse a convencer alguns veículos a levá-lo mais a sério como cientista. Preparava o lançamento de seu segundo livro, *Guia da fertilidade: Tudo que você precisa saber sobre reprodução*, que ele queria promover como uma consistente obra de consulta para leigos. Como sempre, Abdelmassih passou as férias no badalado balneário de Cannes, na Côte D'Azur, onde no começo do verão acontece um festival mundial de publicidade, o Cannes Lions. Viajou no jatinho de Abram Szjaman e se hospedou no Cap D'Antibes Beach Hotel, com deslumbrante vista para o mar Mediterrâneo. Lá, o médico, que se destacava pelas correntes e pelos relógios de ouro, conheceu o publicitário Washington Olivetto e ficaram amigos. Contou para Olivetto que estava precisando de um cara de marketing, com visão estratégica e que lhe abrisse mais portas em ambientes sofisticados e cuidasse de seus artigos de opinião. Olivetto lhe indicou Nirlando Beirão, conhecido pela excelência do texto, com quem dividira a autoria do livro *Corinthians — É preto no branco*. Beirão foi também o autor da biografia da Adriane Galisteu, *Caminho das Borboletas*.

Na volta para o Brasil, Abdelmassih procurou Beirão e tiveram um encontro produtivo. Beirão, que nem se lembrava de ter publicado, anos antes, notas na sua coluna no *Estadão* sobre os seminários de andrologia do médico, explicou que não trabalhava com marketing, mas que poderia ajudá-lo a melhorar sua comunicação. O médico gostou do jornalista, pediu uma espécie de consultoria permanente e encomendou um plano de comunicação para sua clínica, a fim de colher algumas ideias e melhorar sua imagem. Para Beirão, que sabia pouco de Abdelmassih além do fato de que era um conhecido marqueteiro, usava grossas correntes e produzia muitos bebês, o médico revelava alguns problemas para se comunicar. Frequentemente dava demonstrações de grosseria, como ao dizer que os óvulos de uma mulher estavam "velhos", e não era encarado com a seriedade que imaginava. Beirão considerava uma deficiência grave de comunicação o fato de o médico aparecer mais em programas vespertinos como consultor informal para donas de casa do que em grandes veículos. Além disso, por mais que se esforçasse, não era reconhecido como um pesquisador relevante. Financiava as pesquisas, mas ele próprio não colocava a mão na massa.

Antes de fazer seu plano, o jornalista tratou de visitar a clínica para entender como ela funcionava. Notou, por exemplo, que na sala de recepção não havia privacidade, algo esquisito em uma clínica onde se resolviam assuntos tão íntimos. De modo geral, Beirão considerava que consultórios médicos são espaços intimidadores, onde as pessoas estão sensíveis e ansiosas, sobretudo pacientes de tratamentos de reprodução assistida. Seria conveniente um ambiente reservado, onde as pessoas se vissem menos. Mas na clínica de Abdelmassih acontecia o contrário, o que indicava uma falta de sensibilidade do médico. Tudo era feito para as pacientes serem vistas. Beirão também reparou que Abdelmassih queria aparecer demais, mais do que a própria clínica. Mesmo quando falava sobre seu centro de pesquisa, dava a impressão de que só queria evidenciar o próprio feito e não valorizar a ciência. Só ele aparecia nas reportagens, e os outros médicos e funcionários da clínica permaneciam anônimos. Para Beirão, o casal Kerkis, assim como os filhos Vicente e Soraya, precisavam ser mais acionados e mostrar que a clínica não era o empreendimento de um homem só. O padrão do mercado brasileiro para clínicas de reprodução não era tão personalista. A maioria dos centros especializados tinha marcas como Huntington ou Fertility, não vinculadas ao nome do médico-chefe. Entre as grandes clínicas, a de Abdelmassih era quase uma exceção. Nem todos os grandes médicos da área estampavam seus nomes na fachada.

Quando Beirão fez seu plano de comunicação, destacou que o médico deveria sair um pouco de cena, dar mais espaço na mídia para outros profissionais da clínica e aparecer só em momentos especiais. Sugeriu também que Abdelmassih fizesse mudanças no layout e na decoração da recepção para torná-la mais reservada. Suas recomendações iam na direção de esconder Abdelmassih, torná-lo um personagem mais discreto e menos exposto às mídias de massa, mais paciente em relação às suas aparições na imprensa. O médico riu ao ouvir as propostas. Falou que tinha ouvido conselhos parecidos dezenas de vezes e que não pensava em mudar. Aquele era o teatro dele e uma das razões do seu sucesso. Beirão argumentava que talvez Abdelmassih devesse pensar na sucessão, passava dos sessenta anos e não ficaria para sempre à frente da clínica. O médico admitiu que até pensava no assunto, mas se sentia longe da aposentadoria.

Mesmo sem seguir o plano, Abdelmassih continuou se aconselhando com Beirão, que o ajudava a ampliar sua rede de relacionamentos e era convidado, às vezes, para almoços na clínica com políticos ou empresários. Esses encontros faziam parte da rotina do médico, mas eventualmente ele chamava um ou outro consultor ou assessor para participar. Um dos frequentadores habituais do local era o deputado estadual e presidente da Assembleia Legislativa, Sidney Beraldo, ex-prefeito de São João da Boa Vista e conterrâneo do médico. Outros políticos graduados, como o deputado federal Aloysio Nunes Ferreira ou Paulo Maluf, que tentava se eleger para a Câmara Federal, também apareciam por ali. Abdelmassih costumava marcar na clínica encontros de relacionamento com muita gente ilustre, normalmente no almoço, quando eram servidas delícias árabes, como charutos de folha de uva, homus e kafta, trazidas da cozinha de sua casa, situada a menos de um quilômetro. Na política, falava com gente de amplo espectro. Apoiou, por exemplo, Marta Suplicy, em outros tempos, e circulava entre membros da cúpula de vários partidos. Política não era, definitivamente, um campo em que precisasse de ajuda.

Mas para escrever artigos e textos de opinião algum apoio era indispensável. Escrever não era seu forte e nem tinha tempo para isso. Contava com Beirão e outros jornalistas para exercer a função de *ghost-writer* e ajudá-lo a estruturar suas ideias. Precisava também de colaboradores para inventar os eventos que promoviam a clínica, como, por exemplo, o primeiro Prêmio Roger Abdelmassih de Fotojornalismo, um projeto bolado pela gerente de marketing Ângela Arantes para marcar a mudança para a nova clínica e aproximar e melhorar o relacionamento do médico com os jornalistas. O tema do concurso era a maternidade. Os resultados seriam divulgados no Dia das Mães e o prêmio total, distribuído para os três primeiros lugares, era de 10 mil reais, 5 mil reais para o vencedor. O corpo de jurados era composto pelos fotógrafos Gal Oppido, Antonio Milena e Maurício Lima e também por Beirão, Olivetto, pelo cineasta Fernando Meirelles e pelos jornalistas Mônica Waldvogel e Ruy Mesquita Filho, herdeiro do *Estadão* e amigo do médico, além de participante regular de happy hours que costumavam acontecer na clínica, outro hábito que Abdelmassih mantinha desde a época em que atendia no consultório em Campinas. Quem levou o prêmio foi o fotógrafo Jorge Araújo, com uma foto intitulada *Alimentação na guerra*.

Depois do concurso, o médico emplacou outros eventos marcantes que lhe garantiram preciosos espaços na mídia. A clínica não parava de crescer e, em março de 2006, comemorou a marca de 5 mil bebês fertilizados. Abdelmassih reuniu 2 mil pessoas, incluindo duzentos casais que tiveram filhos graças aos seus serviços, em uma grande festa que ocupou os jardins e toda a área de estacionamento e foi animada por mágicos e super-heróis. Entre os famosos que o prestigiavam naquele dia estava a atriz Luiza Tomé, o comediante Tom Cavalcante, o cantor Moacyr Franco e o jornalista Britto Júnior. Um show do cantor e percussionista Nereu, do Trio Mocotó, contagiava a plateia quando aconteceu o grande momento da festa: a chegada inesperada do rei Roberto Carlos, amigo do médico há trinta anos.

O cantor aproveitara o cancelamento de um show que faria naquele dia, em Belo Horizonte, ao lado do tenor Luciano Pavarotti, que teve dores na coluna e precisou ser internado, para viajar para São Paulo. Roberto apareceu de repente no meio do evento e deu duas canjas. Cantou "Emoções" e "Amigo", a segunda em uma clara homenagem ao médico. Assim que terminou de cantar, deu autógrafos e uma entrevista para Amaury Jr., que não perdia uma festa do médico. Falou que considerava Abdelmassih "um irmão", que o ajudara muito na época da doença de sua mulher, Maria Rita. Abdelmassih disse que sua amizade com Roberto não tinha nada a ver com filhos. Abdelmassih ficou radiante com o sucesso da festa e não teve dúvidas de que tinha sido o maior evento da história de sua clínica.*

No ano seguinte, quando montou a festa para homenagear Louise Brown, seu centro de reprodução estava no auge. Atingira um ritmo de produção alucinante de mais de 1.500 FIVs e mil bebês por ano e, segundo os cálculos que ele propagava pela imprensa e ninguém questionava, abocanhava sozinho 40% do mercado nacional. O faturamento médio mensal da clínica girava em torno de 2 milhões de dólares e o potencial de negócios com as descobertas que sairiam em breve de seus laboratórios de pesquisa só o fazia pensar em um futuro promissor. A economia brasileira continuava em expansão, a inflação estava controlada e o brasileiro consumia sem parar. O

---

* "Roberto Carlos canta para Roger Abdelmassih", *Caras*, 23 mar. 2006, p. 59.

agronegócio e a indústria batiam sucessivos recordes de produção e o setor de serviços crescia no mesmo ritmo, amparado pela melhoria das condições de financiamento, que permitiam que mais clientes pagassem a prazo. Naquele momento, a clínica contava com 46 funcionários, todos com remuneração acima da média do mercado para trabalharem satisfeitos e darem o máximo de si para colocar a máquina de reprodução assistida para funcionar. Abdelmassih comandava o grupo com mão de ferro e vistoriava tudo. Cinco médicos faziam parte da equipe, incluindo Vicente, com salários que chegavam a 70 mil reais. Soraya chefiava o laboratório de fertilização e raramente tirava férias. Era uma equipe primorosa e discreta, que fazia seu trabalho com eficiência enquanto o chefe brilhava sozinho.

Tão prósperos como os negócios médicos eram seus projetos agrícolas. O patrimônio imobiliário de Abdelmassih, distribuído em 17 grandes propriedades rurais e também na mansão em que morava, em São Paulo, girava em torno de 100 milhões de reais. A maior fazenda, em Avaré, media o equivalente a novecentos campos de futebol oficiais e abrigava 600 mil pés de laranja. O médico estava em plena negociação para renovar diversos contratos de longo prazo de fornecimento do produto, que iriam lhe garantir uma receita expressiva pelos dez anos seguintes. O preço da laranja estava em alta. Seus empreendimentos agrícolas estavam distribuídos em duas empresas: a holding Santa Maria Participações e Negócios, uma sociedade meio a meio com a mulher Sônia, e a Agropecuária Sovikajume, nome que reunia as iniciais dos cinco filhos, ambas com sede em Avaré.

Só com segurança patrimonial e pessoal, de sua clínica e de sua família, Abdelmassih gastava 70 mil reais por mês. Durante um bom tempo contratou os próprios seguranças, mas decidiu terceirizar o serviço com o grupo GP, com sede na avenida Nove de Julho. Seu pavor fundamental era o sequestro, até por conhecer a experiência pavorosa do amigo Olivetto, por isso se protegia de todas as formas. Era dono de vários modelos Maserati e gostava de chegar dirigindo no trabalho. Contava com proteção 24 horas por dia onde quer que estivesse, assim como Sônia. A filha Soraya merecia tratamento especial e era acompanhada todo o tempo por vigilantes privados. Como no endereço da Maestro Elias Lobo, o elefante de bronze ficava posicionado com a bunda virada para a avenida Brasil para dar sorte e os seguranças recebiam as mesmas ordens expressas do médico para não deixar ninguém chegar perto, nem crianças curiosas.

Abdelmassih tinha dinheiro, poder, prestígio, influência, amigos, uma família maravilhosa e era, afinal, um homem célebre. Seus pecados e segredos de consultório eram ignorados e seus companheiros de profissão o protegiam. Dava para perceber na festa em homenagem a Louise e Anna Paula que era adorado. Não só por Hebe, mas por todos que estavam ali, especialmente pelos jornalistas que comandavam programas de celebridades. O sentimento de gratidão dos pais que falavam, emocionados, do bem que o médico fizera em suas vidas, era sincero. Médicos reputados, políticos, artistas, lideranças religiosas, empresários, gente influente de todas as áreas declarava que Abdelmassih era um grande homem, o "Doutor Vida". E, ele, sem modéstia, se dizia guiado por Deus, um instrumento do senhor, sempre pronto para ajudar casais estéreis a se livrar de sua aflição. Falando das mulheres, em seu discurso, afirmava, transbordante de emoção, que elas traziam dentro de si o milagre da vida. Emotivo, destacava a importância de sua família em todas as suas conquistas. Sem Sônia e os filhos não seria nada.

A única coisa, por sinal, que parecia preocupar Abdelmassih naquele momento de glória, além do medo de um sequestro, era o rápido agravamento da doença da mulher. A situação justificava a ansiedade que o médico vinha demonstrando nos últimos tempos. Quem o conhecia percebia que estava um pouco alterado e mais inquieto. Dava mais broncas nos funcionários do que o habitual. Há sete anos, depois da descoberta de um câncer de mama, Sônia lutava contra o avanço da doença. Vinha mantendo a qualidade de vida, mas, desde 2005, começou a ser afetada por um processo de metástase que avançava sobre seu corpo. O câncer afetava fígado, pulmão e ossos, que podiam se romper com facilidade. Na época da festa, Sônia saía pouco de casa e passava por sessões de quimioterapia em São Paulo e em Paris, cidade onde também fez tratamento. Sua presença na clínica, importante para o equilíbrio do ambiente, se tornou raríssima. Apesar do clima de festa, os filhos estavam abatidos com as dificuldades da mãe. Nem a comemoração nababesca, nem a notícia de milhares de fertilizações bem-sucedidas poderiam atenuar a tristeza com a doença da matriarca.

A piora da condição de saúde de Sônia servia para exacerbar o catolicismo de Abdelmassih, evidenciado desde o ginásio, quando estudou com os padres salesianos, fez o catecismo e andava com um terço na mão. Adulto, sempre frequentou as missas pelo menos uma vez por semana, estivesse em São Paulo, no interior ou fora do Brasil. Mencionava e apelava a Deus a todo instante e, mesmo com uma profissão fundamentada no evolucionismo, não vivenciava qualquer conflito entre razão e fé. Junto com a mulher, era assíduo da igreja Nossa Senhora do Brasil, a meio caminho entre sua casa e a clínica, e do confessionário do padre Michelino Roberto. Passou a ir com mais frequência à igreja para rezar ou se confessar e apelava constantemente à fé para que Sônia se recuperasse. Em maio, ficou otimista e renovou suas esperanças quando conseguiu se aproximar e trocar algumas palavras com o papa Bento XVI, participante de um encontro que incluiu o governador José Serra, o prefeito Gilberto Kassab e vários políticos e empresários no mosteiro de São Bento. O papa se hospedou no mosteiro durante os dias em que permaneceu em São Paulo.

A verdade, porém, era que Abdelmassih começava a enfrentar, além da doença da mulher, outros problemas que exigiriam cada vez mais bênçãos e ajudas divinas. Outros acontecimentos o estavam perturbando. Os bastidores da sua festa eram mais nebulosos e menos ingênuos do que o boneco gorducho que Hebe carregava nos braços fazia crer. Abdelmassih começava a enfrentar na sua vida pessoal e profissional outros problemas sérios. O mais grave deles eram as denúncias que vinham de uma popular rede social chamada Orkut e que atingiam em cheio a sua reputação. E ele não conseguia impedir que acusações levianas se propagassem pela internet. A imagem pueril e alegre da clínica, com mães e pais felizes por terem realizado o grande sonho de suas vidas, estava ameaçada. Seu projeto de negócio começava a mostrar imperfeições que ele não conseguia controlar. Ao longo da história da clínica sempre conseguira esconder e eliminar as malditas imperfeições. E até que surgissem as mídias sociais, as vozes de seus detratores não ecoavam. Agora surgiam rachaduras no prédio suntuoso da avenida Brasil.

Abdelmassih estava tão desconcertado que até começou a pensar a sério em sucessão, algo inimaginável um ano antes, quando ouviu a sugestão de Beirão. Depois de quase uma década distantes, chamou Mario Humberg para cuidar de um projeto que preparasse a passagem do bastão na clínica. Na conversa, mostrou-se preocupado com o futuro dos seus negócios. Pediu, antes de mais nada, uma grande pesquisa de clima organizacional. Queria conhecer os planos e expectativas dos funcionários, saber se estavam satisfeitos ou não de trabalhar ali. Queria também que cada um deles indicasse os pontos fortes e as vulnerabilidades da clínica. A ideia de Abdelmassih era passar o negócio de maneira gradual para o filho Vicente, um ginecologista competente e peça fundamental no funcionamento da clínica, que detinha 1% de participação no negócio, mas, segundo o próprio pai, pouco comunicativo e sem muito tino mercadológico. Com o apoio de duas psicólogas, Humberg trabalhou durante quatro meses e entrevistou todos os 46 funcionários da clínica. Entrevistou também os cônjuges. Na reta final da pesquisa, Abdelmassih sofreu um aneurisma na aorta e passou por uma cirurgia cardíaca de emergência, que lhe deu um susto e o obrigou a passar algumas semanas em repouso.

Quaisquer que fossem as falhas, os erros, os desvios de sua clínica, até então nunca tinham vindo a público. Boatos de concorrentes invejosos ou de ex-pacientes frustradas pela impossibilidade de ter um filho não colavam e não sensibilizavam a imprensa contra ele. Nada que acontecesse de errado vazava por seus assistentes e funcionários, todos muito satisfeitos com o emprego. Eventualmente, mulheres iam embora ultrajadas, saíam do consultório ou da sala de reunião nervosas por algum motivo que não dava para entender direito.

Algumas falavam alto, podiam reclamar do comportamento do médico, mas não faziam escândalos. Era um lugar onde circulavam muitas mulheres com os nervos à flor da pele por causa das bombas hormonais e de todas as expectativas com o tratamento. Conflitos financeiros também eram frequentes por causa de cobranças inadequadas. Casos de tensão comercial eram abafados, pois Abdelmassih costumava agir com prontidão para resolvê-los. Se o cliente reclamasse de uma cobrança que considerasse errada, a regra era devolver o pagamento. Conseguia controlar até os casos mais graves que chegavam ao Cremesp, que jamais evoluíam para uma sindicância. Mas esses novos acusadores das mídias sociais eram como fantasmas. Publicavam o que queriam sobre o médico e ele não podia alcançá-los, pelo menos não antes de o estrago estar feito.

Quem incomodava Abdelmassih era uma mulher que usava o pseudônimo de Iris Saga no seu perfil no Orkut para denunciá-lo por assédio sexual e convocar outras mulheres a fazer o mesmo. Ela contava histórias que nunca tinham vindo a público e mostrava outra face do gênio da reprodução humana, mais próxima daquela que o Cremesp se recusava a investigar. Tratava-se de uma conta no Orkut inexpressiva, sem repercussão, em uma rede social que fazia um surpreendente sucesso no Brasil, mas era como uma mosca que ficava zunindo no ouvido do médico. Anônima e caluniosa, dizia coisas sobre Abdelmassih difíceis de acreditar. Afirmava que Abdelmassih era um maníaco que a bulinara durante o tratamento, quando estava em uma maca, semiconsciente, voltando da sedação para a retirada dos óvulos. Usava o Orkut para fazer contatos e encontrar casos semelhantes ao seu. Convocava outras vítimas a se manifestar. Denunciava, talvez de maneira leviana e sem provas, que Abdelmassih era um farsante que não merecia credibilidade e que por trás da aparência respeitável do médico se escondia um maníaco sexual.

Junto com Iris Saga, surge também um blog hospedado no Blogspot, do Google, com o endereço vitimasrogerabdelmassih.blogspot.com, onde se faziam acusações generalizadas sobre um suposto comportamento pervertido. Em seguida, começaram a ser disparados e-mails anônimos para clínicas e universidades e também para médicos, jornalistas e para os amigos de Abdelmassih denunciando assédios e estupros. Não havia nomes de vítimas nem assinaturas nos e-mails, mas eles faziam eco às denúncias de Iris Saga, às postagens do blogspot, e reforçavam as acusações sussurradas em consultórios de concorrentes de que o médico costumava assediar pacientes. Assim, nos últimos meses de 2007, Abdelmassih se via cercado por uma guerrilha virtual que tentava jogar seu nome na lama sem que ele conseguisse reagir. A festa grandiosa no Leopolldo foi, de certa forma, uma reação, uma forma de mostrar que era prestigiado e tinha costas quentes. Queria partir para uma agenda positiva para não se perder em insignificâncias e se deixar levar pelo baixo-astral.

As denúncias anônimas estavam alimentando a boataria dentro da clínica, entre um número cada vez maior de médicos e chegando aos ouvidos de alguns conhecidos e amigos. Não chamou a atenção da imprensa, até porque se tratava de denúncias anônimas, com claro objetivo difamatório, mas isso era só questão de tempo. Na clínica, todo mundo sabia da existência de Iris Saga e também corria à boca pequena que alguns segredos de Abdelmassih poderiam vir a público. Falava-se, por exemplo, que existiam denúncias contra ele no Cremesp, mas que não prosperaram e caducaram. Charles Magno ouviu falar do assunto, mas não se atreveu a perguntar nada para o cliente. Tampouco podia ajudá-lo a impedir a campanha pela internet, com origem indeterminada. Não se tratava nem de administração de crise, já que crise não havia, pois as informações eram infundadas e sem qualquer efeito concreto. Sugeriu que a melhor providência que Abdelmassih deveria tomar era arranjar um advogado para tentar tirar do ar a conta do Orkut e o blog das vítimas, ambos serviços do Google.

Abdelmassih fez algumas consultas e contratou o advogado criminalista Adriano Vanni para tentar inibir aquela "campanha sórdida" que se montava contra ele. Pretendia descobrir a origem dos e-mails, que usavam nome falso e, segundo o médico, pareciam ser feitos por uma só pessoa ou duas, no máximo. O médico imaginava quem se escondia sob a máscara de Iris Saga. Garantia que era uma ex-paciente que saíra da clínica fazendo escândalo, no mês da visita do papa. Ela o acusou, para quem quisesse ouvir na recepção, de buliná-la logo depois do serviço de retirada de óvulos. Abdelmassih disse para o advogado que aquilo era uma mentira absurda, provavelmente uma reação destemperada e vingativa de uma mulher inconformada com o fato de não ter tido um filho com o seu tratamento, e exigiu que ele tomasse providências. Foi registrada uma ocorrência na Delegacia de Crimes Digitais para apurar as responsabilidades e, em poucas semanas, a Justiça determinou que o Google retirasse a página do Orkut e o blog do ar, mas não foi possível identificar os autores.

A polícia investigou também o endereço IP do computador que mandava as mensagens, mas não descobriu quem era o autor e o responsável por distribuí-las. O médico reclamava justiça e pedia cadeia para quem o acusava. Quando procurou Vanni, Abdelmassih estava muito ansioso e querendo resultados imediatos. Insistia em dizer que sabia quem publicava as falsidades e que seria fácil identificar a autora e prendê-la de uma vez por todas. Vanni explicava que as coisas não se resolviam desse jeito, que seriam necessárias provas antes de colocar a polícia atrás de alguém. Abdelmassih não se conformava com o ritmo normal da investigação. Cobrava Vanni para que fizesse alguma coisa porque sua reputação estava sendo corroída. Além do mais, sua mulher estava doente e não podia ser humilhada desse jeito. O advogado agiu com presteza e calou os caluniadores, pelo menos por algum tempo. Só não dava para prever se outras campanhas parecidas contra o médico surgiriam dali para a frente, com outros pseudônimos e novas denúncias comprometedoras. Mas, se não passsavam de mentiras, logo cairiam no esquecimento. E se fossem verdades? A situação ficava nebulosa. A série de ataques que Abdelmassih sofreu pela internet podia ter servido para agrupar seus inimigos e aproximar mais gente que pretendia difamá-lo, transformando os adversários isolados em uma rede de intrigas. A misteriosa Iris Saga talvez tivesse produzido uma onda irrefreável.

2

A investigação

Roger Abdelmassih e Sônia se conheceram na primeira metade dos anos 1970, quando ela tinha 22 anos e começou a trabalhar como secretária e recepcionista na clínica de urologia que o médico acabava de abrir, em Campinas. Morena, cabelos pretos e lisos, alta, era de uma beleza estonteante. Estava separada do ator de teatro Marcos Ghilardi e tinha dois filhos, Soraya, então com quatro anos, e Vicente, com três. Começou a trabalhar na clínica porque precisava completar o orçamento doméstico e ajudar no sustento das crianças. Quando se envolveram, Abdelmassih era casado, desde 1969, com Tania Boavista, moça da sociedade campineira, filha de Eurípedes Boavista, comandante do corpo de alunos da Escola Preparatória de Cadetes do Exército, e não tinha filhos. Casaram-se logo depois que ele pegou o diploma de medicina. O jovem doutor e a filha do general fizeram uma festa charmosa, com notícias publicadas na coluna social do *Correio Popular* e do *Diário do Povo*, e pareciam um casal feliz.

Algum tempo depois de iniciar o namoro clandestino, Abdelmassih deixou Tânia e passou a viver com Sônia e os filhos. Foi uma separação traumática para os Abdelmassih e os Boavista e movimentou as rodas de fofoca campineiras. Ambas as famílias frequentavam a sociedade local. Seus filhos dançavam e bebericavam nas festas badaladas do Tênis Clube, ao som de Celly Campello e Neil Sedaka. Os Abdelmassih eram gente abonada e bem considerada, assim como os Boavista. Naquele ambiente de província, uma separação em uma família da elite era um escândalo. O assunto só perdeu importância porque logo em seguida um fato terrível envolvendo a família comoveu a cidade. O irmão de Roger, Emir, um sujeito popular e querido, sofreu um acidente de carro, indo para Ribeirão Preto, e morreu, ao lado de um amigo que viajava no banco do carona. Foi a segunda tragédia que se abateu sobre os Abdelmassih, desde sua chegada do Líbano. Nos anos 1960, um tio do médico, irmão de seu pai, foi assassinado durante um assalto em seu armarinho, no centro de Campinas.

O relacionamento entre Abdelmassih e Sônia foi marcado, desde o início, pelos ciúmes excessivos de ambas as partes. Abdelmassih não conseguia nem ouvir falar de Ghilardi. O ex-marido da mulher não podia, por exemplo, telefonar para os filhos ou encontrá-los normalmente. O padrasto tentava romper os vínculos entre Soraya e Vicente e o pai e chegava a repreendê-los se soubesse que haviam mantido algum tipo de contato com ele. O médico fazia cenas na mesa de jantar e ficava emburrado. Quando queria ver o pai, Soraya, mais desafiadora que o irmão caçula, precisava encontrá-lo escondida. O padrasto não podia saber. Abdelmassih sentia-se traído por qualquer coisa. Sônia também era ciumenta. Percebia um espírito de conquistador no novo marido e o mantinha sob vigilância cerrada. Por sua própria experiência sentimental com o médico, sabia que ele estava disponível às aventuras sexuais, inclusive com suas funcionárias. Assim que Abdelmassih se separou, Sônia deixou suas funções na clínica e parou de trabalhar. Abdelmassih passou a sustentá-la e aos filhos. Para ganhar dinheiro, além de atender na clínica, trabalhava na Unicamp e no Centro de Planejamento Familiar, de Nakamura. Também fazia negócios imobiliários, que lhe davam bons lucros. Em 1977, Abdelmassih e Sônia tiveram sua primeira filha, Juliana, e, na sequência, com intervalos de dois anos, a segunda, Mirella, e a caçula Karime, quando já moravam em São Paulo e o médico tinha concentrado seus atendimentos na cidade. Nessa época, Abdelmassih já circulava pelas ruas de Mercedes-Benz.

Depois do início como recepcionista, Sônia só reapareceu na clínica de Abdelmassih com frequência no final dos anos 1980, no endereço da rua Maestro Elias Lobo. Suas filhas estavam maiores e o perfil da clientela havia mudado. Em vez de homens querendo reverter vasectomias, eram casais em busca de um filho. A casa do médico ficava a três quadras da clínica e não havia a menor dificuldade de ir de um lugar para o outro. A presença da esposa e, eventualmente, das meninas criava um ambiente familiar e aconchegante, favorável para um negócio de reprodução assistida. Abdelmassih gostava de mostrar para os pacientes que chefiava uma família tradicional, cheia de filhos, e nunca falava do seu primeiro casamento, que desapareceu de sua biografia, como se tirasse a pureza da sua história romântica com Sônia.

Ao frequentar a clínica, a mulher cumpria a dupla função de assistência e vigilância. Ao mesmo tempo que ajudava a cuidar do caixa e emprestava, às vezes, sua beleza e simpatia para um trabalho informal de relações públicas, em que conversava com as clientes na recepção e dava informações, tratava também de controlar Abdelmassih. No caso, os ciúmes eram mais do que um ingrediente pitoresco para um romance perfeito. Para vigiar o marido, ela contava com a ajuda preciosa de Dona Leonilda, governanta portuguesa que cuidava de sua casa desde os tempos de Campinas e que agora atuava como uma espécie de faz-tudo da família, circulando entre os espaços doméstico e profissional e resolvendo problemas do dia a dia. Leonilda era os olhos e ouvidos de Sônia. E também servia aos interesses de Abdelmassih, quando acompanhava Sônia nas compras e não deixava nenhum homem chegar perto dela. Abdelmassih sofria de ciúmes a ponto de não permitir, por exemplo, que a mulher saísse sozinha, sem Leonilda ou desacompanhada de um dos filhos.

Com os enteados, que mais tarde foram reconhecidos como filhos e ganharam o sobrenome Abdelmassih, ele era incapaz de ter uma relação tranquila e de tratá-los com carinho. Sempre fazia questão de alardear os cuidados básicos e benefícios que lhes proporcionava, como se esperasse uma compensação. O convívio costumava ser formal e tenso. Soraya chegou a morar com o pai na adolescência, mas essa experiência foi tristemente interrompida porque Marco Ghilardi morreu de infarto, em 1986, aos 43 anos. A palavra que melhor expressava a atitude do padrasto era rigidez. Queria dominar a vida da mulher e dos filhos e não relaxava. A hora das refeições era um momento de sermões e reclamações. Dizia na cara que pagava a escola dos dois e dava o sangue para educá-los. Fazia crer que estava fazendo muito mais do que o necessário. Brigava com Soraya por algum motivo banal e depois a ameaçava dizendo que mandaria suas irmãs menores, Juliana e Mirela, não falarem com ela.* Chegou a deixar Soraya um mês de castigo sem sair do quarto porque ela ficou em recuperação na escola. Não batia nos filhos, mas fazia um jogo psicológico permanente para rebaixá-los ou deixá-los culpados e em situações desconfortáveis. E nas inúmeras vezes em que era injusto, não sentia remorso. Soraya se surpreendia com a facilidade e rapidez com que se esquecia de suas condutas inadequadas.

 O tom de cobrança que sempre adotou com os filhos na rotina familiar, mais tarde, quando os enteados cresceram e se formaram, se transformou em cobrança profissional. Aí o problema se duplicou, pois ouviam os mesmos sermões no cotidiano de trabalho e nos almoços de fim de semana. Soraya, que teve sua carreira de bióloga planejada por Abdelmassih, se formou no começo dos anos 1990 nas Faculdades Metropolitanas Unidas (FMU). O médico queria vê-la como embriologista em sua clínica e, logo depois de sua graduação,

---

* Cristiane Segatto, "A vida com meu pai era um inferno — As revelações da bióloga Soraya e do médico Vicente, filhos de Roger Abdelmassih", *Época*, 11 ago. 2012; Cristiane Segatto, "Só entendi meu pai depois de ler *Mentes perigosas*", *Época*, 18 ago. 2012.

mandou-a fazer estágio na Bélgica. Como ela se revelou um talento nato da ICSI, o processo de adaptação acabou sendo simples. Sua capacidade técnica a transformou em uma funcionária estratégica, que fazia toda a diferença para a qualidade do serviço e para os índices de sucesso crescentes dos procedimentos realizados na clínica. Embora reconhecesse o talento de Soraya, o trato pessoal com a enteada não mudou. Abdelmassih continuava ríspido e era mais exigente com ela do que com os outros funcionários. A retribuição salarial acabava legitimando uma relação de chefe e subordinado que Abdelmassih sempre procurou ter com os filhos, com os enteados em particular.

O caso de Vicente era parecido com o de Soraya, talvez um pouco mais difícil porque ele não encontrou uma função especial na clínica com a mesma rapidez. Além disso, era menos contestador do que a irmã mais velha e se acomodava melhor à ordem imposta pelo padrasto. Seguindo os passos de Abdelmassih, formou-se em medicina na Faculdade de Ciências Médicas de Santos, em 1993, e, após dois anos de residência na Santa Casa de Misericórdia, na mesma cidade, passou a trabalhar na clínica, onde se especializou em reprodução assistida. No início, realizava e analisava exames de ultrassom e, aos poucos, passou a dominar as técnicas de retirada de óvulos e de transferência de embriões e se tornou um profissional completo na sua área.

Embora quisesse Soraya e Vicente ao seu lado no dia a dia de trabalho, Abdelmassih só os via em uma posição subalterna e não como parceiros. Os atritos eram frequentes. Quando desaprovava algo que Soraya tinha feito, não dava bronca ou xingava, mas fazia caretas de desprezo e mordia os lábios, provocando um efeito mais devastador na autoestima da filha do que se a esculhambasse. Para Vicente, dizia coisas que realçavam suas dificuldades e defeitos. Falava para todo mundo que o filho não sabia se comunicar ou era ruim de marketing. Seu perfeccionismo servia mais para manter os subordinados com uma permanente sensação de desconforto do que por uma vontade de aperfeiçoá-los ou melhorá-los profissionalmente. Não lhes dava asas e tampouco os deixava aparecer. Nem Soraya nem Vicente sentiam que trabalhavam em uma empresa familiar que um dia seria deles.

Quando se viu preparado, Vicente, inclusive, tentou abrir a própria clínica. O padrasto não pareceu se opor, desde que ele continuasse atendendo pela manhã na avenida Brasil. O objetivo de Vicente era oferecer a mesma tecnologia da clínica do pai por um preço mais acessível para atingir um público de classe média. Mas ele não conseguia estabelecer uma rotina de trabalho porque Abdelmassih o sabotava, o segurava na clínica durante o dia inteiro, arrumando tarefas e responsabilidades extras. Saía invariavelmente tarde, bem depois do horário combinado, que seria por volta das 13h, no máximo, e seu negócio acabou não indo para a frente. Desistiu da própria clínica e voltou a trabalhar em período integral para o padrasto.

No caso de Soraya, a possibilidade de mudar de trabalho nem era cogitada. Abdelmassih ficava transtornado com essa ideia. Foi agressivo quando soube que ela e o ginecologista e obstetra Flávio Garcia de Oliveira, que haviam se conhecido em uma palestra sobre a ICSI, em Curitiba, onde ela acompanhava o pai, estavam namorado e pensando em casamento. Afirmou, em tom ameaçador, que eles podiam até se casar, mas que se Oliveira tentasse tirar Soraya da clínica algum dia, teria problemas sérios. Abdelmassih combinava, naturalmente, seus interesses familiares e profissionais e monitorava as relações afetivas das filhas. Em cada casamento, fez seus cálculos. Juliana se casou com Peter Nagy, profissional consagrado que foi determinante para que a clínica alcançasse um alto padrão de serviços. Mirella se uniu com José Luiz, herdeiro do grupo Cutrale, com quem o médico tinha negócios de laranja. O casamento de Mirella, com oitocentos convidados, foi um grande acontecimento social e exibiu bem sua rede de relacionamentos no meio político. Entre os presentes na festa, estavam Orestes Quércia, Paulo Maluf e Fernando Collor, cada um no seu canto.

Quando Abdelmassih desfrutava plenamente de seu estrelato e passou a ser um cara bajulado pelos meios de comunicação e por suas pacientes, Sônia multiplicou suas desconfianças em relação ao marido. As suspeitas de traição da mulher se intensificaram e as brigas por ciúmes ganharam motivos bem concretos e se tornaram mais raivosas. Ele também estava ficando mais descarado. As informações que Dona Leonilda trazia dos movimentos no consultório eram as piores possíveis. Alguns meses antes do casamento de Milena, em 1999, Sônia chegou ao ponto de contratar pela primeira vez os serviços de uma detetive particular, Rosângela, que fez seu trabalho de espionagem e confirmou o que a cliente temia: seu marido se encontrava com uma paciente fora da clínica. Rosângela seguiu o médico pela cidade, colheu provas, principalmente uma boa coleção de fotos, e entregou o material comprometedor para Sônia, que, enfurecida, o jogou na cara do marido e depois o destruiu sob a promessa chorosa de Abdelmassih de não repetir aquilo.

Sônia, porém, se transformou em cliente fixa de Rosângela, e esse ciclo de descoberta de amantes, brigas homéricas e destruição de provas de adultério se repetiu outras nove vezes nos oito anos seguintes. Quando surgia uma suspeita forte de alguma amante em potencial, ela chamava Rosângela para espionar Abdelmassih e isso passou a acontecer uma vez por ano, em média. A detetive flagrava o médico nos seus encontros secretos no motel e também na fazenda em Avaré e fazia suas fotos. Já doente, Sônia era obrigada a encarar a desfaçatez de Abdelmassih e a falácia do seu casamento. Gritava, escancarava para o marido a sua consciência da situação, mas nunca radicalizou e decidiu se separar. Para todos os efeitos, o casal de amantes se afastava, Sônia mantinha as aparências e a vida continuava.

Sônia sabia que o médico se relacionava com pacientes habitualmente e que era sedutor por natureza. O que lhe interessava investigar eram os relacionamentos que vingavam e que podiam ameaçar seu casamento. O que ela não sabia exatamente é que muitas mulheres que eram abordadas no consultório não tinham o menor interesse em se relacionar com o médico. Talvez não quisesse enxergar. Ela só olhava para relações consentidas e não prestava atenção às não consentidas. Lances fortuitos ou sem consequências fora da clínica ficavam fora do seu campo de visão. Na época da festa de Louise Brown, além de padecer com o agravamento do seu estado de saúde, Sônia se mostrava claramente preocupada com uma nova companhia do médico, uma procuradora da Justiça Federal chamada Larissa Maria Sacco, 30 anos, loira, alta e casada, que tinha sido paciente de Abdelmassih dois anos antes, em 2005, quando frequentou a clínica acompanhada do marido, também procurador no interior de São Paulo. O relacionamento parecia sério. Sônia colocou pela última vez a detetive em ação e confirmou que os dois não se desgrudavam.

Enfraquecida pelo câncer, Sônia deixou de ir à clínica. Dona Leonilda lhe fazia companhia durante todo o dia e também diminuiu sua frequência. Mesmo assim, a mulher do médico parecia saber de tudo que acontecia lá dentro. Contava com um monitor em sua casa, integrado ao sistema de segurança patrimonial da família, que lhe dava acesso às câmeras internas e externas da clínica. E telefonava todos os dias, várias vezes, para perguntar à recepcionista que estivesse na ativa o que estava acontecendo. Perguntava diretamente sobre uma ou outra paciente que tinha entrado no consultório do médico com um vestido vermelho ou com uma minissaia bem curta ou fazia perguntas sobre ligações telefônicas de mulheres. Havia câmeras em todos os corredores, na recepção da clínica, no jardim e no estacionamento, mas não nos consultórios e nem na sala de reuniões totalmente emparedada usada normalmente por Abdelmassih. A visão de Sônia, portanto, era limitada, o que só a deixava curiosa quanto aos detalhes da rotina do marido, sobre a qual tratava de perguntar para as funcionárias.

Entre as recepcionistas que eram acionadas por Sônia estava Cristiane da Silva Oliveira.* Casada e mãe de um menino, era uma funcionária dedicada, que fazia horas extras diariamente e atendia a todos com atenção. Os contatos da mulher de Abdelmassih já estavam incorporados na sua rotina e ela respondia as perguntas da dona da clínica com prazer. Pessoalmente, viu Sônia no máximo três vezes nos dois anos em que trabalhou lá. No começo de 2008, ela ligava insistentemente. Cristiane sabia da doença e dos ciúmes de Sônia. Não havia nada de especial em sua função, nem que destacasse Cristiane. Sônia pedia informações para ela assim como falava com qualquer outra atendente que estivesse disponível nos horários em que ligava. Costumava fazer contato quando o marido passava muito tempo em uma consulta com alguma paciente desacompanhada.

No começo da tarde do dia 16 de janeiro, Cristiane passou uma ligação de uma paciente que Sônia vigiava para a sala do médico e notou que a conversa era longa. Passou mais de uma hora e ele não desligava. Cinco minutos depois de colocar o telefone no gancho, ele chamou a recepcionista no consultório, no andar de cima. Era a primeira vez que isso acontecia. Cristiane mantinha uma relação absolutamente formal e distante com o patrão, que não era do tipo de cumprimentar ou demonstrar cordialidade para os funcionários. Foi uma convocação inesperada e a recepcionista tratou de obedecer. Imediatamente, temeu que ele fosse dizer alguma coisa sobre o telefonema ou lhe pedir que não comentasse nada com Sônia. Supunha que ele soubesse que a mulher fazia perguntas para as recepcionistas. Era a única explicação plausível que tinha em mente. Seguiu para o consultório e se deparou com a porta entreaberta.

Quanto entrou na sala, observou que não havia mais ninguém ali, só o próprio médico, que se levantou rápido da cadeira assim que a viu e caminhou em direção a ela com um inexplicável sorriso

---

* "Ex-recepcionista processa médico por assédio sexual", *Jornal da Gazeta*, 26 ago. 2009. Ver <youtube.com/watch?v=l8jsfXxHQAw>.

no rosto. Ficaram em pé frente a frente por alguns segundos e ele perguntou a ela se estava tudo bem, o que tinha acontecido naquele dia, e, sem dar muito tempo para a resposta, foi se aproximando de maneira insidiosa. Surpreendida, Cristiane só conseguiu recuar um pouco, até encostar na parede. E aí ele passou uma mão no rosto de Cristiane, para, em seguida, segurá-lo com as mãos e tentar beijá-la à força. Tudo aconteceu de forma repentina e absurda. Cristiane ficou aterrorizada, não entendia o que estava acontecendo e empurrou o médico, dizendo para ele parar com aquilo. Ele ignorou o pedido, segurou seus braços e puxou o corpo dela junto ao seu com violência.

— Você vai gostar — disse, antes de forçar um beijo de língua.
— Há muito tempo estou te cozinhando.

No mesmo instante, o telefone do consultório, para sorte de Cristiane, tocou. Abdelmassih se distraiu e largou seus braços. Era outra recepcionista, Eliane, que transferia uma ligação da mulher do médico. Cristiane teve chance de se desvencilhar e saiu correndo em direção à recepção. Quando a viu, Eliane percebeu o desespero da colega e disse que Sônia acabara de ligar querendo saber por que Cristiane tinha ido até o consultório. Ela só disse que tinha sido atacada por Abdelmassih e queria ir embora daquele lugar. Abalada, pegou sua bolsa e saiu. Não acreditava no que acabara de acontecer. Sem mais nem menos acabava de ser atacada pelo chefe e descobriu, surpresa, que há tempos vinha sendo "cozinhada". Ao passar pela guarita da segurança, na frente da clínica, um dos seguranças da GP, chamado Sérgio, a chamou.

— O doutor Roger quer falar com você.

Cristiane não deu ouvidos e ficou ainda mais assustada.

— Manda ele para o inferno, Sérgio.

Foi direto para casa e se sentiu o pior dos seres humanos. Humilhada, foi deitar em silêncio, atormentada com a lembrança do ataque sexual. Mal conseguiu pegar no sono. Preferiu não falar nada para o marido naquela noite. Aquele emprego era muito importante para a família. De manhã, porém, concluiu que seria melhor compartilhar sua aflição. Chorando, contou que tinha sido vítima de assédio sexual, que Abdelmassih a tinha agarrado e tentado beijá-la à força, sem que ela jamais tivesse dado confiança para o patrão. Sua única reação foi tentar fugir do consultório. Confessou que não tivera coragem de lhe contar a história na noite anterior porque temia sua reação. Queria que o marido fosse à clínica pedir para o médico demiti-la, sem justa causa. Concluíram que era a melhor solução e foi o que o marido fez, no dia seguinte.

Educadamente, ele foi tirar satisfações com Abdelmassih, que se defendeu dizendo que se tratava de um problema de interpretação, que ele nunca tentou atacá-la, que ela entendeu mal. Da clínica, o marido ligou para Cristiane dizendo que o médico negava as acusações e se recusava a demiti-la. Gostaria, ao contrário, que ela voltasse para o emprego. Abdelmassih pediu o telefone para falar com Cristiane, mas ela desligou assim que ouviu sua voz do outro lado da linha. Não considerava a hipótese de voltar para a clínica. Queria ser demitida para receber os direitos trabalhistas e ter uma certa tranquilidade para encontrar outra colocação. Lamentava a ruptura porque gostava do trabalho e tinha uma remuneração que considerava excelente, cerca de 2 mil reais. Graças a esse dinheiro conseguia compor uma renda familiar razoável, que lhe permitia, por exemplo, pagar, em parceria com o marido, as prestações de um carro novo. Sair do emprego com uma mão na frente e outra atrás a deixava apreensiva.

Sônia ligou para a casa de Cristiane no mesmo dia querendo saber a sua versão dos acontecimentos. Viu Cristiane entrando no consultório pelo circuito interno de TV. Disse que a filha Soraya lhe havia contado sobre o incidente na clínica.

— Sei o que esse louco fez, mas quero ouvir da sua boca — disse.

Cristiane narrou os fatos. Disse que tinha sido agarrada pelo médico e que não era nenhuma vagabunda. Só estava na clínica porque precisava do trabalho. Jamais dera qualquer motivo para que ele avançasse sobre ela com interesse sexual. Sônia ouviu a história e admitiu saber do comportamento do marido, mas não imaginou que ele assediasse as próprias funcionárias. Temia expor sua família a uma grande vergonha social. Cristiane esperava que Sônia interviesse a seu favor e pedisse para Abdelmassih demiti-la. Sem dinheiro ou qualquer economia, sentia que sua vida iria desabar, perderia o carro com várias prestações pagas e passaria dificuldades. Ficaria o dito pelo não dito, e seu drama seria abafado. Sentia-se impotente e esperava alguma solidariedade de Sônia, que se limitou a lhe pedir desculpas.

O mês seguinte foi de sofrimento e angústia. Cristiane foi diagnosticada com lúpus, doença crônica em que o sistema imunológico causa inflamações, por engano, em tecidos saudáveis da pele, de articulações, dos rins, do cérebro ou de qualquer outro órgão. Teve a primeira crise e foi internada. Sua vida ficava mais dura e não houve acordo para a demissão. Ela e o marido discutiam se valia a pena ir até as últimas consequências e denunciar a tara do médico. Nem sabiam direito como levar o caso para a polícia ou para a imprensa. O marido argumentava que acusar o médico seria muito perigoso e custaria dinheiro com advogados. Talvez fosse melhor recuar e simplesmente buscar outro emprego. Abdelmassih era rico, poderoso e daria um jeito de desmenti-la e desmoralizá-la.

O trunfo de Cristiane era a certeza de que seu caso não era isolado. No trabalho como recepcionista, vira algumas situações constrangedoras e mulheres denunciando algum tipo de abuso cometido pelo médico durante suas consultas e saindo da recepção transtornadas. Ela se lembrava perfeitamente de uma dessas pacientes, que, seis meses antes, havia chamado o médico de tarado ao deixar a clínica. A mulher dizia ser impossível que ninguém lá soubesse o que acontecia dentro das salas de recuperação e no consultório de Abdelmassih. Certo dia, ela retornou à clínica para receber de volta o dinheiro em espécie da última tentativa de fertilização, serviços que não compraria mais. Ameaçado pelo marido da paciente, o médico aceitou reembolsá-los. Cristiane a acompanhou até o setor financeiro e pôde ouvir algumas de suas queixas sobre o médico. Ficou impressionada com o que ouviu e comentou que pelo jeito o caso deveria ser grave. Essa mulher era Iris Saga.

Cristiane fazia o que podia e navegava pela internet para encontrar alguma luz em seu caminho e alguma perspectiva de justiça. Cruzava nas suas buscas a expressão "assédio sexual" com o nome de Abdelmassih. Estava atrás de mais vítimas do médico, alguém com quem pudesse se unir ou que lhe desse ideias para enfrentá-lo. Resgatou Iris Saga e também descobriu muita coisa no Orkut, onde outras mulheres anônimas acusavam Abdelmassih de tê-las atacado covardemente. Diziam, com todas as palavras, que ele era um monstro que se escondia atrás de sua profissão e de seu sucesso para abusar das pacientes. Todas tinham medo de se expor e sofrer alguma perseguição do médico e não davam qualquer pista de sua identidade. Iris Saga tampouco se identificava, mas, pelo menos, tinha um e-mail disponível para receber novas denúncias. Seu perfil no Orkut era um lugar onde as vítimas desabafavam e tinham a chance de trocar informações. Cristiane decidiu mandar um e-mail para Iris Saga e confirmou que se tratava da mesma mulher com quem tinha conversado na clínica. Contou que também fora abusada e queria saber se ela tinha tomado alguma providência contra Abdelmassih ou estava pensando em tomar.

Não tiveram contato pessoal, mas, nas conversas com Iris Saga, Cristiane recebeu mais um endereço de e-mail, de um homem chamado Raul, marido de outra mulher que acusava o médico. Contactou Raul, que respondeu de forma desconfiada, mas se uniu ao grupo. A relação foi se desenvolvendo exclusivamente através das trocas de e-mails e outras vítimas foram aparecendo. Uma delas foi Lucila, paciente que engravidou e teve um filho graças a uma FIV na clínica, mas desenvolveu problemas psiquiátricos por conta do sofrimento causado por um ataque do médico. Nunca teve coragem de contar para o marido o que o médico lhe fez. Em geral, todas as pessoas com quem Cristiane conversava se sentiam fracas e desamparadas, sem muita perspectiva de desmascarar Abdelmassih. Quando consultavam advogados não encontravam quem quisesse defendê-las contra um médico de alta reputação. Eram tratadas com desconfiança e se sentiam, afinal, mais culpadas do que vítimas. Será a sua palavra contra a dele, diziam.

A situação ficou mais favorável quando Cristiane foi procurada por uma produtora da Rede Globo chamada Ivandra Previdi no começo de março. Repórter investigativa, persistente, Ivandra trabalhava na produção de reportagens do *Jornal Nacional*. Fazia o trabalho duro de apurar a notícia desde o início, muito antes de aparecer na tela. Recebia uma missão e, quando colhia pistas que indicavam uma investigação promissora, podia trabalhar meses a fio atrás do furo de reportagem. Ivandra tinha sido destacada para esse trabalho solitário pela direção do *Jornal Nacional* com o objetivo de descobrir a verdade sobre o maior especialista em reprodução humana no Brasil, a partir de uma denúncia surgida dentro da casa. Uma jornalista da emissora havia sofrido um ataque sexual do médico durante uma consulta em sua clínica. Abdelmassih tentara beijá-la à força e agarrara seus seios. Ela conseguiu fugir e correu para a rua. Não deixou, porém, de contar para alguns de seus colegas e chefes o que tinha acontecido e disse que o médico era um homem perigoso que precisava ser desmascarado. A jornalista afirmou também que não queria aparecer em nenhuma hipótese, nem ser citada em qualquer investigação ou denúncia. Apoiaria o trabalho como fosse necessário, mas não se exporia. A dificuldade toda seria provar que ele abusava de suas pacientes. O trabalho do médico parecia inquestionável e ele era cheio de amigos poderosos. Como tinha uma vítima entre seus próprios profissionais, a Globo sabia que não estava dando um tiro no escuro. O problema era sustentar uma acusação desse tipo. A única saída era enfrentar as resistências e reunir algumas vítimas dispostas a contar os maus bocados passados no consultório de Abdelmassih.

Cristiane soube que Ivandra estava atrás de casos de assédio do médico e enfrentava dificuldades para encontrar vítimas dispostas a falar. Queria colher o depoimento de várias delas em vídeo e entregar o material para o Ministério Público iniciar uma investigação oficial. Conquistou a confiança da ex-recepcionista e pediu para ela relatar os infortúnios que havia experimentado no ambiente de trabalho. Fez perguntas sobre o funcionamento da clínica e sobre o comportamento habitual do médico. Incentivou Cristiane a denunciá-lo e disse que talvez fosse o momento de alguém mostrar a cara, senão o médico ficaria impune para sempre. Como Cristiane havia sido atacada em janeiro, ainda estava dentro do prazo de seis meses, estabelecido pelo Código Penal, para fazer uma queixa-crime ou uma representação contra Abdelmassih por atentado violento ao pudor ou estupro. Ivandra também pediu ajuda à ex-recepcionista para encontrar outras vítimas. Contava com seus contatos e atalhos para chegar a mulheres que permaneciam caladas. Cristiane falou de Iris Saga, com quem Ivandra já tentava se comunicar. E falou de Lucila, Raul e de todas as pessoas com quem trocava e-mails. Conversaria com elas para verificar sua disposição de falar, mas adiantou que as chances eram remotas.

Em meados de abril, o promotor José Reinaldo Carneiro, do Grupo de Atuação Especial de Combate ao Crime Organizado (Gaeco), a promotoria de investigação criminal do Ministério Público, recebeu um telefonema do repórter do *Jornal Nacional* Maurício Ferraz, que passou a trabalhar ao lado de Ivandra. Carneiro era uma fonte de Ferraz, um informante qualificado que passa notícias quentes ou esclarece algum assunto. Nesse caso, porém, se propunha o caminho inverso. Quem tinha a notícia era o repórter e ele gostaria que o trabalho que vinha sendo feito pela produção do *Jornal Nacional* se transformasse em uma investigação. Ferraz contou que estava trabalhando ao lado de Ivandra na apuração de uma história que envolvia o especialista em reprodução humana Roger Abdelmassih. Adiantou que se tratava de possíveis ataques sexuais cometidos pelo médico durante suas consultas e que a jornalista tinha identificado e colhido depoimentos de cinco mulheres que diziam ter sido suas vítimas. Com vinte anos de Ministério Público, Carneiro tinha participado de investigações de grande repercussão, como o caso Celso Daniel, a Máfia do Apito e o escândalo MSI Corinthians, e ficou interessado na história. Quis saber mais detalhes e ficou acertado um almoço dois dias depois.

O escritório do Ministério Público ficava na rua Minas Gerais, em Higienópolis, e o local escolhido foi o pequeno restaurante Sal, do chefe Henrique Fogaça, na mesma rua, instalado ao lado da Galeria Vermelho. Durante o encontro, Carneiro ficou sabendo que o início da apuração havia sido despertado por um ataque de Abdelmassih a uma jornalista da emissora e que Ivandra estava dedicada desde fevereiro ao trabalho de reportagem. Nem o nome da jornalista assediada e nem a Globo poderiam aparecer se o Ministério Público entrasse no caso. Ivandra disse que das cinco mulheres com que tinha gravado entrevistas, quatro eram de São Paulo e uma, de outro estado. Todas narravam situações semelhantes, em que eram pressionadas com violência contra a parede ou contra a mesa e tocadas e beijadas à força pelo médico dentro de seu consultório ou nas salas de recuperação. Ivandra tinha gravado os relatos e entendia que seu trabalho jornalístico havia chegado ao limite. Ela não tinha mais como avançar, e era hora do Ministério Público entrar em ação.

As imagens em vídeo pertenciam ao departamento de jornalismo da Globo e Ivandra não tinha possibilidade de simplesmente passá-las para Carneiro, até porque havia se comprometido com todas as mulheres a não revelar suas identidades para quem quer que fosse. Mas disse, ao final, que entregaria o texto "decupado" das declarações de todas elas, sem identificá-las. Ferraz e Ivandra pediram que o promotor lesse o material com cuidado e depois desse uma resposta sobre qual caminho a ser tomado. Havia chances de algumas delas repetirem para o Ministério Público as declarações feitas para Ivandra. Teriam de ser convencidas pela promotoria a oficializarem suas denúncias. Descartaram fazer o mesmo para a polícia porque temiam sair do anonimato. Ivandra estava autorizada por elas a negociar com os promotores, mas era uma situação muito sensível e nada garantia que elas falariam. O futuro do trabalho dependia da sensibilidade de Carneiro para convencê-las.

Carneiro saiu impressionado do encontro com os jornalistas e também com a primeira leitura dos depoimentos feita naquela mesma tarde. Conhecia Abdelmassih pela imprensa e sabia que se tratava de um médico respeitado, dono de uma luxuosa clínica na avenida Brasil e, aparentemente, acima de qualquer suspeita. Se aquilo tudo fosse mesmo verdade, tinha uma bomba nas mãos, capaz de dizimar uma reputação em segundos. Decidiu pegar o relatório e levá-lo para uma das pessoas em quem mais confiava e que contribuiria com sua sensibilidade feminina para analisar as denúncias: sua mulher, a advogada Vera Lucia Carneiro. Vera assistiu aos depoimentos das cinco mulheres e acreditou no que ouviu. Percebeu que eram sinceros e revelavam uma dor profunda. Não titubeou em dizer para o marido, assim que chegou ao final da leitura, que ele tinha, de fato, um caso importante nas mãos.

— Você tem uma investigação pela frente, Zé Reinaldo. Não dá para deixar isso de lado — afirmou Vera.

Promotores têm autonomia para propor uma investigação. Se estiverem apoiados em alicerces fortes não há motivo para recusá-la. E o Gaeco é uma das divisões de elite do Ministério Público, com vocação para pegar casos espinhosos, encarregado, inclusive, de investigar a própria polícia. Um médico famoso, com costas quentes, considerado o melhor de sua área, suspeito de cometer crimes sexuais em série é um desses casos. Carneiro sentiu que poderia haver ali um crime encoberto, um desvio inaceitável de comportamento que causava sofrimento a diversas mulheres e deveria vir à luz. Claro que havia a preocupação fundamental com a injustiça. E se não fosse verdade? E se todas aquelas denúncias fossem falsas? E se as mulheres estivessem querendo se vingar do médico por outros motivos desconhecidos?

Vinha à sua mente a Escola Base, fechada em 1994, cujos donos Icushiro Shimada e Maria Aparecida Shimada, além da professora Paula Milhim de Alvarenga e de seu marido Maurício Monteiro de Alvarenga, foram acusados injustamente pela polícia e pela imprensa de cometerem abuso sexual contra seus alunos de quatro anos.* As denúncias se revelaram absurdas, mas desgraçaram o nome dos acusados de maneira irreversível. Seria indispensável manter a investigação sob sigilo absoluto e preservar a identidade do médico e das pacientes a todo custo, para que não fossem feitas interpretações equivocadas e se condenasse um inocente. Era o tipo de crime que deixava as supostas vítimas expostas à vergonha pública. Além do mais, um vazamento no início, quando o trabalho engatinhava, permitiria algum tipo de reação do médico. Carneiro estava consciente de que as provas materiais seriam escassas, como é típico desses casos. Teria que se apoiar apenas nos relatos das mulheres. Tampouco haveria testemunhas ou marcas físicas, dada a antiguidade dos casos. Confiou, porém, na força e na veracidade dos depoimentos. Considerou uma prova de verdade o fato de os ataques de Abdelmassih serem muito semelhantes, definindo quase um padrão. Havia sempre uma oralidade lasciva, com beijos forçados e lambidas repugnantes. Além do mais, as mulheres não ganhavam nada em denunciar o médico. Seu único interesse era desfazer a farsa que havia no Centro de Pesquisa e Clínica de Reprodução Humana Roger Abdelmassih, cujo dono usava suas prerrogativas de médico para tentar forçar o sexo com suas pacientes.

Para cuidar das investigações formou-se uma equipe inicial no Gaeco, que além de Carneiro contava com os promotores Roberto Porto e Almachia Zwarg Acerbi. As equipes do Gaeco se formam em sistema de parceria, sem uma liderança formal, e costumam ser dinâmicas. Como Ivandra havia adiantado, não havia garantia de que todas as mulheres topariam fazer declarações para o Ministério

---

* Alex Ribeiro, *Caso Escola Base: os abusos da imprensa*, Ática, 1995.

Público. Houve um trabalho de convencimento que ficou a cargo de Carneiro. Ele garantiu para as vítimas que suas identidades seriam preservadas em toda a investigação e elas só teriam que repetir o que tinham dito para as câmeras, evidentemente com mais detalhes. O caso foi aberto em maio e a promotoria começou a ouvir as mulheres. A primeira que aceitou falar e concordou em ir ao Ministério Público foi Cristiane, que enfrentava as crises de lúpus e ainda estava sem emprego. Compareceu acompanhada do irmão e falou mais ou menos por uma hora. Carneiro viu seu depoimento no vídeo e não verificou qualquer contradição nas suas declarações.

Nesse tempo, Abdelmassih intensificou as conversas com Adriano Vanni, que o defendia dos primeiros ataques virtuais anônimos, e também com velhos e novos consultores de imagem. Charles Magno, que desconhecia a existência de um inquérito no Ministério Público, dizia que ele deveria esperar alguma medida judicial da ex-recepcionista antes de tomar uma providência, mas se sentia desconfortável em dar palpites nesses assuntos jurídicos. A boataria na clínica havia atingido níveis inéditos e todos temiam que a boa reputação do lugar em que trabalhavam fosse afetada. Uns diziam à boca pequena que havia risco de os casos do Cremesp virem a público. Outros falavam que Cristiane tinha um amigo na imprensa e faria um escândalo.

A saída da recepcionista repercutia internamente e trazia a lembrança de outras situações constrangedoras do passado. Lembraram de uma funcionária do consulado americano que suspendera o tratamento ao descobrir que Abdelmassih examinava suas pacientes sem acompanhante. Ou de outras pacientes que saíam com o batom borrado e os braços vermelhos do seu consultório. O ambiente ficou pesado. Havia certa inquietude quando ele ficava a sós com alguma paciente. Uma nova imagem do médico se desvendava e coisas ruins a seu respeito estavam sendo faladas. Embora mais nervoso e agitado, o médico via tudo que se dizia como lamentação de gente ressentida, principalmente de mulheres frustradas que não conseguiram ter filhos e achavam que a culpa era dele. Considerava-se intocável e muito acima das infâmias. Acreditava que sua rede de relacionamentos o protegeria das mentiras e o tiraria de enrascadas. Na sua cabeça, amigos influentes e pacientes famosas lhe davam um lastro de credibilidade que não se abalaria por maledicências de uma secretária.

Prova disso era o grande espaço que o lançamento de seu novo livro, o segundo de sua carreira, o *Guia da fertilidade*, estava tendo nas colunas sociais e nos programas de variedades. Tinha acabado de participar de uma edição do *SuperPop*, na RedeTV!, comandado pela apresentadora Luciana Gimenez, mulher do grande amigo Marcelo de Carvalho.* Na prestigiada coluna de Sonia Racy, no *Estadão*, ninguém ainda negava uma notinha sobre a última novidade editorial do grande especialista brasileiro em reprodução humana. Sentia-se em alta. Na TV Futura, canal educativo da Rede Globo, foi a estrela do *Sala de notícias*, programa de uma hora de duração, em que falou sozinho da história da fertilização in vitro no Brasil e não deixou de mencionar o pioneirismo de Milton Nakamura. Enquanto continuasse recebendo esse tratamento afável da imprensa, consideraria seu prestígio intacto.

Tampouco sentia qualquer constrangimento dentro de casa, onde sua máscara social estava em cacarecos. Se tinha um lugar onde ninguém mais acreditava na sua conversa era no ambiente familiar. Mesmo com Sônia doente, Abdelmassih mal parava em casa, alegando estar saturado de trabalho. Ainda que não quisessem pensar em violência sexual na sala de reunião ou nas salas de recuperação e pudessem considerar o ataque a Cristiane uma exceção ou uma mentira, seus filhos tinham a informação de que o pai conquistava amantes dentro da clínica e usava a profissão para satisfazer sua compulsão sexual. A saúde de Sônia piorava a cada dia e ela não

---

* "Abdelmassih lança Guia da Fertilidade", *IstoÉ Gente*, disponível em <terra.com.br/istoegente/edicoes/464/artigo96695-1.htm>.

deixava mais a cama. Desde o início do ano, após a saída de Cristiane, os efeitos da doença tinham piorado. O câncer havia tomado seu corpo e a fragilidade dos ossos impedia que fizesse movimentos mínimos. E esse sofrimento acentuava-se pela desilusão com Abdelmassih. Seus últimos dez anos de história foram dedicados a conter o descontrole do marido. Tratou-se de um esforço para preservar a família, inebriada pelo sucesso do pai e desejosa de que ele não fosse o que todos sabiam que era. Mesmo longe de conhecer tudo sobre o comportamento secreto do marido, Sônia adoecia consciente de que ele era um gigante com pés de barro.

Para deixar a situação mais confusa, chegava à clínica um e-mail de Cristiane em que ela ameaçava não só contar sua própria história como entregar para as autoridades o nome de outras mulheres atacadas pelo médico se não lhe fossem pagos 15 mil reais, valor que equivalia aos direitos trabalhistas que ela esperava receber. O desespero financeiro, que só tinha piorado nos meses anteriores, a levava a uma atitude drástica e contraditória com a denúncia formalizada no Ministério Público. Era uma chantagem. Com um filho pequeno e desesperada, ela pediu dinheiro para se calar e não levar o caso adiante. A primeira iniciativa de Abdelmassih, assim que o leu, foi chamar Vanni. O médico queria saber a melhor medida a tomar. Assim que leu o e-mail, Vanni propôs um remédio que lhe pareceu eficaz: procurar a polícia imediatamente e denunciar a tentativa de achaque para, em seguida, armar um flagrante. Partia do pressuposto de que Abdelmassih era inocente e sua ideia era simples. O e-mail assinado servia como prova cabal de que a ex-recepcionista chantageava Abdelmassih. Seriam colocadas escutas nos telefones e marcariam um dia para Cristiane receber o dinheiro na clínica. Quando ela o pegasse, a polícia estaria esperando para prendê-la. Não tinha erro. A vítima viraria algoz e seria desacreditada. O caso de assédio se esvaziaria. Mas Abdelmassih não aceitou a proposta porque não queria que a história vazasse para a imprensa.

— Fico preocupado com a repercussão que isso terá na mídia — disse para o advogado.

Vanni argumentou que o caso poderia chegar à mídia de um jeito ou de outro, e que era melhor que chegasse assim, com o médico no ataque. Disse que o boato estava circulando e, se fosse feito o que ele sugeria, não iria prosperar. Mas Abdelmassih não quis saber de armar o flagrante. Recusava-se a criar um fato negativo que chamasse atenção para a clínica. Se o médico estivesse falando a verdade e Cristiane, mentindo sobre suas ameaças, não haveria o que temer. A ex-recepcionista seria penalizada pela chantagem. O problema é que Abdelmassih não demonstrava segurança com a estratégia de Vanni. Só pensava no escândalo na imprensa. A solução foi fazer uma queixa na polícia. Com a prova do e-mail e a exigência de 15 mil reais, optaram por um caminho menos barulhento e decidiram registrar uma ocorrência de tentativa de extorsão no Departamento de Investigações sobre o Crime Organizado (Deic),* que abriu um inquérito contra Cristiane.

O inquérito contra a principal acusadora de Abdelmassih e a investigação de assédio sexual no Ministério Público corriam paralelos, sem que os promotores do Gaeco soubessem do primeiro. Nessa altura, Carneiro já tinha ouvido todas as vítimas e tratava de construir sua denúncia. Colhera, no total, o depoimento de sete vítimas e algumas poucas provas materiais. Oito dias depois de Cristiane falar, conseguiu o segundo depoimento, de uma mulher atacada em 8 de agosto de 2006, e mais dois outros da década de 1990. O ataque de 2006 era, inclusive, documentado. A vítima, junto com o marido advogado, registrou boletim de ocorrência na Delegacia da Mulher logo depois de ter sido molestada. No final, o casal desistiu de levar o processo adiante porque temia perdê-lo e ainda ter que indenizar o médico. Iris Saga também concordou em

---

* Em dezembro de 2011, o Deic passou a se chamar Departamento de Investigações Criminais.

depor e apresentou outra prova material importante: uma declaração em cartório sobre a violência que tinha sofrido. Declarou que Abdelmassih a atacara durante o tratamento para fazer a segunda tentativa de fertilização, tentando beijá-la e colocando a mão dentro do seu avental hospitalar em um momento de fragilidade. Falou da criação do pseudônimo Iris Saga e do esforço para denunciar o médico nas mídias sociais e também de seu contato com Cristiane e do dinheiro que lhe foi devolvido.

Contava, finalmente, em detalhes, o que havia sofrido em uma das salas de recuperação da clínica, um ano e meio antes. Lembrava que estava saindo da sedação, em uma maca, e sendo transportada para uma sala de recuperação, quando acordou de repente, em pé, entre a porta do banheiro e o corpo de Abelmassih. Estava com a mão no pênis excitado do médico e ele a beijava de língua e apalpava seus seios. Tomou consciência da situação e ficou "chocada e perplexa". Com repulsa, pediu que o médico se afastasse. Ele saiu de perto, se aprumou e deixou a sala. Iris desceu as escadas do casarão chorando e pedindo para ir embora rapidamente. Via-se que estava fugindo de alguém. Sentiu-se mal na saída, com dores, e outro médico foi chamado para atendê-la. Seguiu até em casa calada e evitando falar o que tinha acontecido. Só contou sobre o ataque quando chegaram. Na hora, o marido ficou transtornado, falava em matar Abdelmassih e passou um bom tempo revoltado e sem vontade de sair de casa. Como seus óvulos fertilizados estavam na clínica, Iris quis fazer a última tentativa de implantação de embriões. Apesar da revolta, ele aceitou o pedido da mulher. Combinaram também de pedir de volta o dinheiro antecipado para o pagamento do restante do tratamento. No dia seguinte, Iris recebeu um telefonema de Abdelmassih em sua casa.

— Eu achei que você quisesse — disse o médico.

— Como eu poderia querer alguma coisa? Se eu quisesse, me pegasse acordada — respondeu Iris.

A paciente voltou à clínica com o objetivo de entender o que tinha acontecido. Foi acompanhada pela mãe. Havia escrito uma carta sobre seu sentimento de frustração, já que confiava no médico. Sentiu dor assim que acordou da sedação e queria saber de Abdelmassih se houve relação sexual. Falou duro, exigindo que ele admitisse tudo que tinha feito com ela. O médico se defendeu dizendo que ela tinha entendido mal toda a situação e que ele só havia lhe dado um beijo na bochecha. Também sugeriu, tentando aliviar a tensão, que ela concluísse a última etapa do tratamento: a transferência do embrião. Ela disse que já tinha discutido o assunto com o marido e que faria isso com uma condição: se fosse atendida por outros médicos da equipe. Pediu seu dinheiro de volta.

No mesmo dia, o marido passou a consultar colegas advogados para descobrir a melhor forma de agir. O primeiro advogado com quem conversou lhe disse que iria adivinhar o nome do médico. E adivinhou. Falou Abdelmassih de primeira e afirmou que ele era conhecido por esse tipo de conduta. Em seguida, sugeriu ao casal que lavrasse uma escritura em cartório com uma declaração sobre o fato e indicou o contato de outra vítima de abuso sexual que havia sido assediada sem sedação. A declaração em cartório foi feita, Iris entrou em contato com a outra vítima e começou uma cruzada para pegar o médico e acabar com sua impunidade, mas sempre ouvindo objeções de advogados, que não queriam pegar o caso, e temendo se expor excessivamente para evitar que o médico a perseguisse ou acionasse seu poder jurídico contra ela e o marido. Criou o pseudônimo no Orkut na tentativa de formar uma rede clandestina para denunciar Abdelmassih e conseguiu fustigá-lo e perturbá-lo durante alguns meses, além de obter contatos que seriam preciosos mais tarde, sem que ele jamais tenha conseguido provar quem era Iris Saga. Nesse meio-tempo, procurou outra clínica da cidade e conseguiu engravidar e ter o tão sonhado filho. Quando soube que sua ex-paciente estava fazendo tratamento com um de seus concorrentes, Abdelmassih telefonou para o médico só para dizer que Iris era louca.

Outras duas mulheres que foram depor diziam ter sido atacadas em 1997 e novembro de 1999, ambas em duas oportunidades. A primeira acusava o médico de ter cometido estupro anal e lhe causado lesões graves enquanto ela estava sob efeito de sedativos, e, em um segundo momento, de ter sido agarrada pelo médico, prensada contra uma estante e beijada à força. A suposta vítima de 1999 acusava o médico de molestá-la duas vezes — na segunda, o médico passou a alisá-la e abraçá-la e também tentou beijá-la à força. Ainda havia mais uma vítima de 1999, uma de 2003 e outra de 2007. A de 2007 recebera um selinho do médico no dia da aspiração de óvulos e, em seguida, ao tentar escapar, foi agarrada e lambida. Abdelmassih tentava enfiar a língua em sua boca. Ela gritou e saiu assustada de uma das salas de recuperação.

Com sete depoimentos, que forneceram a base do inquérito e serviram para estabelecer o padrão de comportamento de Abdelmassih nos seus ataques, a decisão da promotoria foi incluir duas mulheres como vítimas e cinco como testemunhas. Não foi o tempo dos fatos o único critério para separar umas das outras. O prazo decadencial de seis meses, tempo que a vítima tinha para fazer a denúncia depois do ataque sexual, foi considerado só no caso de Cristiane, única das sete mulheres que fez a representação contra o médico a tempo. A outra suposta vítima, de novembro de 1999, era antiga, mas era a única do grupo que, na interpretação da promotoria, tinha sofrido, de maneira bem caracterizada, a chamada violência real, e, neste caso, a ação poderia ser pública incondicionada, isto é, aberta pelo Ministério Público, inclusive sem a representação da vítima, conforme estabelecido na Súmula 608 do Supremo Tribunal Federal (STF)*. É a violência não presumida, que aconteceu de fato e ocorre sem o consentimento do outro, sob força ou forte ameaça e podendo ou

---

* Ver Súmula 608, do Supremo Tribunal Federal, em <www.stf.jus.br>; Karla Karênina Andrade e Carlos Cavalcante, "Ação penal jurídica condicionada e incondicionada", *Âmbito Jurídico*.

não causar algum tipo de lesão ou machucado. Diante da constatação de violência real, o crime sexual deixa de ter prazo decadencial. Além das cinco mulheres, havia duas outras testemunhas que não tinham sofrido assédio sexual do médico — o marido de uma das vítimas e um advogado.

Ao longo do inquérito, Carneiro percebeu que os problemas na clínica de Abdelmassih não se limitavam à ocorrência de violência sexual nos consultórios, mas também poderiam envolver cobranças indevidas, venda irregular de medicamentos, ilegalidades na manipulação de material genético, sumiço de embriões e outras práticas antiéticas, além da evidente sonegação, indicada pelos pagamentos em dólar, não declarados, e pela cobrança de preços diferenciados para pagamentos com nota e sem nota, prática corrente na negociação no consultório confirmada por várias ex-pacientes. Como o foco do Gaeco era a investigação criminal de denúncia de violência sexual, não se tratava simplesmente de abrir o leque da investigação para as questões de âmbito civil. A solução de Carneiro foi fazer uma representação para a promotoria de defesa do consumidor, que também começou a acompanhar o caso.

Com a investigação praticamente concluída, na segunda quinzena de agosto, os promotores do Gaeco decidiram chamar o médico para depor. Alguns dias depois, Carneiro foi procurado por Vanni. O advogado queria acesso ao inquérito completo e aos nomes das mulheres que denunciavam o médico, inclusive para saber se elas tinham sido realmente atendidas na clínica. Além disso, veio dizer que o médico não poderia fazer declarações com a justificativa de estar abalado e cuidando da esposa, que sofria com um câncer e estava em estado terminal. Diante do argumento humanitário, Carneiro deferiu o pedido do advogado de defesa e Abdelmassih foi liberado de comparecer no Ministério Público. Uma nova data seria marcada. Sabia-se da grave doença de Sônia, que, de fato, veio a falecer duas semanas depois, no dia 30, no hospital Albert Einstein, em São Paulo. Seu corpo foi cremado, no dia seguinte, no crematório da Vila Alpina.

Nesse período de luto, quando estavam conformados com o cessar-fogo, os promotores do Gaeco ficaram sabendo que Cristiane fora indiciada por extorsão com base em um e-mail endereçado a Abdelmassih. Pior do que isso: Carneiro soube que, no mesmo dia em que seu depoimento no Ministério Público foi adiado, o médico teve condições psicológicas para ir ao Deic formalizar sua acusação contra Cristiane. Era realmente uma dupla surpresa para o promotor e ele chamou Vanni para questioná-lo e dizer que estava sendo traído.

— A gente sabe que o crime de estupro se sustenta na credibilidade das vítimas e vocês querem derrubar a credibilidade de Cristiane — afirmou.

Vanni disse que estava fazendo sua parte e defendendo Abdelmassih. Carneiro concluiu que os problemas emocionais do médico, causados pela doença da mulher, eram uma farsa, só alegados para complicar a ação. O que estava, realmente, fora do lugar era o tal e-mail que surgia de repente. Depois de tanto avanço, não podia esperar esse obstáculo repentino. Entendia as dificuldades pessoais de Cristiane e imaginava suas razões para tomar uma iniciativa tão arriscada e contraditória com seus esforços de mostrar a verdadeira face de Abdelmassih, mas precisava desfazer aquele nó. Ligou para Cristiane e disse que ela poderia ter colocado tudo a perder com aquele e-mail. Ela alegou que estava desesperada e não sabia mais o que fazer para comprar leite para o filho. Sua vida tinha se tornado muito dura.

— Foi um erro, mas estou arrependida — disse.

A equipe do Gaeco tinha um incêndio para apagar. Perceberam, em uma reunião de emergência para analisar a situação, que as chamas não eram tão altas. Embora fosse um desvio de conduta, a tentativa de extorsão não seria suficiente para invalidar a acusação contra o médico. Rigorosamente, pode-se dizer que até reforçava a denúncia, já que Cristiane não iria chantageá-lo se estivesse sustentada em mentiras. Carneiro e seus colegas concluíram que o indiciamento de Cristiane estava servindo, no máximo, como uma manobra protelatória para desconcertar a promotoria e que Abdelmassih não iria depor no Ministério Público em nenhuma hipótese, já que não era obrigado.

Afinal, a promotoria pública viu que não tinha mais que esperar e que o único caminho a tomar era oferecer à Justiça as acusações de atentado violento ao pudor e de estupro, para iniciar uma ação penal contra o médico e transformá-lo em réu. Apesar do recente acidente de percurso com Cristiane, Carneiro e Porto estavam convencidos de que a acusação era forte, estava bem embasada e não seria rejeitada por causa do número de vítimas. O comportamento lascivo do médico em seu consultório e o crime sexual estavam bem caracterizados. Bastava ter um pouco de sorte na distribuição da ação penal. A pedra no caminho seria um questionamento sobre a validade de uma investigação tocada de forma totalmente independente pelo Ministério Público.

A discussão jurídica e política sobre esse poder investigativo era muito forte naquele momento. Dois polos se digladiavam em torno da questão.* O majoritário defendia que essa condição era inerente à posição constitucional do órgão, definida na Constituição de 1988. Para essa corrente, investigar é um poder implícito do Ministério Público. A segunda corrente preconizava que o poder investigativo era vetado ao Ministério Público e exclusivo da polícia. Havia ainda um terceiro grupo que acreditava que a promotoria poderia investigar desde que houvesse uma lei específica que estabelecesse as regras para isso. A jurisprudência, amparada em decisões do STF e do Superior Tribunal de Justiça (STJ), seguia uma tendência mais favorável à legitimação e ao reconhecimento desse poder, o que fazia com que a maioria dos juízes o considerasse um fato. A maioria, não a totalidade. Alguns juízes, por princípio, negavam essa prerrogativa aos promotores públicos. E Carneiro sabia que se sua ação caísse nas mãos de um deles, independentemente do mérito, seria rejeitada.

---

* Antônio de Holanda Cavalcante, "O Ministério Público e o poder de investigar", *Âmbito Jurídico*.

A INVESTIGAÇÃO

Não são os promotores que decidem onde suas denúncias vão baixar para se converterem em ações judiciais, e sim o departamento de Distribuição dos Processos (Dipo). Era um lance de dados. Na Justiça paulista há trinta varas criminais e em duas os titulares negavam, por princípio, o poder de investigação ao Ministério Público. Uma delas era a juíza Kenarik Boujikian Felippe, da 16ª Vara. E, para azar do Gaeco, foi justamente lá que ela caiu. A juíza nem analisou o mérito da denúncia ou considerou a qualidade dos depoimentos. Movida por suas convicções, apenas devolveu o inquérito para o Gaeco e determinou, no mesmo dia, que o inquérito fosse refeito e a investigação reaberta pela polícia. Todas as declarações precisariam ser repetidas diante de um delegado ou delegada, que trabalharia em conjunto com os promotores. Quando o inquérito policial estivesse concluído, ao final de 30 dias, prorrogáveis quantas vezes fossem necessárias, seria oferecido novamente à 16ª Vara. Embora, à primeira vista, parecesse um retrocesso, Carneiro e os outros promotores concluíram que a decisão de Kenarik poderia ser benéfica para o futuro do caso. Nada estava perdido. Era uma chance de aprimorar o que vinha sendo feito. A investigação ficou sob responsabilidade da delegada Celi Paulino Carlota, da Delegacia da Mulher, que passou a trabalhar afinada com o Ministério Público.

O luto do médico pela mulher Sônia tinha acabado rápido. Poucas semanas depois da morte, ele começou a levar a namorada, Larissa Sacco, para a casa da família na rua Marechal Bitencourt. Não demonstrava sentir nenhuma falta de Sônia e curtia seu novo amor. Soraya e Vicente ficavam abismados com sua desfaçatez, mas não conseguiam falar nada para o padrasto. Quem sofreu mesmo foi Dona Leonilda, que, entristecida com o destino da patroa, morreu um mês depois. Passou-se um período mórbido na clínica de Abdelmassih. O chefe da informática tampouco resistiu a um acidente de moto. Apesar da agenda negativa, com um inquérito policial em andamento, mantinham-se as aparências. Vanni fazia o que podia, mas não conseguia acesso aos nomes das vítimas, para consultar seus prontuários e preparar uma defesa. Esbarrava no sigilo das investigações. Abdelmassih sustentava sua inocência e nas conversas com o advogado demonstrava ansiedade pela falta de informações sobre o desenvolvimento do caso.

No dia a dia de trabalho, qualquer cenho franzido ou alteração de comportamento ele colocava na conta da viuvez recente. O movimento de casais em busca de uma solução para a esterilidade continuava alto e Abdelmassih se mostrava condoído e abalado com a morte de Sônia, mãe de seus filhos. Para alguns funcionários pareceu mais taciturno por um curto período. Quando seu consultor Nirlando Beirão, que não o via há alguns meses, o encontrou na clínica no dia da missa de sétimo dia de Sônia, que seria realizada ali perto, na avenida Nossa Senhora do Brasil, o achou bem-disposto. Viu o mesmo Abdelmassih de sempre, folgazão e cheio de si, só um pouco mais lamentativo, talvez. Não ouviu nada do médico sobre seus rolos na polícia ou no Gaeco. Estava na França quando soube da morte de Sônia. Voltou de viagem dois dias antes da missa, que seria realizada às 12h30.

Era um horário ingrato porque o jornalista tinha um segundo compromisso na hora do almoço. Decidiu, então, ir mais cedo para a clínica prestar condolências ao médico e seus filhos. Como Abdelmassih demorou a chegar, acabou ficando um pouco mais para esperá-lo e não teve opção a não ser concordar em ir para a missa quando o médico propôs que fossem juntos a pé até a igreja, localizada a uma distância de cerca de quinhentos metros. No caminho, Nirlando pensou que nunca tinha visto o cliente andar a pé, mas só em carrões importados de mais de 150 mil reais. Seria uma pequena demonstração de simplicidade e humildade, se não houvesse uma dupla de seguranças armados caminhando logo atrás.

Na esquina da avenida Brasil com a rua Colômbia, o cruzamento com tráfego mais intenso daquela região, Nirlando obteve outra demonstração de que Abdelmassih seguia firme e forte, talvez em direção ao precipício. De alguma maneira, vislumbrou a alma de Abdelmassih quando o médico olhou e ignorou um monte de carros vindo em sua direção na rua Colômbia, com o semáforo aberto. Ergueu os braços, esticou a mão e saiu andando e tentando, ao mesmo tempo, fazer o trânsito parar. Nirlando olhou aquilo e viu um lampejo de loucura no médico. Ficou parado, perplexo, esperando o semáforo abrir enquanto Abdelmassih, no meio da rua, parava o trânsito com absoluta naturalidade, como se isso fosse um poder pessoal e como se os carros estivessem sob o domínio de sua mente. Por pouco não foi parar em um hospital. Se vestisse o jaleco branco esvoaçante naquela hora, o médico se assemelharia a Moisés abrindo o mar Vermelho. O jornalista só saiu do seu lugar quando o semáforo abriu. Abdelmassih o esperava do outro lado da rua como se nada tivesse acontecido. Em silêncio, continuaram normalmente no seu caminho até a igreja Nossa Senhora do Brasil.

Naqueles dias, numa quinta-feira, a farmacêutica Nelma Luz veio do Rio de Janeiro, acompanhada do marido, para a consulta inicial de um tratamento de fertilização com Abdelmassih.* Aos 44 anos, realizada profissionalmente com seus trabalhos na universidade e em laboratórios privados, estava cheia de vontade de ser mãe e disposta a fazer o que estivesse ao seu alcance para alcançar esse objetivo. Nunca tinha feito qualquer tratamento parecido e, por causa da idade, tinha a preocupação com a vitalidade de seus óvulos. Estava consciente de que, depois dos 35 anos, a fertilidade começa a cair aceleradamente por causa do envelhecimento das células e também pela maior dificuldade do embrião se colar ao útero. Na sua idade só realizaria o sonho da maternidade em uma clínica especializada com recursos avançados.

---

* Elisa Feres, "Após morte do filho, vítima comemora prisão de Abdelmassin", Portal Terra, 19 ago. 2014; Rita Lisauskas, "O dia que entrevistei Dr. Roger fez com que eu decidisse que ele nunca seria meu médico", blog Ser Mãe É Padecer na Internet, *Estadão*, 19 ago. 2014.

Dois dias antes de vir para São Paulo, havia passado por uma consulta com seu ginecologista, que normalmente a acompanhava e fazia seus exames periódicos. Ele não trabalhava com reprodução assistida e disse que o problema de Nelma poderia ser resolvido com uma FIV no centro de reprodução de Abdelmassih. Foi específico na sua recomendação e disse que se tratava de um dos maiores especialistas do mundo. Recomendou sua paciente para o médico por escrito. Ela veio a São Paulo curiosa para conhecer o grande gênio e cheia de otimismo. Logo percebeu que ele era um sedutor, um sujeito persuasivo, que dizia, depois de poucos minutos de conversa, que a paciente era especial, muito especial. Usava truques de apelo emocional para vender seus serviços. Andava um pouco mais respeitoso e menos beijoqueiro nesses tempos.

Assim que Nelma entrou na sala, o telefone do médico tocou e Abdelmassih pediu licença para atendê-lo. Era uma ligação de sua filha Juliana, que morava em Atlanta, nos Estados Unidos, onde o marido, Peter Nagy, havia assumido novos postos de trabalho. O casal tinha dois filhos. No meio do atendimento o médico começou uma conversa emocional e transbordante de amor. Diante de Nelma e do esposo, Abdelmassih falou com a filha, que lembrou de Sônia, e depois conversou um pouco com os dois netinhos. Disse que estava tudo bem com o vovô e, no final do papo, assim que colocou o telefone no gancho, desabou e começou a chorar. Nelma ficou comovida e pensou que o médico estava sofrendo e se permitindo, em uma hora tão difícil, misturar seus assuntos de família com seus atendimentos. A partir daí, Abdelmassih passou a falar sem parar da mulher, que tinha morrido há 15 dias. Dizia que a amava, que ela estaria com Deus, que acreditava em Deus acima de tudo e estava sofrendo de saudades.

— Agora que Sônia se foi eu me tornei um "pãe", mistura de pai com mãe. É o que vou ser para a minha última filha solteira, Karime — disse, enxugando as lágrimas.

Quando entraram realmente no assunto da consulta, ela e o marido, já tocados pelo drama do médico e crentes de que estavam diante de um homem sincero, contaram quem eram e o que pretendiam. Nelma falou de sua vida profissional, do adiamento de seu projeto de maternidade e de seus temores relacionados à idade. O médico considerou o perfil de Nelma e deu três opções para fertilização, todas com os espermatozoides do marido: usando os próprios óvulos, usando os óvulos de uma doadora ou misturando as células de Nelma com as de uma doadora. Ela afirmou, categórica, que só queria ter um filho se fosse com seus próprios genes. Declarou que, se a criança não fosse dela e do marido, prefeririam adotar. Nelma expressou outra preocupação: queria que fossem feitos alguns exames de rastreio pré-natal, especialmente o que detecta a Síndrome de Edwards ou Trissomia 18, doença genética causada pela presença de uma cópia extra do cromossomo 18 que causa atraso mental, malformações de vários tipos e torna difícil a sobrevivência do recém-nascido. Abdelmassih concordou com o exame, fecharam acordo e Nelma iniciaria o tratamento na semana seguinte. Pagaria os serviços com nota. Ao saírem, Abdelmassih sugeriu que ela participasse da reunião mensal que aconteceria no sábado. Tratava-se de um encontro regular de esclarecimento, para o qual estavam convidados as pacientes e seus maridos. Os médicos faziam apresentações e tiravam dúvidas das futuras mães. Era uma oportunidade para os casais trocarem experiências e dividirem inquietudes.

Nelma decidiu ficar em São Paulo para ir ao encontro das pacientes. Seu marido precisava voltar ao Rio e ela foi à clínica acompanhada de uma amiga advogada chamada Márcia. Quando chegou, encontrou o auditório, que ficava instalado nos fundos da casa, quase lotado, com mais de quarenta pessoas. Os médicos já tinham chegado, inclusive Abdelmassih, que naquele dia parecia bem diferente. Nelma o sentiu impaciente e mal-educado, muito distante do homem sentimental da consulta. Concluiu isso logo no início das palestras dos médicos, quando ele perguntava o nome de cada uma das participantes e dos seus acompanhantes. Antes de se dirigir a Nelma, perguntou à sua amiga Márcia, pensando que fosse mais uma paciente da clínica, se ela estava lá para fazer o tratamento. A advogada respondeu naturalmente que não, que só fazia companhia a Nelma.

— Então trate de ficar quieta — disparou Abdelmassih, de forma grosseira, sem que a moça tivesse dito qualquer coisa.

Dava para perceber que Abdelmassih estava irritado e, mais distante, demonstrando um certo estrelismo. Não parecia o mesmo médico disponível do primeiro encontro. Exalava arrogância e foi deselegante com outras pessoas na reunião, inclusive com seus funcionários. A certa altura, o médico Giuliano, que depois acompanharia a retirada dos óvulos e a fertilização de Nelma, fez um comentário técnico e foi imediatamente desautorizado pelo chefe, que interrompeu sua fala diante de dezenas de pessoas.

— Você não sabe fazer nada — atacou Abdelmassih, criando um clima geral de constrangimento.

Nelma percebeu que o médico era sujeito a variação de humores e ia de um extremo a outro em grande velocidade. No momento da venda dos serviços, era o homem mais paciente e educado do mundo. Depois se tornava egocêntrico e pouco atencioso. No dia em que foi retirar óvulos pela primeira vez, estava ansiosa e esperando que tudo desse certo, como havia programado, e teve uma surpresa desagradável. Quando encontrou Abdelmassih em um dos corredores da clínica, foi falar com ele sobre o rastreio pré-natal, que queria fazer de qualquer jeito para se prevenir. Foi recebida com estupidez e ignorância. Com ironia, chamando Nelma de doutora, por causa do seu título universitário, disse que não tinha tempo para conversar e a mandou falar com o doutor Paulo Tudech Salgueiro, que era o responsável pela sua fertilização.

— Doutor Roger, eu só quero ter certeza de que os testes foram feitos.

Com ar de enfado, ele disse finalmente que não, que os exames não tinham sido pagos e, por isso, não foram feitos.

— Como assim, doutor, pagamos 6 mil reais pelos exames.

Abdelmassih reafirmou que não tinha recebido, ela não tinha recibo nem nota e, diante do impasse, Nelma pediu um novo cheque para o marido. Passava um pouco do meio-dia quando a farmacêutica voltou para a recepção e falou com a secretária que iria esperar o médico para pagá-lo. Esperou mais ou menos cinco horas e soube, no fim da tarde, que Abdelmassih tinha ido embora. Considerou um acinte, não entendia por que ele fazia suspense em atender um pedido tão simples e legítimo, mas engoliu o desaforo e decidiu voltar à clínica no dia seguinte, às oito horas da manhã, para encontrá-lo assim que chegasse. Quando o viu entrando na recepção, se aproximou e pediu alguns minutos para conversarem. Assim que teve oportunidade, entregou o cheque. E ele simplesmente o rasgou na frente de Nelma.

— Tudo o que eu tinha que falar, já falei — afirmou o médico, sem responder objetivamente se tinha ou não feito o teste.

Diante da incerteza, Nelma foi conversar com o ultrassonografista que estava trabalhando na sua fertilização, o doutor Lin Tao Jine, que disse para ela não se preocupar, que não haveria problemas, e deu uma notícia animadora. Ela tinha produzido 12 óvulos, uma produção muito maior do que a média das mulheres que estavam ali tentando ter filhos, e, apesar de seus receios, eram de excelente qualidade, o que aumentava muito as chances de êxito na fertilização e na gravidez. Dois dias depois, quatro embriões foram colocados no seu útero e a gestação se iniciou. Houve, porém, um sangramento e três deles se perderam. Só um resistiu. Por algum tempo, Nelma deixou seus temores sobre os exames pré-natais de lado e foi cuidar do que realmente lhe interessava, a gestação de seu bebê, que se chamaria Guilherme. Nelma nem perguntou o que seria feito com os outros oito óvulos restantes de sua coleta inicial.

A clínica tratava de direcionar sua estratégia de comunicação para fora de São Paulo, para atrair clientes como Nelma. Embora ainda não houvesse nenhuma diminuição no movimento, a orientação de Abdelmassih era de reforçar o trabalho de assessoria junto a jornais e emissoras de TV regionais. Uma das razões óbvias era o dinheiro novo que chegava principalmente nos estados do Centro--Oeste e Nordeste, onde o desenvolvimento econômico era mais acelerado do que a média nacional e havia uma nova geração de casais milionários dispostos a pagar 30 mil reais por um tratamento de reprodução assistida. Naquela altura, mais de 60% dos clientes vinham de outros estados.

Outro motivo para reorientar a comunicação da clínica era o menor desgaste que Abdelmassih sofria em novos mercados, onde os boatos a seu respeito demoravam mais para chegar. Em alguns círculos bem restritos se falava sobre seus excessos com as pacientes e de histórias esquisitas dentro do consultório. Também havia mais restrições, em São Paulo, onde estava seu público primário, aos seus excessos hormonais e à "cultura da proveta", que ele representava com perfeição. Além do mais, o estilo popularesco e indiscreto do médico, participante frequente de programas de auditório, causava rejeição em clientes mais críticos, avessos a médicos exibidos e metidos a *showman*.

Das 120 clínicas que funcionavam no Brasil, em 2008, metade estava na Grande São Paulo, a maior parte na região metropolitana e algumas poucas no interior. A competição tinha aumentado muito em dez anos, mas Abdelmassih se mantinha no topo e sustentava sua aposta na exuberância dos números e no culto à personalidade do chefe. A discussão sobre sucessão, como era esperado, não prosperou. A pesquisa realizada por Mario Humberg ficou na gaveta. O médico tinha uma autoimagem inabalável, que se fortalecia ainda mais quando declarava a quantidade de bebês que já tinha produzido em sua clínica. Empolgava-se tanto com suas estatísticas que era capaz de dizer números diferentes em dois programas de TV veiculados no mesmo mês. Seus assessores de imprensa achavam que esse discurso havia se tornado monótono e não agregava mais nada à imagem do negócio, mas não tinha jeito. Falar que produzia milhares de bebês era sua kryptonita. No *Tudo a ver*, na TV Record, o locutor Paulo Henrique Amorim dizia que sua clínica atingira a marca de 5.700 bebês nascidos. No *Sala de notícias*, da TV Futura, que passara de 6 mil, mesmo número ouvido no ano anterior, na festa de Louise Brown.*

Assim que a juíza Kenarik encaminhou a investigação para a polícia, a delegada Celi Carlota começou a trabalhar em parceria com o Ministério Público, colhendo os mesmos depoimentos do inquérito inicial, mas também tentando identificar novas vítimas e testemunhas. O grupo responsável pelo caso no Gaeco ganhava, nessa altura, o reforço de outro experiente promotor, Luiz Henrique Dal Poz, que se juntou a Carneiro e Porto para ajudar no desenvolvimento do inquérito e acelerá-lo. Articulado, arguto e sensibilizado com a gravidade das denúncias contra Abdelmassih, Dal Poz estava havia 16 anos no Ministério Público e desenvolvera sua carreira no interior de São Paulo, em cidades como Pompeia, Penápolis e Lins. Vinha contribuir para o caso com inteligência e objetividade. Dessa vez acompanhada do marido, Cristiane foi a primeira a dar declarações para a delegada. Como acontecia desde o início das investigações, foram garantidos o segredo de Justiça e a preservação da identidade das outras mulheres. Facilitava muito a decisão de ex-pacientes de Abdelmassih e a fluidez de suas declarações o fato de a presidente do inquérito ser agora uma mulher.

Por intermédio de Adriano Vanni, Abdelmassih tentava acompanhar os movimentos da polícia e da promotoria, assustado com a possibilidade de alguma notícia vazar para a imprensa e insistindo que todas as acusações eram mentirosas. O advogado não descobria o nome das denunciantes, o que o deixava sem capacidade de agir. Desde julho, tentava conseguir acesso ao inquérito, argumentava que precisava de mais informações para analisar o prontuário das pacientes que o acusavam para poder defender seu cliente. Mas

---

* Entrevista com Roger Abdelmassih, *Sala de notícias*, Canal Futura, 18 mar. 2008.

o Gaeco, amparado na lei que garante o anonimato das vítimas de estupro, só lhe permitia ler o conteúdo dos depoimentos e não saber os nomes ou a origem das pacientes. Com a ida do caso para a Delegacia da Mulher, Vanni teve esperança de conseguir mais informações, mas a delegada Celi foi tão rigorosa como a promotoria e impediu a exposição das vítimas e de qualquer segredo do inquérito a todo custo.

Além das sete mulheres que haviam sido ouvidas na primeira investigação, mais duas foram incluídas como vítimas na nova fase. A antiguidade dos fatos se mantinha como um critério para separar vítimas e testemunhas, em função do prazo decadencial, assim como a consistência das declarações e o padrão do ataque. Uma percepção mais estrita da violência real surge nessa etapa e muito além da marca no corpo ou de ferimentos deixados pela violência sexual se observa o constrangimento físico, a ação forçada, o esforço indevido utilizado por um homem de 1,80 metro para subjugar pacientes indefesas e cometer atos libidinosos. Quem aparece como vítima de atentado violento ao pudor pelos novos critérios é Iris Saga, incluída, inicialmente, como testemunha, assim como outras quatro mulheres da primeira fase.

Os casos que chegavam na delegacia seguiam os mesmos padrões de antes. Os promotores notaram que havia duas formas predominantes para os ataques lascivos do médico. A primeira, planejada, se realizava no período em que as mulheres se recuperavam da sedação, após a retirada dos óvulos. Os sedativos mais utilizados eram o propofol, genérico do Diprivan, da AstraZeneca, o Fentanil, da Janssen Cilag, e o Midazolam, da Medley, que têm efeitos de curta duração, em torno de uma hora, no máximo. É tempo suficiente para a realização do procedimento e impede que a paciente sinta algum desconforto ou dor. Pelo menos três acusações mostravam que Abdelmassih avançava sobre as pacientes quando elas estavam retornando da sedação, fragilizadas, sem plena consciência da situação. Os funcionários da clínica diziam ignorar suas entradas furtivas nas salas de recuperação. Várias pacientes despertavam antes do que ele previa e o pegavam em flagrante ou deixavam a clínica com a estranha sensação de que tinham sido estupradas enquanto dormiam.

A segunda forma era a repentina, exemplificada na violência contra Cristiane, a única das vítimas que era ex-funcionária e não ex-paciente, que se repetia na sala de reunião ou em alguma das salas de consulta, quando as mulheres estavam lúcidas, enxergando com clareza, falando da vontade de ter um filho e de suas expectativas sobre o tratamento, e eram surpreendidas por um bote do médico, que as acuava contra paredes, estantes ou portas e tentava beijá-las à força e colocar as mãos debaixo das suas calcinhas e blusas. Era o ataque abrupto, explícito, que mostrava Abdelmassih confundindo tudo. Demonstrava-se incapaz de conter seus impulsos sexuais no momento em que exercia a sua sagrada profissão em uma consulta médica. As pacientes saíam estarrecidas da sala sem saber o que pensar. Estavam ali para ter um filho, às vezes em vias de alcançar seu sonho, quando, de uma hora para outra, descobriam que o médico que deveria cuidar delas, zelar pela sua saúde e bem-estar, na verdade queria seu mal.

Lendo os depoimentos também se percebia, em todos os casos, tanto nos de violência sexual planejada como nos repentinos, que havia uma oralidade pronunciada toda vez que Abdelmassih atentava ao pudor, o que chamou a atenção de Dal Poz. Sempre acontecia uma beijação libidinosa em seus ataques. O médico costumava beijar em demasia ao receber suas pacientes, principalmente as mais bonitas, às vezes muito perto da boca. Também pegava o rosto das mulheres com ambas as mãos, antes de beijá-las com vigor. Era, em geral, excessivo e inadequado, e a maioria das pacientes não costumava se importar. Mas nas explosões de fúria sexual narradas pelas suas supostas vítimas se tornava doentio e passava a lamber as mulheres de maneira alucinada, como um animal, sem que elas conseguissem se desvencilhar. O beijo de língua era uma evidente manifestação de ferocidade. As pacientes ultrajadas lembravam com nojo desses beijos e acusavam o bafo do médico, que ficava na mente como uma lembrança asquerosa. Mulheres atacadas no final dos anos 1990 não conseguiam se livrar dessa memória olfativa maldita uma década depois.

Quase todas as acusações contra o médico eram de atentado violento ao pudor, como se caracterizavam esses atos que envolviam beijos, apalpações e encoxadas não consentidas. Estupro era um crime que se referia apenas à conjunção carnal, sinônimo de penetração vaginal, e as penas para quem o praticasse iam de dois a oito anos de prisão, maiores que as aplicadas em crimes de atentado violento ao pudor. De todas as acusações contra Abdelmassih apenas uma permitia o enquadramento de estupro ou suspeita de estupro. Havia mulheres que suspeitavam ter sido penetradas, mas não podiam garantir por causa dos efeitos da sedação. O coito anal era considerado atentado violento ao pudor, assim como os beijos à força. Uma das vítimas o acusava de coito anal, mas fazia a denúncia por suposição. Seja como for, a lista de crimes pelas quais Abdelmassih era acusado seria suficiente para mantê-lo na cadeia por cinquenta anos, se ele fosse julgado e condenado. Apesar disso, tudo indicava que ele continuava na ativa e sem freios. A violência contra Cristiane era recente, assim como a suposta agressão sexual a Iris Saga. A promotoria e a polícia, convencidas de sua culpa, verificavam que o médico continuava agindo sem controle e passaram a ter pressa. O fato de exercer a medicina e continuar no comando de uma clínica o transformava em um perigo público, na visão de Carneiro e Dal Poz.

Momentaneamente, os jornalistas tinham se tornado coadjuvantes na caçada a Abdelmassih. Depois de darem o pontapé inicial na investigação, saíram de cena. Ivandra Previdi ligava de vez em quando para Carneiro para saber como andava o trabalho, mas não havia qualquer tipo de cobrança para publicar a notícia. Nem era o caso. Os jornalistas tinham consciência do estrago que um vazamento causaria. O *Jornal Nacional* não iria divulgar nada antes da hora. A primeira denúncia da promotoria, por exemplo, foi rejeitada sem que ninguém soubesse. Seria uma temeridade publicar uma matéria naquele momento, antes do acolhimento da denúncia pela Justiça. A defesa estava se armando e preparava sua reação. Qualquer precipitação colocaria tudo a perder e, de alvo, Abdelmassih poderia se converter em vítima. A má experiência com o indiciamento de Cristiane por causa da chantagem tinha sido traumática e nem Carneiro nem Dal Poz queriam se deparar com mais nenhuma surpresa. A investigação precisaria correr até o fim sem interferências externas e qualquer pressão política.

Ao final de trinta dias, na segunda quinzena de outubro, o inquérito chegou ao fim e foi reenviado para o Fórum Criminal da Barra Funda e endereçado para a 16ª Vara. Tinha se tornado mais robusto e consistente e não havia mais motivos para que a juíza Kenarik ou qualquer outro juiz o rejeitasse sumariamente. Havia, agora, nove vítimas, oito ex-pacientes e uma ex-funcionária, que denunciavam o médico, além de cinco testemunhas. Algumas anexavam declarações em cartório sobre o assédio, outras possuíam boletins de ocorrência ou relatavam denúncias ao Cremesp que nunca prosperavam. Dessa vez, o inquérito tinha sido realizado pela polícia, o que eliminava qualquer vício de origem. Nem Carneiro nem os outros promotores receavam que a acusação fosse injusta e houvesse alguma possibilidade de Abdelmassih ser inocente. Havia indícios suficientes para denunciá-lo. As preocupações iniciais do processo foram deixadas de lado e, pelo menos no Gaeco, não se pensava mais no exemplo da Escola Base.

Abdelmassih se movia para tentar se defender e, além de contar com Adriano Vanni, conversava com outros advogados, atrás de aconselhamentos e soluções para uma crise que se avizinhava. Um deles foi o criminalista Antônio Claudio Mariz de Oliveira, que passou a colaborar com o médico. Vanni se mantinha à frente do dia a dia do caso e se tornou presença frequente na clínica. Com as informações limitadas do inquérito de que dispunha, o advogado foi autorizado pelo médico a consultar prontuários e conversar com os funcionários que quisesse a fim de começar a construir o discurso de defesa. Sabia que muitas das ex-pacientes que o acusavam de abuso haviam decidido voltar à clínica depois de um primeiro ataque sexual. Na sua avaliação, isso não fazia sentido. Acreditava que elas tinham sido treinadas pela promotoria para dizer que o desejo de ser mãe era maior do que tudo e que, por isso, voltaram à clínica. Considerava, também, na sua argumentação de defesa que a maioria das denunciantes não fora bem-sucedida no tratamento, embora tivesse desembolsado dezenas de milhares de reais na tentativa de engravidar. Isso indicava uma grande carga de decepções e ressentimentos, que poderiam causar sentimentos de vingança e motivar denúncias falsas. Quanto à denúncia inicial de Cristiane, ele tentaria derrubá-la no processo em que ela era acusada de chantagem.

Nas suas conversas com os funcionários, Vanni falou com as anestesistas, que eram terceirizadas, e com as enfermeiras que circulavam entre as salas de retirada dos óvulos e as áreas de recuperação, no piso superior da clínica, onde aconteciam muitos dos casos investigados. Todas foram unânimes em dizer que nunca viram nada. Diante de várias denúncias de mulheres que voltavam da sedação, o advogado quis entender melhor os efeitos do anestésico. Soube com as anestesistas que o propofol leva de 4 a 8 minutos para começar a fazer efeito e de 19 a 70 minutos para a recuperação completa. Dava tempo mais do que suficiente para a retirada dos óvulos. Em seguida, as mulheres passavam vinte minutos, em média, na sala de repouso. O tempo de sedação variava muito de uma mulher para outra, e o momento do despertar era incerto. Ao ler a bula e alguns estudos sobre o propofol que levantou na internet, verificou que era um anestésico leve e poderia causar muito raramente, para um ínfimo percentual de pacientes, delírios prazerosos e sexuais na volta da sedação. Nas pesquisas, descobriu um caso de reclamação na Espanha sobre os tais delírios. Uma adolescente que tinha tomado propofol acordou desesperada e gritando com a certeza de que estava com a mão no pênis do médico. Quando abriu os olhos não viu médico algum e seu pai e sua mãe estavam na sala observando a cena. Vanni conversou com Abdelmassih sobre essa linha de defesa, que considerava promissora.

Sabendo que várias das acusações se referiam a ataques ocorridos na sala de reunião, no térreo, ao lado da recepção e completamente fechada, Abdelmassih decide fazer, nessa época, uma pequena reforma na clínica. Era ali que ele se sentia mais persuasivo para convencer seus clientes a comprar seus serviços e tomar posições mais duras, quando ficava de pé, ameaçador, no canto da mesa, e onde também encontrava a intimidade que buscava em alguns de seus atendimentos. Tratou de abrir um buraco na parede e instalou uma janela de vidro para tornar a sala visualmente acessível da recepção. A medida foi tomada com grande atraso para mostrar transparência. Servia também para revelar a condição psicológica do médico, que não tinha como explicar seus atendimentos sem testemunhas e tratava de remediar a situação de uma forma frágil e sem qualquer efeito prático. Poderia impedir problemas no futuro, mas de nada adiantava para contornar suas enrascadas acumuladas ao longo dos tempos.

Tampouco adiantaria alguma coisa para livrar Abdelmassih das acusações o misterioso sumiço, em novembro, de seu inquérito, dentro do Fórum. Ao contrário, isso mexeu com os brios da promotoria. O inquérito começou a tramitar e simplesmente sumiu. Carneiro foi verificar o livro de registros que formalizava as entradas e saídas e confirmou que havia sido depositado. Mas desaparecera antes de chegar às mãos da juíza, não estava mais no lugar em que deveria estar e seu destino era desconhecido. Em vinte anos de Ministério Público, nunca tinha visto nada igual. Isso mostrava que o nível de influência do médico ia além do que se imaginava. E também dava mais uma certeza de que a denúncia era certeira. A provocação foi respondida com celeridade. Não houve necessidade de refazer os depoimentos pela terceira vez. A delegada Celi pôde remontar o inquérito concluído com base nas suas cópias dos depoimentos, mas, no fim das contas, se perdeu mais um tempo precioso. A sabotagem serviu para mostrar que talvez as regras do jogo devessem mudar. A equipe do Gaeco concluiu que o sigilo, tão importante até então, se tornava contraproducente.

— Nós estamos perdendo a investigação por causa do sigilo, nossa primeira denúncia não foi aceita, o inquérito foi roubado e acho que o melhor a fazer agora é quebrar o silêncio — disse Carneiro.

A proposta era chamar a imprensa imediatamente. Dal Poz e Porto concordavam que colocar algum jornalista na história não seria, nesta altura, uma iniciativa irresponsável. Havia convicção de que toda a atuação da promotoria e da polícia se desenvolvia dentro dos parâmetros legais e de que o médico muito provavelmente era culpado do que pretendiam lhe acusar. A relação entre a promotoria pública e o jornalismo, desde que se baseie em independência e honestidade, costuma funcionar muito bem, como uma parceria. O importante é não publicar informações que podem destruir a vida de uma pessoa ou de uma família. Promotores estão entre as principais fontes das reportagens investigativas e, por outro lado, são frequentemente motivados a entrar em novos casos por causa de matérias publicadas em veículos de comunicação. Um se alimenta das informações do outro e os dois se ajudam mutuamente. Para o Ministério Público era "vai ou racha". A divulgação da notícia iria atrair novas denúncias e reforçar ainda mais a acusação. Ou afundá--la de uma vez, algo que os promotores consideravam improvável. Esperava-se que muitas mulheres que sofriam em silêncio percebessem que seus casos não eram isolados e ganhassem força para denunciar Abdelmassih e fazê-lo pagar por seus crimes. O que não dava para calcular era a escala, se seriam poucas ou muitas que se encheriam de coragem de falar.

Procurar a produção do *Jornal Nacional* era a primeira opção dos promotores do Gaeco. Como o caso tinha chegado no Ministério Público pela TV Globo, então ela deveria ter prioridade. Mas Ferraz e Ivandra não quiseram usufruir dessa vantagem. A opção da emissora e do programa era continuar à sombra do fato e esperar que outros veículos fizessem a denúncia, para entrar em seguida na cobertura jornalística. Havia uma grande insegurança, bem diferente da atitude no início da investigação. Para não se arriscar a ser boi de piranha na história, o *Jornal Nacional* não iria entrar no assunto antes que Abdelmassih se tornasse réu de uma ação criminal. A única condição foi que quem pegasse a notícia não poderia ser um programa concorrente na televisão. Deveria ser um veículo impresso, um jornal ou revista de credibilidade. Os promotores pensaram, em seguida, na *Veja*. Carneiro costumava passar informações para uma repórter da revista, Juliana Linhares. Tiveram uma longa conversa e ela se interessou pela notícia e entrou na apuração, que daria acesso direto às vítimas, sempre com a garantia do segredo dos nomes. Havia na *Veja*, porém, o mesmo temor de se lançar a história a público antes que a Justiça acolhesse a denúncia.

Dar a primeira notícia sobre o caso Abdelmassih era uma decisão jornalística muito séria e complicada. Sua consequência seria acabar com a reputação de um homem célebre em um piscar de olhos — desmoralizar completamente um profissional considerado o melhor em sua área do dia para a noite. Além disso, a notícia parecia mesmo improvável para alguns. Havia inúmeros pacientes e ex-pacientes do médico que não tinham motivos para acusá-lo de nada, para quem ele só tinha dado alegria. A maioria dos ex-pacientes de Abdelmassih só via virtudes no sujeito que lhes ajudara a ter um filho. A imprensa enfrentaria os mesmos temores que os promotores do Gaeco no início da investigação. E se estivermos acusando um inocente? Lembra o caso da Escola Base? Qual é a garantia de que as vítimas estão falando a verdade? Era um poder de aniquilação da honra de Abdelmassih. Como todo o inquérito se baseava em declarações das vítimas e existiam poucas provas materiais ou testemunhas das agressões, o temor de cometer um erro era grande.

No final de novembro, Lilian Christofoletti, repórter de Política da *Folha de S.Paulo*, recebeu, na redação, uma ligação de um advogado que era uma boa fonte. Telefonou para dizer que tinha uma notícia bombástica que envolvia o famoso médico Roger Abdelmassih. Lilian conhecia o personagem vagamente. Nunca tinha se deparado com ele no seu trabalho jornalístico, que nada tinha a ver com a área de saúde. A fonte não deu muitos detalhes na ligação e combinaram um almoço. Quando se encontraram, o advogado foi ao ponto e contou que uma empresária que conhecia tinha sido atacada por Abdelmassih dentro da sala de consulta. Disse também que a mulher acabava de denunciar o caso para o Ministério Público e que existia um inquérito pronto, correndo na Delegacia da Mulher e no Gaeco. Citou o nome de Carneiro, como responsável pelo caso. Lilian disse que conhecia Carneiro e que o procuraria no mesmo dia. Chegou ao prédio da rua Minas Gerais e foi direto ao gabinete do promotor.

— Oi, Zé Reinaldo, quer dizer que as coisas acontecem aqui e sou a última a saber — falou brincando, assim que entrou na sala.

Carneiro sorriu e confirmou logo que o caso era dele. Confiava na repórter, com quem tivera experiências positivas em outras coberturas, como a do assassinato brutal do ex-prefeito de Santo André Celso Daniel, alguns anos antes. Lilian descobriu a história por meio de suas próprias fontes e nada impedia que a promotoria abrisse outras frentes para revelar a existência de uma investigação contra Abdelmassih na imprensa. Dal Poz estava em total acordo. Contavam com uma revista e agora também envolveriam um jornal, ambos de credibilidade. Não haveria tanto conflito de interesses. Promotor e jornalista conversaram e Carneiro contou sobre a existência do primeiro inquérito, iniciado em abril, e sobre o novo, de outubro, que realmente estava concluído, mas fora roubado, e por isso eles estavam perdendo tempo para fazer a denúncia à Justiça. Diante do roubo e do impasse, decidiram mudar a estratégia e quebrar o sigilo da investigação.

Ele abriu o jogo e disse que a *Veja* sabia da história e estava cobrindo o caso. Falou da iniciativa do *Jornal Nacional*, origem de tudo, e da vítima oculta que trabalhava na Globo. Lilian não viu empecilho em trabalhar, eventualmente, lado a lado com Juliana. Teriam, por exemplo, que fazer juntas algumas entrevistas com as vítimas. Das nove que amparavam a denúncia da Delegacia da Mulher, pelo menos metade toparia falar, desde que suas identidades fossem preservadas. A única que mostraria o rosto era Cristiane, a vítima 1, que não era ex-paciente. Havia alguns documentos, como boletins de ocorrência e declarações em cartório, mas poucas provas materiais, o que, segundo explicou Carneiro, era normal nesse tipo de caso. Todas as mulheres atacadas por Abdelmassih tinham entre trinta e quarenta anos quando passaram pelo tratamento de fertilização, e várias delas eram profissionais bem-sucedidas, algumas com filhos nascidos graças à FIV realizada na clínica ou posteriormente, com outro médico. Todas vinham escondendo por um longo tempo o trauma da violência sexual. Entre elas, estava a empresária indicada pelo advogado que deu a dica do inquérito para Lilian.

O ano estava acabando e as semanas seguintes foram de trabalho duro para as jornalistas da *Veja* e da *Folha*. Além das entrevistas e de todo o trabalho de apuração, elas precisavam provar para seus editores que traziam uma denúncia sólida e bem sustentada para o jornal. Na *Folha de S.Paulo*, cada avanço na reportagem era acompanhado por uma conversa detalhada com a secretária de redação, Suzana Singer, e por uma análise jurídica do advogado do jornal, Luís Francisco Carvalho Filho. Ninguém queria cometer uma injustiça com o médico e tomar um processo. A *Folha de S.Paulo* e a *Veja* foram dois dos veículos processados por danos morais pelos donos da Escola Base. Repetir um erro seria inaceitável. A grande preocupação era justamente com a dependência das provas declaratórias. Havia uma cobrança permanente do advogado por mais provas de outros tipos. Lilian também corria atrás de outras vítimas que ainda estivessem fora do radar dos promotores.

Discutia cada passo que dava com Suzana, que acompanhou toda a execução da matéria com extremo rigor. Quinze anos antes, Suzana ocupava o cargo de editora do caderno de Cotidiano do jornal e foi a responsável pela publicação das notícias sobre a Escola Base. Não queria repetir o erro. Tratava, portanto, de redobrar os cuidados com a matéria de Abdelmassih. Quando a *Folha* deu a notícia da investigação da Escola Base, contava, para respaldar sua reportagem, com depoimentos de várias mães, que confirmavam abusos contra seus filhos, um laudo do IML mostrando que um menino havia sido vítima de atos libidinosos e a absoluta convicção do delegado que cuidava do caso.* Na investigação do médico, havia muito menos: o depoimento de oito ex-pacientes que não se identificavam e uma ex-funcionária flagrada em uma tentativa de chantagem. O jornal demorou a se convencer de que valia a pena bancar a notícia. Seria imprescindível uma entrevista com o próprio acusado, que ainda não havia dado declarações para o Ministério Público ou para a polícia. A entrevista era uma condição fundamental para a publicação da matéria. Em nenhuma hipótese uma reportagem como essa sairia na *Folha* ou na *Veja* sem o pronunciamento do acusado.

---

* Suzana Singer, ombudsman, "Abuso sexual: erros e acertos", *Folha de S.Paulo*, 30 mar. 2014.

Sem a versão de Abdelmassih, nada feito, não haveria matéria. O médico tinha o sagrado direito de se defender.

Nas vésperas do Ano-Novo, o inquérito que havia desaparecido de forma misteriosa foi encontrado jogado ao lado da privada, em um banheiro do Fórum Criminal da Barra Funda.

3

A prisão

A crise global deflagrada pelo calote generalizado das hipotecas imobiliárias nos Estados Unidos e pela falência do banco Lehman Brothers parecia um problema simples perto das encrencas que a clínica começava a enfrentar. Completamente refeito da viuvez, o médico passou a virada do ano ao lado de Larissa Sacco, tentando esquecer os adversários. Não imaginava que sua sorte viraria completamente e que aquele despeito de mulher frustrada que ele apontava em suas acusadoras se transformaria em uma demanda judicial legítima e capaz de revelar uma face que seu público não conhecia. Como acontecia com o Brasil, Abdelmassih ainda não sentia direito a força das ameaças externas que se avizinhavam. A crise que devastara o comércio mundial trazia consequências insignificantes para o país, que tinha crescido 5% em 2008 e entraria em recessão em 2009. Com Abdelmassih acontecia a mesma coisa. Ele percebia que o ventinho ficava mais forte, mas não imaginava que um tsunami logo seria avistado no horizonte. Na primeira semana do ano, período de jornais finos e com poucas notícias, seu inquérito estava sendo esmiuçado na redação da *Folha*. Desde o primeiro dia útil de 2009, Lilian trabalhava firme, só pensando em escrever uma matéria objetiva e precisa. Finalizava o texto e se cercava de cuidados. Concluiu as entrevistas com as vítimas, testemunhas, com os promotores e com a polícia, só faltava a entrevista com Abdelmassih, para ele dar sua versão dos fatos.

No Gaeco, o nível de ansiedade era alto. Carneiro, Dal Poz e Porto aguardavam o momento em que a investigação passaria pelo crivo da imprensa. Havia a expectativa da publicação da matéria na *Folha* e da evolução definitiva do caso a qualquer momento. A *Veja* avançou mais vagarosamente na apuração. Jornais diários, como a *Folha*, funcionam ininterruptamente, e Lilian trabalhou sem parar. Nos primeiros dias de janeiro, ligou para Vanni solicitando uma entrevista com Abdelmassih. Havia uma assimetria natural no trabalho simultâneo das repórteres da *Folha* e da *Veja*. Jornais e revistas têm ritmos de produção diferentes. Enquanto os jornais rodam sete edições por semana, revistas como a *Veja* têm uma edição, que fecha entre quinta e sexta-feira. Se a matéria não está pronta para ser publicada, é preciso esperar a sexta-feira seguinte. E os critérios dos veículos para considerar um texto pronto são diferentes. A decisão de publicar não é dos repórteres, mas de editores e do diretor de redação, e em uma matéria investigativa e explosiva, do dono.

Conhecendo a intenção da reportagem da *Folha*, Abdelmassih concordou em dar a entrevista, no dia 5, segunda-feira, no início da tarde. Acompanharam a entrevista Vanni e a nova assessora de imprensa de Abdelmassih, Meg Ribeiro, que havia substituído Charles Magno. Magno concluiu, definitivamente, que Abdelmassih só precisava de advogados e não mais de assessores de imprensa. Questionado pelo médico sobre o que fazer, na iminência de sua exposição pública, alegou que não se tratava mais de uma crise de imagem, já que a imagem do médico seria devastada. Tiveram uma ríspida conversa final e romperam o contrato de trabalho. Abdelmassih vinha achando Magno pesado e pessimista. Trouxe Meg, que não tinha dimensão do caso, para ocupar seu lugar e renovar sua comunicação. Queria levantar o ânimo e encontrar uma nova agenda positiva. Nunca havia sido solicitado pela imprensa para tratar de algo tão deplorável em relação a si próprio. Calejado em contar suas façanhas, Abdelmassih começaria a ser provado em outras esferas que não conhecia: a dos segredos, vícios e fracassos.

O médico não se sentia bem acolhido pela *Folha de S.Paulo*, em parte por causa da visão crítica da titular da área de saúde, Cláudia Colluci. Sentia-se esnobado pelo jornal. Lilian era uma "forasteira", vinha da editoria de Política e não estava por dentro das polêmicas da medicina reprodutiva. Com a *Veja*, Abdelmassih mantinha uma relação esquisita, de admiração e medo. Era a publicação que mais valorizava, mas temia uma abordagem mais crítica. Apareceu uma vez na capa da *Veja São Paulo*, em uma matéria que reunia os médicos mais estrelados de cada especialidade, mas na edição nacional nunca foi capa, nem entrevistado para as Páginas Amarelas. Seu nome aparecia raramente, uma vez por ano, a última vez, sete meses antes, quando a revista deu a notícia da separação de Pelé e Assíria, por causa de divergências religiosas e de desconfianças da mulher. A presença não muito frequente era compensada pelo tratamento elogioso, como "papa da reprodução assistida no Brasil" ou "representante de Deus em assuntos reprodutivos", o que não eliminava de Abdelmassih uma certa insegurança com a revista. Mais à vontade ele ficava com o *Estadão*, onde ganhava segurança por causa de sua amizade fraterna com Ruy Mesquita Filho.

Como costumava ser afagado, Abdelmassih via a imprensa como uma força a seu favor e que controlava com tranquilidade. Jornalista para ele era como um miquinho amestrado. Ele dava um presente e tudo se resolvia. Desde os tempos em que lançou sua clínica de reprodução, no final dos anos 1980, usava a mesma fórmula. Com uma face risonha, algumas tiradas e manifestações de falsa intimidade, acreditava que tinha um domínio de cena e um discurso certeiro para cativar jornalistas. Em um mundo cor-de-rosa isso costumava funcionar. Às vezes, dava descontos ou oferecia tratamentos quase de graça para se tornar ainda mais simpático nas redações. Mas a verdade é que não entendia direito o que era jornalismo. Entendia de imprensa puxa-saco, de jogadas de relações públicas, mas nunca tinha sido testado em uma apuração criteriosa e rigorosa, que buscava realmente entender os fatos. Sentia-se à vontade com as matérias ingênuas do jornalismo de celebridades, feitas por amigos e de natureza pouco profunda. Teria uma nova experiência, sendo o alvo principal de uma reportagem investigativa.

Abdelmassih recebeu Lilian na sala de reunião, no térreo, que havia acabado de ganhar a janela de vidro. Era a mesma sala onde foram denunciados vários ataques do médico, onde ele se reunia com casais e mulheres sozinhas para conversar sobre o tratamento. Questionado pela repórter, que ouvira falar da sala, explicou logo de cara que a transparência era uma forma de se proteger, "para não falarem besteira". No que se referia às acusações que sofria, toda sua defesa se resumia a culpar a malediência alheia, os concorrentes invejosos e as mulheres frustradas. Dizia ter a "impressão" de que seus resultados ótimos levavam os concorrentes a querer machucá-lo. Falava que por trás das denúncias havia uma "indução da concorrência". E quanto às mulheres que o denunciavam, afirmava que não sabia "qual a insatisfação dessas pessoas" e chamava atenção para o fato de muitas delas continuarem o tratamento depois de terem sido molestadas.

— Você continuaria? — perguntou para Lilian.

Abdelmassih aproveitava para dizer que não tinha sido ouvido pelo Ministério Público ou pela polícia e não sabia quem o denunciava. Sentia-se injustiçado por gente que o caluniava sem se identificar e por uma investigação baseada em mentiras. O tempo inteiro procurava transmitir para a repórter uma sensação de surpresa com aquelas denúncias, compartilhada pelo advogado e pela assessora, como se fosse um grande equívoco que logo seria esclarecido. Todo mundo, afinal, sabia quem era o doutor Roger e, diante dos seus feitos e glórias, aquilo só podia ser um mal-entendido. No final da entrevista, para dar provas de que era um homem indefeso, que não fazia mal a ninguém, o médico se levantou, arregaçou as mangas da camisa e mostrou os bíceps para a repórter, dizendo que apesar da altura não tinha músculos nem força para agarrar uma mulher em seu consultório. Lilian observou a cena abismada.

A matéria foi publicada no dia 9 de janeiro, sem chamada na primeira página ou mesmo na capa do caderno de Cotidiano.* A *Folha* optou por uma edição discreta. Deu um excelente espaço para a principal notícia do dia, uma página inteira, mas não fez alarde e nem colocou fotos do médico. Mesmo tendo em mãos um dos casos mais rumorosos da história da medicina brasileira, optou por um caminho editorial antissensacionalista, a fim de preservar o acusado e de se preservar. A decisão só tornou a exposição da notícia mais séria e relevante. Os fatos deveriam falar por si próprios. A reportagem foi publicada em uma sexta-feira e teria o fim de semana inteiro para ser digerida até que começasse a produzir seus reais efeitos. Havia uma matéria complementar sobre Cristiane, com um título sem meias-palavras: "Ex-funcionária que fez a denúncia tentou chantagear Abdelmassih." Cristiane justificava a tentativa de chantagem pelo desespero com a falta de dinheiro. E Carneiro garantia que o e-mail enviado para a clínica não a desacreditava e ressaltava que ela era "apenas mais uma vítima de Roger Abdelmassih", não a única.

O outro lado da notícia tinha sido garantido com a entrevista de Abdelmassih, que começava a conversa declarando que ninguém constrói uma reputação como a dele assediando pacientes. Contou que, meses antes, havia sofrido uma "campanha sórdida" pela internet movida por gente que usava nomes falsos e que não conseguia entender por que as pessoas tentavam machucá-lo atacando sua honra. Supunha que seria por causa dos resultados "ótimos" de seus tratamentos,

---

* Lilian Christofoletti, "Médico é investigado por supostos crimes sexuais", "Médico vê conspiração de concorrentes para prejudicá-lo", "Ex-funcionária que fez denúncia tentou chantagear Abdelmassih", *Folha de S.Paulo*, 9 jan. 2009.

que despertavam a inveja da concorrência. Era sua explicação mais plausível. De qualquer forma, declarou sua inocência e adiantou que iria se defender na Justiça. Diante de "sete ou oito acusadoras", levaria um "caminhão de testemunhas" para provar que era um profissional sério. Como sempre, Abdelmassih aproveitou a oportunidade para alardear seus números. Contou que já tinha atendido 20 mil mulheres e feito 7.500 fertilizações bem-sucedidas, entre 1.500 e 1.800 a mais do que 15 meses antes, na época da visita de Louise Brown.

Para alívio dos promotores do Gaeco, a matéria da *Folha* saiu perfeita e a resposta imediata foi excelente. A reportagem só serviu para reforçar a credibilidade das denúncias. Nenhuma objeção, nenhum desmentido, a não ser uma nota do próprio médico, com a íntegra a seguir, em que ele manifestava sua indignação, mas dizia confiar nos "trâmites da Justiça brasileira":

> Diante da reportagem publicada por este jornal no dia 09/01/2009, pela jornalista Lilian Christofoletti, envolvendo o meu nome, gostaria de manifestar a minha indignação e esclarecer alguns fatos. Até o prezado momento, mesmo tendo requisitado, o meu advogado não teve acesso integral ao inquérito policial. Desconheço, portanto, o teor real dessas acusações, assim como a identidade das pessoas que me acusam. Outra questão importante é que ainda não fui nem sequer ouvido no referido inquérito. Como prezo a ética e a verdade acima de tudo, venho por meio deste comunicado me pronunciar e informar que confio nos trâmites da Justiça brasileira, sempre estive disponível à instituição e tenho certeza de que estará nela a minha resposta. Minha família, amigos e mais de 20 mil pacientes estão nesta certeza comigo. É tudo o que tenho a declarar no momento.
>
> Atenciosamente. Roger Abdelmassih.

Do ponto de vista dos promotores e da polícia, não poderia ter sido melhor. Para o jornal a carta também era ótima. Mesmo manifestando indignação, Abdelmassih não fazia desmentidos nem dizia nada para desacreditar a matéria. Imediatamente, novas vítimas que não sabiam da existência da investigação passaram a ligar para o Gaeco, para a Delegacia da Mulher e para a *Folha*, querendo denunciar o médico. Quem também se mexeu, no mesmo dia em que a matéria saiu na *Folha*, depois de 16 anos em silêncio, foi o Cremesp, que abriu uma sindicância contra Abdelmassih, com base na existência da investigação policial. O Cremesp, que havia acolhido, até então, uma única denúncia de crime sexual contra Abdelmassih em toda sua história, pareceu se render aos fatos. Seria aberto um processo sigiloso para cada mulher que quisesse ir ao órgão denunciar o médico e seria dado um prazo de noventa dias para a análise das acusações e a tomada de uma decisão liminar, que poderia ser até uma suspensão temporária de Abdelmassih da medicina.

    O presidente do Conselho, Henrique Gonçalves, afirmava que os indícios de culpa eram fortíssimos, já que se tratava de nove mulheres que o acusavam e não de apenas uma, como pode ter acontecido em algum momento do passado. As denúncias de assédio sexual eram tratadas no Cremesp como algo sempre difícil de provar e travavam no confronto da palavra do médico contra a da paciente.

    — Mas a palavra de um médico não pode prevalecer sobre a palavra de nove mulheres — argumentou Gonçalves.

    Nove? Os telefones do Gaeco tocavam sem parar. Eram pessoas que tinham lido a matéria e queriam elogiar o trabalho de investigação, vítimas que não iriam oficializar a denúncia, mas agradeciam o esforço da promotoria, e mulheres que pretendiam denunciar o médico no mesmo dia. Duas vítimas procuraram o Ministério Público ainda na sexta-feira. Outra foi acompanhada do marido à Delegacia da Mulher e prestou depoimento para a delegada Celi. Houve mais uma vítima que procurou Lilian e deu entrevista à *Folha* no mesmo dia da publicação da reportagem, antecipando as denúncias que faria na semana seguinte para a polícia. No Ministério Público, foi criada uma força-tarefa para recepcionar as mulheres que queriam acusar o médico e para atender telefonemas. O inquérito se abriu para novas denúncias e dezenas de vítimas começaram a surgir para comprovar que a decisão do Gaeco de quebrar o sigilo da investigação fora acertada.

A reação inicial de Abdelmassih mostrava que ele não dispunha de uma estratégia de defesa, e seus advogados e conselheiros, baseados em suas declarações de inocência, tinham dificuldade para tirá-lo daquela enrascada. Vanni raciocinava que Abdelmassih poderia ter cortado o mal pela raiz se tivesse armado um flagrante contra a ex-recepcionista. Seus interlocutores mais gabaritados sofriam com a incapacidade de fazê-lo entender a gravidade da situação e de seguir conselhos que não estivessem em linha com seu instinto de comunicador. Ele parecia esperar uma solução simples e mágica para seu problema. Mas, de fora, não era difícil ver o abismo se aproximando. Alguns advogados se recusavam a defendê-lo. Com Antônio Mariz, a relação enfraquecia. Quando entendeu a investigação que atingia o médico, Mariz sugeriu que o melhor que Abdelmassih podia fazer era se afastar temporariamente da medicina e da clínica, para dar mais liberdade para as investigações. Abdelmassih se recusava a fazer isso porque interpretava que seria como uma declaração de culpa. Para o advogado, seria adequado para o médico enfrentar as acusações afastado, longe da clínica, para só voltar à ativa quando o assunto estivesse esclarecido.

Os outros jornais foram atrás do caso no dia seguinte, fazendo menção à matéria da *Folha*, e entraram naturalmente na história, bem mais à vontade e sem as precauções iniciais da primeira notícia. O *Estadão* colocou uma pequena chamada na primeira página da edição de sábado com a informação de que um médico era acusado de crime sexual, mas não dizia seu nome. No caderno de Cidades, uma página inteira falando do caso, com declarações de vítimas, e a matéria sobre a decisão do Cremesp de abrir uma sindicância. A reportagem do *Estadão*, em um esforço concentrado, conversou com quatro vítimas e entrevistou os promotores Carneiro e Dal Poz, além de publicar a resposta de Abdelmassih divulgada em nota. Na televisão, o assunto mobilizou todas as emissoras e ganhou grande destaque na TV Record. A TV Globo, com excesso de zelo, cobriu discretamente o caso na primeira semana, mas outros veículos do mesmo grupo, como o jornal *O Globo* ou a revista *Época*, fizeram uma cobertura mais completa.

Depois da notícia exclusiva, a própria *Folha* cuidou de produzir a suíte da matéria.* A palavra vem do francês *suite*, que significa sequência. Ao explorar os desdobramentos da reportagem, para não mostrar que estava perseguindo o médico, a *Folha* cuidou de ouvir alguns ex-pacientes que o defenderam, entre eles os atores Luiza Tomé e Raul Gazolla e sua ex-mulher Marilsa. O jornal manteve o assunto fora da primeira página. Luiza Tomé havia procurado a clínica de Abdelmassih, em 2002, quando tinha quarenta anos, por recomendação de amigos, e graças ao tratamento teve gêmeos, um ano depois. Descrevia o médico como "sensacional, um paizão, um médico maravilhoso, talentoso, que se aprimora, viaja o mundo buscando o que há de mais moderno e mais confortável para a mulher". Para defendê-lo, a atriz contava ter ido várias vezes ao consultório sem o marido e disse que nunca sofreu tentativas de assédio. Para Luiza, as mulheres que faziam as acusações podiam estar confundindo o carinho do médico, que ela descrevia como um sujeito "afetivo", com assédio sexual. Tratava-se, segundo Luiza, de alguma incompreensão, de um delírio ou até de um desejo oculto dessas mulheres que se diziam vítimas de Abdelmassih.

Aos defensores, Lilian contrapôs uma nova vítima descoberta por ela, a fotógrafa Monika Bartkevitch, primeira ex-paciente atacada por Abdelmassih que dizia seu nome.** Monika conversou com a imprensa antes de procurar a polícia ou o Gaeco e formalizar sua

---

* Lilian Christofoletti, "CRM investigará médico suspeito de abuso", "Abdelmassih se diz indignado, mas confiante na Justiça", "Ex-pacientes duvidam de acusações e defendem comportamento de especialista", *Folha de S.Paulo*, 10 jan. 2009.
** Lilian Christofoletti, "Fotógrafa é primeira a fazer acusação pública contra médico por abuso sexual", *Folha de S.Paulo*, 17 jan. 2009.

acusação. Ela enfrentava o drama da incredibilidade, como outras mulheres que sofrem violência sexual. Não tinha provas, ninguém acreditava nela, nem parentes, nem amigos e nem o ex-marido. Passou sete anos falando sozinha, até que viu a notícia na *Folha* e decidiu contar seu caso. Em 2000, na primeira tentativa de fertilização na clínica, depois de receber um selinho do médico, que considerou um abuso, reclamou para o marido, empresário do ramo da saúde, mas ele não acreditou que fosse um beijo malicioso. Lembrou que o casal tinha muito dinheiro na clínica para interromper o tratamento sem motivo e que ela "era descolada" e seria capaz de entender melhor o que estava acontecendo. Ela continuou o tratamento, mas antes procurou Abdelmassih e o criticou por sua atitude. O médico pediu desculpas e justificou o selinho pelo fato de Monika ser uma pessoa "envolvente".

Na última tentativa de fertilização, depois da retirada dos óvulos, Abdelmassih pegou Monika no colo como se fosse um bebê, na frente de uma enfermeira, para levá-la até um quarto, deitá-la na cama e dizer que era louco por ela. Imobilizou seu corpo e passou a lambê-lo enquanto falava obscenidades. Ela começou a gritar, pedindo socorro, e logo a enfermeira abriu a porta, seguida pelo seu marido, que ouviu os gritos e veio correndo da sala de espera. Deixou a clínica traumatizada, com a sensação de que a enfermeira era cúmplice e o marido, que mais uma vez acalmou a situação, complacente com o médico. De acordo com Monika, ele preferiu não denunciar Abdelmassih à polícia. A terceira tentativa de engravidar tampouco deu certo e o casamento acabou, dois meses depois. A família achava que Monika havia se separado de forma tresloucada e que, se houve mesmo algum ataque do médico, foi por culpa dela, que usou algum artifício de sedução para atraí-lo. A versão que prevaleceu entre parentes foi desfavorável à vítima. Tratada como mentirosa por anos, ela precisava de muita força para se convencer de que não estava louca e só aguardava ansiosa o momento no qual Abdelmassih seria desmascarado.

A experiência de Monika mostrava que, com frequência, o matrimônio se tornava outra vítima dos possíveis crimes sexuais do médico. Sem exceção, as mulheres sofriam com a culpa e a dificuldade de contar a história para o marido, temendo alguma interpretação errada. O homem poderia achar que a mulher deu motivos para o ataque. Outro foco de tensão era a questão pecuniária, daquele casal preocupado em aproveitar bem o dinheiro pago pelo tratamento, que prefere deixar para lá qualquer acidente de percurso, principalmente quando a fertilização terminava bem-sucedida. Como ter o filho era mais importante do que tudo, alguns pacientes esqueciam as coisas ruins, em prol do equilíbrio da família. Seja como for, a lógica perversa de Abdelmassih incluía, nos seus cálculos, certo tipo de rebaixamento moral e sexual do marido. O ato clandestino que ele praticava visava driblar, cinicamente, a vigilância do homem que confiava nele. De alguma forma, ao atacar a mulher, estava humilhando também o marido, na recepção, que esperava tranquilamente sua esposa ser atendida no consultório de um médico renomado, em prol do grande sonho do filho. A situação era, afinal, tão absurda que ficava difícil imaginar o que acontecia de verdade no consultório de Abdelmassih. Qualquer coisa poderia passar na cabeça dos envolvidos. Procurado pela *Folha*, Adriano Vanni declarou que a história de Monika era "fantasiosa".

A *Veja* só publicou sua matéria sobre o caso no fim de semana seguinte, dia 17, quando já havia 33 denúncias acumuladas, 24 a mais do que no dia em que a investigação foi divulgada.* Dedicou duas páginas ao assunto e atribuiu à *Folha* a divulgação da existência do inquérito. Carneiro atestava a consistência das acusações, dizendo que os relatos das vítimas se pareciam em diversos aspectos e repetiam as mesmas expressões usadas pelo médico. Abdelmassih não concedeu entrevista, mas ofereceu uma declaração curta com

---

* Juliana Linhares, "Trinta e três denúncias" e "Tudo muito nojento", *Veja*, 21 jan. 2009.

exclusividade para a revista. Manteve o mesmo discurso de destruir as acusações levando um caminhão de testemunhas quando fosse depor na delegacia, algo que, por sinal, evitava fazer a todo custo. E afirmava que suas testemunhas seriam "de preferência pessoas de aparência muito bonita que foram minhas clientes, para contar se, por acaso, eu tive qualquer comportamento indevido".

Entre as novidades da matéria da *Veja* estava a chegada, no Ministério Público, da primeira denúncia contra o médico por estupro. Até então, os casos investigados eram todos de atentado violento ao pudor. O relato de estupro era de uma ex-paciente atacada em 1997, em seu segundo tratamento na clínica. O primeiro transcorrera sem imprevistos e ela teve uma filha. Nessa nova experiência, foi acariciada e penetrada após fazer uma aspiração de óvulos, enquanto estava sob efeito do sedativo. Outra informação inédita que a revista trazia era a abertura de uma investigação paralela na Delegacia da Mulher para averiguar a possível utilização, em tratamentos de FIV na clínica, de material genético de terceiros, óvulos ou espermatozoides, de maneira fraudulenta, sem conhecimento e consentimento do casal.

Quem teve uma boa ideia de como estava o ambiente na clínica de Abdelmassih naqueles dias de janeiro foi Nelma, que veio do Rio para fazer o acompanhamento da gestação. Nelma sabia das acusações contra o médico, mas andava meio aérea, pensando só em levar a gravidez até o final e na chegada de Guilherme. Passou pela última consulta em São Paulo três meses depois do início da gestação, quando as mulheres faziam o último ultrassom na clínica e depois eram liberadas para retomar o atendimento com seus ginecologistas. Nelma voltou à clínica acompanhada pelo marido e soube que estava tudo em ordem com sua gestação. Sentiu que as salas de espera estavam muito mais vazias do que antes e que o ambiente parecia mais pesado e soturno. Os sinais da crise eram evidentes. Ela vinha acompanhando todas as denúncias contra o médico e, diante da experiência que enfrentara com seus exames e do comportamento que testemunhara de Abdelmassih, não lhe pareceram nada absurdas. Mas tentava deixar isso para lá, pois estava pensando apenas na saúde do filho e em seguir com sua gestação tranquila. Esqueceu momentaneamente, inclusive, seu temor da Síndrome de Edwards. Foi atendida pelo doutor Lin, mas Abdelmassih apareceu no final da consulta para cumprimentá-la. Antes, porém, olhou para o marido e perguntou se podia abraçá-la.

— Porque agora, você sabe, estão dizendo calúnias a meu respeito e não sei mais se posso abraçar minhas pacientes — afirmou.

Ele começava a usar essa tática de vitimização também com a imprensa. No dia 25, um domingo, o *Estadão* publicava sua primeira entrevista exclusiva com o médico, assinada pelos repórteres Flávia Tavares e Fausto Macedo.* O médico recebeu os dois jornalistas na companhia de Vanni e de Mariz. Mais uma semana se passou e o número de vítimas havia saltado para 54. Para justificar as denúncias e mostrar o "absurdo" da situação para os repórteres, Abdelmassih voltou na história até os tempos de Iris Saga. Disse que tinha obtido a informação, que não sabia se era verdadeira, de que ela havia recrutado sessenta mulheres pelo Orkut para caluniá-lo. Para justificar os casos em que os abusos aconteciam durante a sedação, Abdelmassih mencionou o propofol e citou uma estimativa sem fontes segundo a qual de 3% a 4% das mulheres que tomavam o sedativo tinham, ao acordar, um comportamento amoroso, se sentiam "em uma condição de fantasia e podiam imaginar coisas". Negava também que atendesse quem quer que fosse sozinho, dizendo que sempre havia anestesistas, enfermeiras e outros médicos na sala, e citou a acusação de Monika, que declarou para a Justiça que Abdelmassih a tinha carregado no colo, como algo particularmente fora de propósito.

---

* Flávia Tavares e Fausto Macedo, "Médico afirma que sedativo pode provocar 'comportamento amoroso'" e "Cerca de 7 mil bebês foram gerados na clínica", *O Estado de S. Paulo*, 25 jan. 2009.

A publicação dessa entrevista arrebentaria a linha de defesa na qual Vanni vinha trabalhando desde novembro com afinco e aumentaria ainda mais a antipatia pública a Abdelmassih. Para o advogado, o médico fugiu do roteiro combinado para a entrevista e falou do propofol de maneira precipitada. Vanni achava que esse era um assunto que deveria ser apresentado à Justiça no momento oportuno, como parte de uma estratégia de defesa, e não para a imprensa de uma maneira improvisada e até irresponsável. Imediatamente, os promotores envolvidos no caso passaram a investigar a ação do propofol e não confirmaram os efeitos colaterais mencionados por Abdelmassih. Carneiro vinha a público para dizer que a tese de passar a ideia de que houve alucinação das pacientes, para a promotoria, "soa como deboche". Funcionários de laboratórios fabricantes do sedativo, que têm várias versões genéricas, disseram que todos os anestésicos podem estar associados a situações de "desinibição sexual", mas que não existia nenhum incidente confirmado associado ao propofol e que as alucinações em geral, inclusive amorosas, eram muito raras e atingiam, no máximo, um em cada 10 mil pacientes, ou seja, infinitamente menos do que os 4% falados por Abdelmassih.

Também caiu por terra a conversa de que nunca atendia ninguém sozinho. Depois da matéria, várias vítimas e testemunhas surgiram para dizer que esse era seu comportamento habitual e que ele entrava de repente nas salas e fechava a porta ou aproveitava, sorrateiro, os preciosos segundos ou minutos em que a maca permanecia estacionada na área de repouso para cometer seus ataques. Se havia um ponto especialmente vulnerável na sua defesa era a falta de testemunhas de seus atos. Não contava com ninguém para defendê-lo e dizer que estava na sala no dia em que houve o ataque e desmentir as acusações. Questionados, seus funcionários ficavam em silêncio porque era essa a lei que imperava na clínica.

Inicialmente, a promotoria e a polícia planejavam concluir o inquérito em fevereiro, mas, diante do surgimento de novas vítimas e denúncias, a investigação iria se prolongar. Nessa altura, o promotor

Carneiro, depois de um trabalho bem-sucedido, concluiu sua jornada e mudou de funções. Assumiu o cargo de coordenador do Gaeco, para articular as unidades de combate ao crime organizado espalhadas na capital e no interior de São Paulo. Dal Poz passou a encabeçar a investigação, o que de certa forma já vinha fazendo desde o final de 2008, e colocou o pé no acelerador. Os promotores Roberto Porto, Fernando Rosa e Everton Zanella também participavam do caso. O depoimento de Abdelmassih foi marcado para o dia 4 de março. Seria mais uma chance para o médico falar, desde sua primeira convocação pela promotoria, em setembro. No Cremesp, a partir da abertura da sindicância, 45 dias antes, se formou uma fila de acusadoras. Cerca de 20 mulheres formalizaram suas denúncias no conselho e outras dezenas tinham data marcada para fazer o mesmo. Além de assédio sexual, o órgão investigava o médico por práticas médicas ilegais, como sexagem e troca de óvulos entre pacientes sem consentimento.

Abdelmassih estava com a corda no pescoço, sua reputação se esbugalhava, mas a presença segura e permanente de Larissa Sacco ao seu lado o fazia pensar que nada ainda estava perdido. A procuradora da Justiça lhe dava a tranquilidade de que precisava em um momento difícil. No meio do caos, o casal estava vivendo sua lua de mel e fazendo planos de futuro. Larissa apoiava Abdelmassih incondicionalmente e não tinha dúvidas sobre sua inocência. Ela se considerava e era considerada por Abdelmassih uma prova de que ele não precisava assediar mulheres para conquistá-las. Com uma mulher bonita daquelas, por que o médico procuraria outras, pensariam os incautos. Para mostrar que estava por cima, aproveitou o Carnaval para descansar e aliviar a mente. Viajou com Larissa para Angra dos Reis e se hospedaram no Hotel do Frade, onde circularam publicamente e sem culpas, como devem agir os que não devem nada a ninguém. O flagrante dos momentos de ócio do médico apareceu em uma nota da coluna de Sonia Racy, no *Estadão*.* Ao lado da loira bonita, Abdelmassih parecia tranquilo.

---

* Coluna Sonia Racy, *O Estado de S. Paulo*, 3 mar. 2009.

Passada a folia, um novo advogado começa a defender Abdelmassih, o criminalista José Luis de Oliveira Lima, que trouxe para o caso sua sócia no escritório, Jaqueline Furrier. Ambos se juntaram a Vanni para estabelecer uma estratégia de defesa. Diante da falta de sintonia com o cliente, Mariz decidiu deixar a causa. Além de mudar sua equipe de defensores, Abdelmassih passa a procurar jornalistas especializados no chamado gerenciamento de crise, serviço que serve basicamente para tirar de encrencas pessoas ou empresas que fizeram coisas erradas ou estão sendo acusadas injustamente pela imprensa. Alguns jornalistas investigativos que migram para a área de relações públicas prestam esse tipo de serviço, muito valorizado porque, em geral, o cliente está desesperado e faz qualquer coisa para se livrar ou minimizar o problema que o azucrina. A lógica que movia o médico ao procurar advogados ou estrategistas de comunicação era a do encontro da velha solução mágica.

Oliveira Lima, que se notabilizou na defesa do ex-deputado José Dirceu, indicou o nome do jornalista Mário Rosa, dono da MR Consultoria, para Abdelmassih. Autor de livros como *A era do escândalo* e *A reputação na velocidade do pensamento*, Rosa era um dos maiores especialistas do país em salvar imagens que afundavam na lama e conhecia os mecanismos que moviam a cobertura da imprensa e a propagação das notícias nas novas mídias. O jornalista não conhecia o médico, mas decidiu atender o seu chamado a pedido do advogado e porque ficou curioso e quis entender melhor a situação de um inimigo público número 1. Percebeu a alta expectativa de Abdelmassih e afirmou, desde o início, que não era curandeiro nem fazia milagres. Disse ao médico que não via muita coisa que pudesse ser feita para livrá-lo das acusações que ele vinha sofrendo ou para diminuir a atenção que os jornalistas davam ao caso. Mesmo assim, podiam continuar conversando. Abdelmassih insistia na sua inocência e repetia para Rosa que não assediara nenhuma daquelas mulheres e que não entendia como a situação atingira aquele ponto crítico. Contra o médico, o consultor de comunicação observava uma mobilização midiática, que não era espontânea ou neutra no sentido de condená-lo perante a opinião pública. E explicava para Abdelmassih que sua capacidade e seus recursos para se defender eram muito menores do que os da promotoria e da imprensa para fustigá-lo.

Rosa passou a ter conversas regulares com Abdelmassih e com Larissa. Esses encontros aconteciam em um pequeno escritório ao lado do salão principal na casa do médico, na rua Marechal Bitencourt. Oliveira Lima esteve presente algumas vezes. Rosa encontrava Larissa abatida e chorando com frequência, mas notava que era sempre carinhosa com o médico e interessada em encontrar formas de defendê-lo. As primeiras reuniões que Rosa teve com Abdelmassih, depois de conquistar sua confiança, serviram para analisar o andamento do inquérito, tentar encontrar falhas específicas e ajudar na fundamentação teórica da defesa. Discutiram também a natureza do atentado violento ao pudor e do estupro. Abdelmassih não se conformava de estar sendo investigado por causa de beijos e abraços e desfilava detalhes intermináveis das acusadoras que começavam a se identificar pela imprensa. Dizia que em algumas situações a vítima era ele e mostrava, inclusive, cartas românticas de mulheres que tentavam assediá-lo. Larissa ajudava a vasculhar as caixas com os prontuários das ex-pacientes para tentar encontrar elementos de defesa. Abdelmassih passou a questionar o seu modo anterior de se comunicar e se arrependia da exposição demasiada. Achava que, sem necessidade, despertara a inveja de muita gente e que essas pessoas agora questionavam seu sucesso e se voltavam contra ele.

Mantendo a tática de postergar ao máximo a evolução do processo, Abdelmassih não apareceu para depor, no dia 4 de março, na Delegacia da Mulher. A justificativa de seus advogados foi que a defesa não poderia fazer uma contestação das acusações enquanto faltasse alguma vítima ou testemunha para falar. Muitas mulheres que denunciaram o médico informalmente ainda não tinham feito os depoimentos oficiais. Os advogados queriam ter acesso ao inquérito completo e também aos nomes das vítimas para garantir ao médico a ampla defesa. Ele só se apresentaria depois que essas precondições fossem cumpridas. O depoimento foi remarcado para o dia 11. E, dessa vez, Vanni e Oliveira Lima obtiveram uma liminar no Supremo Tribunal Federal (STF), que suspendeu o depoimento até que o acusado tivesse acesso aos relatórios e às provas do inquérito e aos nomes das vítimas. Com base na Súmula Vinculante 14, a ministra Ellen Gracie garantiu aos advogados o acesso prévio aos dados da investigação policial. "Defino parcialmente a liminar requerida, para que o reclamante seja ouvido pela autoridade policial somente após ter conhecimento da identidade das pessoas que o acusam nos autos do inquérito policial nº 300/08, ficando o reclamante e os seus patronos (advogados) responsáveis pela manutenção do sigilo dessas informações", destacou a ministra em sua decisão*.

A imprensa disputava a cobertura em pé de igualdade. Lilian Christofoletti deixou o caso em março, quando assumiu o cargo de correspondente da *Folha* em Nova York. Os jornais e revistas acompanhavam os passos do inquérito e, para se diferenciar, tentavam encontrar novas denunciantes dispostas a tornar seus nomes públicos, o que não era fácil. A promotoria procurava distribuir com equanimidade, sem privilégios evidentes, algumas informações exclusivas para os repórteres dos veículos mais importantes. A Globo ainda mantinha uma cobertura com qualidade e intensidade abaixo do esperado.

Na internet, dois blogs se destacaram nos dias seguintes à divulgação da notícia da existência do inquérito: o do jornalista Paulo Lopes** e o Anjos e Guerreiros.*** Os dois eram blogs mili-

---

* Diego Abreu, "STF permite que médico saiba quem o acusou antes de ser interrogado", *globo.com*, 11 abr. 2009
** Ver <www.paulolopes.com.br>.
*** Ver <anjoseguerreiros.blogspot.com.br>.

tantes, o de Lopes, anticlerical, e o Anjos e Guerreiros, criado pela professora carioca Maria Célia Carrazzoni e pela fonoaudióloga paulista Carmen Monari, antenado em questões de violência contra os indefesos. Maria Célia e Carmen ficaram amigas após uma conversa virtual na área de comentários de notícias do jornal *O Globo* sobre o assassinato da menina Isabella Nardoni. Definia-se como um blog com notícias atuais sobre saúde, violência, justiça, cidadania, educação, cultura, direitos humanos, ecologia, variedades e comportamento. Ambos foram muito oportunos no desenrolar do caso Abdelmassih. Com uma base de seguidores que só foi crescendo e que rendia às vezes mais de trezentos comentários e milhares de postagens em mídias sociais, Lopes e Anjos e Guerreiros passaram a repercutir, todos os dias, as principais matérias que eram publicadas sobre o médico em grandes veículos de comunicação. Chamado de jornalista ateu pelos pentecostais, Lopes usava seu blog, até então, basicamente para tratar de problemas de religião, revelar contradições na bíblia e denunciar padres pedófilos e outras hipocrisias da Igreja Católica e de outras instituições religiosas.

Além de reescrever matérias de outros veículos sempre mencionando as fontes, os blogs acabaram se tornando um canal de aproximação entre as supostas vítimas e dois grandes foros de discussão sobre o caso. Serviam também como espaços críticos para comentários sobre a qualidade da cobertura jornalística. O Anjos e Guerreiros, por exemplo, estava atento ao fato de a Rede Globo ignorar Abdelmassih. As autoras do blog, no final de janeiro, diziam não ter visto entrevistas com vítimas nem referências ao caso em nenhum noticiário da Globo, só na Bandeirantes e na TV Gazeta.

Além de Monika Bartkevitch, poucas mulheres se mostravam dispostas a sair do anonimato para dar um rosto às vítimas. A empresária sul-matogrossense Ivanilde Vieira Serebrenic, atacada pelo médico em 1999, quando tinha 34 anos, veio a público em uma matéria da revista semanal *IstoÉ* no mesmo dia em que Monika aparecia na *Folha*.* Ivanilde passou por um tratamento fracassado e por outros maus bocados na clínica, em 1999. Relatava três ataques do médico, todos caracterizados como atentado violento ao pudor e ocorridos em momentos de absoluta fragilidade de Ivanilde.

O primeiro aconteceu quando ela sentia dor por causa de um ponto de cirurgia no umbigo, feita antes do início do tratamento, e teve um sangramento. Pediu ajuda ao médico chorando e, em vez de acudi-la, Abdelmassih a abraçou e tentou beijá-la. Ela virou o rosto e manchou o jaleco do médico com batom vermelho. Deixou a clínica angustiada, mas preferiu não contar nada sobre o assédio para o marido, temendo a interrupção do tratamento, com três tentativas de fertilização, pelo qual tinham pago 32 mil reais adiantados. No segundo ataque, sob efeito de sedativos, foi levada para a sala de recuperação e acordou com o médico apalpando seus seios. Como estava sonolenta achou que era um sonho e foi embora sem convicção do que tinha acontecido. Mas na terceira vez, cinquenta dias depois, quando iria fazer a terceira tentativa de fertilização, acordou da sedação e, ainda grogue, viu que estava com o pênis do médico na mão. Assustou-se, tentou se levantar, chegou a sentar na maca e observou Abdelmassih tentando escapar do flagrante, abaixando o jaleco.

— Calma, calma, calma — o médico dizia.

Ivanilde saiu da sala o mais rápido que pôde e foi, chorando, ao encontro do marido, na recepção. Disse que estava sentindo dor e precisava ir embora. Não viu mais o médico na clínica. Ainda

---

* Rodrigo Cardoso, "A outra face do médico das estrelas — Roger Abdelmassih é acusado por 40 ex-pacientes de molestá-las em sua clínica", *IstoÉ*, 17 jan. 2009; "Vítima de Abdelmassih revela detalhes de abusos", Portal iG, <youtube.com/watch?v=pSE8XLweDo8>.

voltou uma vez para fazer a transferência dos embriões com outro médico porque não queria deixar seu filho lá, mas a gravidez não prosperou. Passou um tempo deprimida, sofrendo com problemas de saúde como colesterol alto, obesidade e irritação constante. Decidiu, finalmente, contar tudo o que aconteceu para o marido. Apesar da revolta, sentiam-se impotentes e tomaram a decisão de não denunciar o médico. Optaram por um retiro de solidão e, depois, por uma nova tentativa de fertilização com outro especialista. Dessa vez, Ivanilde conseguiu engravidar e teve três filhos. Esperava, porém, uma oportunidade de desmascarar Abdelmassih. E essa chance apareceu quando ela descobriu que outras mulheres tinham vivido experiências tão terríveis como a dela.

Na sequência, a advogada carioca Crystiane Cardoso de Souza, seguidora dos blogs de Paulo Lopes e do Anjos e Guerreiros, apareceria na revista *Gloss*, da Editora Abril, relatando um ataque sofrido em 2006, quando procurou o médico por causa de uma obstrução nas trompas que a impedia de engravidar. Na primeira consulta, foi-lhe oferecida a opção pelo sexo do bebê. Acertou pagar 37 mil reais pelo pacote de fertilizações.

— Vocês têm de saber que estão no melhor do Brasil — afirmou o médico. — A partir do momento em que me entregarem o caso, o problema não é mais de vocês nem de Deus, é meu. Vou te dar um filho — disse Abdelmassih, com absoluta convicção, para Crystiane, antes de perguntar se eles tinham preferência pelo sexo do bebê.

Na primeira tentativa de engravidar, depois da retirada dos óvulos, na volta da sedação, foi abraçada e beijada na boca à força pelo médico. Afirmava que Abdelmassih tocara seus seios e sua vagina e botara o pênis para fora, enquanto estavam em um quarto fechado. Percebendo que alguém tentava entrar, ele a soltou e lhe deu chance de correr até o banheiro e se trancar. Depois do abuso, optou por não voltar à clínica nem pegou o dinheiro de volta. Tampouco contou o caso para o marido ou para o pai, temendo algum ato de violência.

Sem provas contra o médico, preferiu o silêncio a ser desacreditada e acusada de calúnia. Só confidenciou a história para duas amigas.

A dona de casa Helena Leardini, que passou por um tratamento para engravidar na clínica, em 2003, apareceria em vários jornais e na TV na semana seguinte à Crystiane.* Décima quarta suposta vítima de Abdelmassih a depor na Delegacia da Mulher, Helena foi constrangida pelo médico aos 34 anos, quando era estudante de moda.** Contava que Abdelmassih agarrou seu rosto com as duas mãos e tentou beijá-la na boca em uma sala de consulta, na única vez em que foi à clínica sozinha. Ela cerrou a boca, empurrou seu agressor e saiu correndo. Conversou com a irmã advogada sobre a possibilidade de denunciá-lo, mas ouviu que seria muito difícil provar o assédio. Como havia pago 30 mil reais pelo tratamento, decidiu prosseguir e, na segunda tentativa de fertilização, engravidou na clínica e teve gêmeas. A denúncia de Helena servia para negar um dos discursos da defesa de que as mulheres que denunciavam o médico eram frustradas por causa do fracasso do tratamento. Era um golpe nas generalizações levianas.

Helena contribuía em várias frentes de investigação, como a de manipulação genética proibida e de sonegação. Relatava em seu depoimento que pagara 30 mil reais pelo tratamento, sem nota fiscal. A opção com nota era 36 mil. Para escolher o sexo do bebê teria que pagar mais 1.200 dólares, sempre por fora.

— Burra será você se não fechar o pacote com três tentativas agora — disse o médico para convencê-la.

A estilista e escritora Vanuzia Leite Lopes compareceu ao Ministério Público no final de março trazendo múltiplas acusações contra Abdelmassih. Imediatamente ganhou visibilidade na imprensa, depois de uma entrevista para a rádio CBN em que acusou Abdel-

---

* Rodrigo Cardoso e Suzane Frutuoso, "Mais acusações contra o Dr. Roger", *IstoÉ*, 26 ago. 2009.
** Luis Kawaguti, "Estudante comemora prisão e celebridades defendem suspeito", *Jornal Agora*, 21 ago. 2009.

massih de violência sexual e erro médico.* Sua história era chocante. Atacada no dia 20 de agosto de 1993, quando o médico ainda não era uma estrela da reprodução assistida e atendia na avenida Brigadeiro Luís Antônio, Vanuzia o acusava de a ter violentado brutalmente enquanto estava sedada, de ter cometido graves erros médicos que quase a levaram à morte, além de sumir com os embriões restantes de seu tratamento. Afirmava ter sido subjugada em várias posições, sendo submetida inclusive a um coito anal e em seguida estuprada, o que lhe causou uma peritonite, infecção no tecido que reveste os órgãos da região abdominal, inclusive do aparelho reprodutivo. Apesar de exames constatarem a existência de um cisto em seu ovário com indícios de infecção, Abdelmassih decidiu implantar os embriões. Uma semana depois, Vanuzia foi internada no hospital Albert Einstein, onde passou dez dias, parte deles na UTI lutando contra uma infecção generalizada. Perdeu as duas trompas e parte do ovário direito e ficou estéril.

Um cuidado de Vanuzia, que contribuía para o processo com mais provas materiais e desde logo se mostrou uma denunciante altamente combativa, foi a realização de um boletim de ocorrência, em 1993, na ocasião dos fatos. Seu registro policial nunca prosperou e ela tinha certeza de que Abdelmassih abafava todas as denúncias que eram feitas contra ele, o que explicava sua duradoura impunidade. Vanuzia contava também com um atestado assinado pelo médico que comprovava a existência do cisto no ovário antes da colocação dos embriões. O trauma da violência sexual e do risco de morte em um tratamento para tentar realizar o sonho de um filho afetou profundamente sua vida, acabou com seu casamento e suscitou um quadro depressivo, que a prejudicava há 15 anos. As primeiras denúncias publicadas na imprensa contra Abdelmassih foram para ela uma

---

* Entrevista à Rádio CBN, 3 abr. 2009; "Vana Lopes, vítima de Roger Abdelmassih, conta detalhes do estupro", *Pânico*, da rádio Jovem Pan, <youtube.com/watch?v=-Dm9fZL8ZTk>.

espécie de libertação. Finalmente encontrava outras mulheres que enfrentavam o mesmo trauma e teve alguma esperança na Justiça. Passou a ser uma das vozes mais ativas na perseguição do médico.

Vanuzia surgia como uma espécie de elo perdido com o passado. Não havia entre as denunciantes até seu surgimento nenhum caso da primeira metade dos anos 1990. Com mais de quarenta denúncias acumuladas, tornou-se possível estabelecer uma curva histórica da suposta violência sexual na clínica. Dava para olhar o desenvolvimento profissional de Abdelmassih sob outro ângulo, não mais pelas fertilizações acertadas ou pelo número de bebês nascidos, mas pelos cada vez mais prováveis abusos a suas pacientes. Em vez de uma estatística do bem, a opção era o balanço do mal. Sua brilhante trajetória profissional poderia ser organizada pela ordem dos ataques libidinosos e dividida entre os períodos em que se intensificaram ou se reduziram. A tendência clara era de crescimento dos ataques, a partir de 1995, quando a clínica consegue o domínio pleno da ICSI e, em seguida, sob o efeito da publicidade e da fama proporcionada pelo tratamento de Pelé e Assíria.

No final dos anos 1990, a violência sexual se torna epidêmica na clínica, indicando que a fama poderia ter mexido com a cabeça do médico e despertado alguns dos seus piores vícios. Com base nas denúncias formalizadas na polícia, Abdelmassih cometeu três crimes sexuais, em média, por ano, entre 1997 e 2008. Do total de acusações, 40% vieram de mulheres atacadas entre 1995 e 1999 e 60% durante tratamentos realizados depois do ano 2000. O depoimento de Vanuzia mostrava que o suposto comportamento pervertido do médico podia ser mais antigo do que se pensava. Verificava-se que não existiam casos na década de 1980, quando ele ainda estava fora do mercado de reprodução assistida e só atendia homens em seu consultório na avenida Brigadeiro Luís Antônio. Não havia registro de atos de violência sexual cometidos por Abdelmassih quando ele atuava como andrologista. Surgiria, porém, um caso nos anos 1970, dos tempos de residência médica, que mostrava que os problemas de caráter do médico podiam vir da juventude. Era um outro elo perdido. A bacharel em direito e escritora Teresa Cordioli, mãe de dois filhos, ficou quase quatro décadas calada sobre um ataque brutal de Abdelmassih quando tinha 17 anos, nos tempos de estudante secundarista.*

Uma das filhas de Teresa assistia ao noticiário da BandNews quando leu em uma nota de rodapé que o médico estava sendo investigado por atentado violento ao pudor. Avisou a mãe, que imediatamente foi para a internet pesquisar e se deparou com o blog do Paulo Lopes, onde escreveu seu depoimento pessoal no espaço de comentários do blog. Nos dias seguintes, foi procurada por Helena Leardini, que a estimulou a acusar o médico no Ministério Público e na polícia. Teresa seguiu a orientação de Helena.

Natural de Sumaré, no interior de São Paulo, Teresa sofria com problemas renais na adolescência. Em 1970, seu destino se cruzou com o do médico, quando ela recebeu atendimento pelo INPS no Hospital Irmãos Penteado, em Campinas. Foi internada por causa de cólicas atrozes causadas por pedras nos rins. Ficou aos cuidados de Abdelmassih, que tinha 28 anos, estava recém-casado e fazia residência em urologia. No momento em que foi internada, Teresa entrou, involuntariamente, em uma história digna do Marquês de Sade, onde o seu papel equivalia ao da virtuosa Justine. Desde que a viu, o médico passou a paparicá-la e a deixou em um quarto sozinha. Durante vários dias, sentindo dores terríveis, recebendo soro nas veias e com um cateter colocado na uretra para a retirada das pedras nos rins, ela foi seguidamente molestada, tocada, beijada, lambida e teve que ouvir palavras obscenas do médico no ouvido. No auge dos ataques, sentindo-se totalmente refém de Abdelmassih, fugiu do hospital.

---

* "Vítima revela que foi abusada por Abdelmassih na época da faculdade — Teresa Cordioli tinha 17 anos quando foi atacada pelo médico", *Cidade Alerta*, Record; "Veja relatos de vítimas do ex-médico Roger Abdelmassih", globo.com, 20 ago. 2014.

O quarto onde Teresa ficou internada tinha duas camas, mas a segunda nunca era ocupada. Quando permitiu que outra pessoa ficasse na cama ao lado da garota, era uma mulher cega. Abdelmassih queria cuidar pessoalmente da paciente e se antecipava aos serviços das enfermeiras. Ela nunca soube exatamente o que o médico fazia e que tipo de poder ele exercia, mas o fato é que ninguém entrava no quarto de Teresa, só ele. Teresa notou que uma enfermeira sabia do comportamento estranho do médico. Essa enfermeira a viu chorando e soube o que tinha acontecido. Disse que cuidaria dela quando estivesse de plantão e cumpriu o prometido enquanto Teresa ficou no hospital. Foi o único apoio que encontrou. Certo dia, Abdelmassih pegou o prontuário que ficava amarrado no pé da cama e intimidou Teresa dizendo que nunca ninguém poderia saber o que acontecia naquele quarto.

— Aqui tem seu endereço — disse, apontando para o prontuário.
— Se você disser alguma coisa, eu mato você.

Traumatizada e emudecida em um sistema machista, Teresa deixou o hospital e silenciou completamente. Não levou seu caso adiante nem contou sobre o assédio para os pais. Travada pelo medo, seguiu sua vida, casou e teve filhos, estudou e se formou, mas nunca se livrou daquela ferida na alma. Escondeu sua história da família até 1997, quando, assistindo ao *Fantástico*, viu duas reportagens seguidas. A primeira falava de um ortopedista acusado de estuprar suas pacientes e a outra do êxito do tratamento feito por Abdelmassih e do nascimento dos gêmeos de Pelé e Assíria, Celeste e Joshua. Naquele dia, na sala de sua casa, ela contou para o marido e para as filhas o que tinha acontecido no passado. Disse que aquele médico famoso, especialista em reprodução humana, que atendia celebridades, era um tarado, tão doente como o ortopedista que tinha saído na reportagem anterior. A família se solidarizou totalmente com Teresa, que ganhou aliados em novos esforços que faria para levar a público sua história pessoal e desmascarar o médico.

No dia seguinte, Teresa ligou para a produção do *Fantástico* e pediu para falar com o repórter responsável pela matéria do ortopedista. Disse que guardava uma denúncia parecida sobre o especialista em reprodução humana, que deu os filhos para o rei do futebol. O jornalista se limitou a perguntar se Teresa tinha provas da acusação. Como não tinha, a conversa foi interrompida. Não havia como começar a apuração de uma matéria a partir de um crime tão antigo. Durante algum tempo, Teresa tentaria sensibilizar jornalistas de outras emissoras para suas denúncias, mas nunca teve êxito nas suas iniciativas, que sempre paravam na falta de provas. Sentia-se agora em plena sintonia com dezenas de mulheres que contavam histórias parecidas com a sua e a prova viva de que o médico era um pervertido desde a mocidade.

Depois de três meses de relativa tranquilidade, Nelma confirmou seus piores temores. Em um ultrassom de rotina a pedido de seu ginecologista, no Rio, detectou, em seu bebê, a deformidade nos pés que caracteriza a Síndrome de Edwards. Percebeu na mesma hora que o médico, contrariando seu pedido, não realizara o exame que ela havia implorado para que ele fizesse. Seu filho estava condenado por uma doença que teria sido evitada. O prognóstico das crianças afetadas pela síndrome costuma ser muito limitado. O parto foi prematuro e o bebê precisou ser levado para a incubadora, onde morreu alguns dias depois. Nelma sofreu um choque. Viu Guilherme morrer sem nunca tê-lo carregado vivo nos braços. Sua decisão foi de denunciar o médico imediatamente por negligência e fraude. Revoltada, ela se amparou na luta das mulheres que acusavam o médico de violência sexual para amplificar sua causa. Para se aproximar das outras supostas vítimas, seguiu o inevitável caminho dos blogs de Paulo Lopes e Anjos e Guerreiros.

Na terceira vez que foi convocado para depor, no dia 23 de junho, Abdelmassih não teve escolha. Acabava de voltar de uma viagem à França, e seus advogados, depois de terem acesso aos nomes das denunciantes e dois meses para analisar os prontuários, não conseguiram mais evitar seu encontro com a polícia. Sessenta ex--pacientes do médico tinham oferecido seus depoimentos para a delegada. Juntavam-se as nove iniciais, que entraram no inquérito em 2008, a mais dezenas de mulheres ouvidas a partir de meados de janeiro. Pelo menos dois casos se caracterizavam como estupro e os demais como atentado violento ao pudor. A delegada Celi Carlota e os promotores Dal Poz e Porto iriam, finalmente, ouvir o acusado, às 8h30, antes de começar o atendimento ao público. Um grupo grande de jornalistas aguardava Abdelmassih na porta da delegacia e o cercou assim que ele desceu do carro. O médico passou rápido e em silêncio por todos. Vestia camisa branca e terno e gravata da mesma cor, azul-marinho. Acompanhado de Vanni e de Oliveira Lima, entrou em uma sala da 1ª Delegacia da Mulher, que permaneceu com as portas e as persianas fechadas durante os minutos que o médico passou por lá. Orientado pelos advogados, Abdelmassih ficou calado.*

Deixou a delegacia igualmente mudo, pela porta dos fundos, cruzando as instalações do Centro de Referência da Mulher. Estava indiciado, o que significava que a polícia e a promotoria estavam convencidas de seus crimes. Ao sair, Vanni falou com os jornalistas que cobravam uma declaração do médico. Ele disse que, apesar do silêncio, seu cliente negava enfaticamente as acusações. Afirmou, também, que a defesa não tivera chances de ver os depoimentos de todas as supostas vítimas, especialmente das que eram de outros estados. Dal Poz também deu entrevista e comunicou à imprensa que já esperava o indiciamento, diante de tantas provas, e garantiu que a defesa teria livre acesso aos depoimentos. Aproveitou para informar os jornalistas que o procurador-geral da Justiça, Fernando Grella, tinha arquivado a acusação de extorsão de Abdelmassih

---

* "Dr. Abdelmassih é indiciado pela polícia por estupro", BandNews, 24 jun. 2009; Fabiane Leite, Bruno Tavares e Marcelo Godoy, "Polícia indicia médico sob acusação de crime sexual" e "Caso é encaminhado à Justiça", *O Estado de S. Paulo*, 24 jun. 2009.

contra a ex-recepcionista Cristiane. No dia seguinte, Vanni tentou cancelar o indiciamento do médico no STJ. O advogado argumentava que os nomes de mais quatro supostas vítimas só tinham sido apresentados na última hora, sem que fosse revelado o conteúdo das novas acusações. Alegou que não se garantiu o direito constitucional de ampla defesa ao seu cliente. O STJ não aceitou a argumentação e negou o pedido.

Sem qualquer declaração de Abdelmassih em sua defesa, o inquérito presidido pela delegada Celi Carlota foi finalizado com 56 acusações de atentado violento ao pudor e de estupro feitas por 39 vítimas, e encaminhado para a Justiça. O número de vítimas era inferior ao de acusações porque algumas mulheres denunciavam dois ou três crimes de atentado violento ao pudor, e também era menor do que o total de mulheres que foi à polícia depor contra ele. Como aconteceu na primeira fase, as vítimas foram selecionadas, e algumas, como Teresa Cordioli e Vanuzia Lopes, posicionadas como testemunhas, por causa da prescrição do prazo de suas denúncias, mesmo considerando a existência de violência real. O inquérito voltou à Justiça pelo caminho inicial, a 16ª Vara, para as mãos da titular, a juíza Kenarik Boujikian Felippe, agora sustentado em um longo trabalho policial que dera origem a seis pastas com depoimentos e provas materiais, além do relatório final da delegada, um documento conciso, de oito páginas e 291 linhas, com a descrição dos fatos, os destaques dos depoimentos e suas conclusões.*

No relatório, a delegada Celi, com base em depoimentos de técnicos de laboratórios fabricantes de sedativos, fez questão, por exemplo, de desmontar a tese de que o propofol, princípio ativo do Diprivan, causara algum delírio sexual nas denunciantes. Dizia que "a versão do médico era completamente descaracterizada, já que a indução do diprivan é geralmente suave, com evidência mínima de excitação". Mostrava-se convencida de que Abdelmassih se valia

---

* Cláudio Tognolli, "Pesadelo real", *Joyce Pascowitch*, set. 2009.

da fragilidade de suas pacientes, que ficavam "completamente à sua mercê, para praticar com algumas delas atos libidinosos e, com outras, conjunção carnal". Justificava o longo silêncio da maioria das mulheres pelo alto investimento efetuado no tratamento, por causa do sonho de maternidade ou ainda pelo medo de represálias, dada a notoriedade nacional e internacional do médico. Ressaltava a inexistência de testemunhas presenciais, "pois as investidas aconteciam sempre quando as mulheres estavam sozinhas com o médico", e criticava a paralisia e o distanciamento do Cremesp, que mantinha um procedimento disciplinar motivado por acusações de assédio sexual tramitando desde 1997. O inquérito seguiu para apreciação final do Ministério Público, que denunciou o médico por 56 crimes supostamente cometidos. A Justiça acatou a decisão e abriu a ação penal, convertendo Abdelmassih em réu. Assinaram a denúncia Dal Poz, Porto, Fernando Rosa e Everton Zanella.

O indiciamento de Abdelmassih colocou pressão sobre o Cremesp. Seis meses se passaram desde janeiro e o órgão ouvia as mulheres e avançava na sindicância, mas nada decidia contra ou a favor do médico. As vítimas passaram a dizer que o Cremesp continuaria preso em sua concha corporativista. Diante de sua tradicional imobilidade, parecia razoável que funcionasse a reboque dos movimentos policiais e judiciais. No dia 11 de agosto, o conselho comunicou sua decisão de abrir 51 processos éticos-profissionais contra o médico.* Cada um desses processos era baseado na denúncia de uma vítima. Informou, ao mesmo tempo, a rejeição de uma proposta de interdição cautelar do registro do médico, que impediria Abdelmassih de continuar exercendo a medicina enquanto a situação não se esclarecesse. A maioria dos conselheiros entendeu que não havia prova inequívoca dos desvios ético-profissionais cometidos pelo médico e nem total convicção da existência de danos irreparáveis às

---

* "Cremesp abre 51 processos contra médico acusado de abuso sexual", G1, 11 ago. 2009.

vítimas e por isso votou contra a proposta de suspensão cautelar. A decisão poderia ser mudada, mas, segundo o presidente do órgão, Renato Azevedo, dependeria de fatos novos que incriminassem o médico. O promotor Dal Poz via "fortes contornos corporativistas" na atuação do Cremesp.

Equilibrando-se em um limbo administrativo e criminal, Abdelmassih tentava trabalhar como se nada estivesse acontecendo e como se ele próprio fosse a verdadeira vítima de mulheres ressentidas e caluniadoras. Para movimentar sua clínica, passou a depender, mais do que nunca, da clientela de outros estados e países e de gente que vivia no mundo da lua ou que confiava cegamente no médico, um grupo cada vez mais diminuto. Os atores Luiza Tomé e Raul Gazolla, por exemplo, que o defendiam, mudaram de ideia e passaram a acreditar nos seus crimes. Mesmo seus amigos mais próximos não se atreviam a defendê-lo publicamente. Uma grande parte das mulheres que circulavam pelos consultórios estava em pleno tratamento e, ainda que lessem as notícias e se assustassem como Abdelmassih, não iriam interrompê-lo e perder a chance de ter um filho. O indiciamento e a posterior abertura do processo judicial tornaram o médico praticamente culpado aos olhos da opinião pública. Nesses meses de agonia, a clínica tentava encontrar um jeito de se reposicionar diante da pirambeira que se avizinhava. Os problemas com a polícia aniquilaram o marketing de Abdelmassih e não havia nada a fazer a não ser uma sucessão forçada, mostrar que a clínica, com seus médicos competentes e seus meninos de ouro, Vicente e Soraya, poderia ser melhor que seu chefe. Contando com os serviços de Ângela e a assessoria de Meg, o médico fazia um último esforço para encontrar uma agenda positiva e direcionar o trabalho de comunicação para veículos de outras regiões do país. No dia a dia, suas assessoras atendiam principalmente repórteres policiais mal-humorados e irônicos querendo declarações e entrevistas, e não mais colunistas da imprensa de celebridades e produtores descolados de programas femininos.

Como a clínica era um projeto personalista, a contaminação do negócio foi imediata. A marca se confundia com o nome do dono. Ficava a suspeita permanente sobre o centro médico e o alcance de suas práticas ilegais e antiéticas. A primeira pergunta que surgia diante das acusações era se mais alguém lá dentro sabia. Como um sujeito pode ser um violentador sexual em série, agir de maneira nociva durante tanto tempo no ambiente profissional, trabalhando ao lado de dezenas de pessoas e não ser visto? Não ser visto pela sua equipe, pelos colegas doutores e pelo Conselho de Medicina? Se as denúncias realmente se confirmassem, Abdelmassih era um homem capaz de se esconder à luz do dia. Havia vários médicos e embriologistas ilustres trabalhando diariamente ao lado dele, além de enfermeiras e anestesistas respeitáveis e jornalistas responsáveis que deveriam ser capazes de dissuadi-lo de fazer loucuras que prejudicassem a clínica.

Várias vítimas citaram médicos e enfermeiras que tiveram oportunidade de ver algo suspeito, de interromper um ataque ao abrir a porta ou de se aproximar da paciente chorando, depois de fugir de uma sala de recuperação, e reclamando de um beijo forçado do médico. O caso de Cristiane era gritante e conhecido, assim como o de Iris Saga. O fato é que ninguém queria ser considerado cúmplice por omissão de ações terríveis e antiéticas. Trabalhar para Abdelmassih passou a ser um problema em si, e quem podia começou a buscar novos rumos. Os filhos, porém, não tinham escapatória imediata. Carregavam o nome e, da pior forma possível, eram obrigados a tomar as rédeas da clínica. Em um sinal de mudança, a embriologista Soraya deu uma entrevista para o discreto *Diário do Comércio, Indústria e Serviços* (DCI), da família do amigo Orestes Quércia, dizendo que a frequência na clínica continuava em alta e que talvez o desempenho comercial, em 2009, fosse superior ao do ano anterior. Nada se falou sobre as acusações que pesavam sobre seu pai. Soraya, tentando mostrar entusiasmo, anunciou, inclusive, a importação de um novo equipamento dos Estados Unidos, chamado Via Test-E, que melhorava a análise da seleção de embriões. Com ele, declarava a embriologista, as chances de se lograr uma gestação implantando apenas um embrião — e não mais três ou quatro — chegariam a 87%.*

Outro diário econômico, o *Valor*, do Grupo Folha e da Globo, entrava no assunto de reprodução assistida, na mesma semana, para falar do que acontecia no mercado. A matéria tinha o título "Crescei e multiplicai-vos" e, além de apresentar as últimas tecnologias reprodutivas, em especial o congelamento de óvulos, exibia as novas clínicas poderosas, como a Huntington, que tinha atendido 2.200 casos de infertilidade em 2007 e se dizia líder do mercado, ou a Mater, do médico Cristiano Busso, que construía uma filial em Angola.** Tanto a Huntington como a Mater não se concentravam em uma unidade, mas tinham duas ou mais filiais, e tampouco sustentavam seu negócio de forma personalista sob o controle de um único médico todo-poderoso. A Huntington era uma sociedade de vários médicos, incluindo Paulo Serafini e Eduardo Motta. De alguma forma, a reportagem tentava desenhar o mercado pós-Abdelmassih, mas sem explicitar isso. O médico era quase um personagem oculto. De Abdelmassih dizia apenas que tinha sido indiciado no mês anterior por estupro e atentado ao pudor e que sua clínica era a principal responsável, no Brasil, pela "cultura da proveta", que fez escola, mas era criticada por deixar de lado vários exames fundamentais para a saúde na gravidez e do futuro bebê só para ir direto ao assunto e abrir caminho para a fertilização in vitro.

Abdelmassih se tocou com a matéria, sentiu que estava por baixo. Mantinha a velha mania de considerar reportagens sobre reprodução assistida que não o mencionavam como uma espécie de agressão pessoal. Quando saía uma matéria citando Serafini, por exemplo, onde quer que fosse, ele detestava. Enxergava no sucesso do outro

---

* "Setor de fertilização ganhará nova técnica", *DCI*, 24 jul. 2009.
** Marta Barcellos, "Crescei e multiplicai-vos", *Valor Econômico*, 10 jul. 2009.

uma perda pessoal, como perceberam todos os profissionais de comunicação que cuidaram de sua imagem. Sabia, além disso, que o *Valor* era um jornal respeitável que repercutia entre o público mais qualificado de homens de negócio, potenciais clientes de sua clínica nos velhos tempos — tempos que ele negava que tivessem acabado. Aproveitou para escrever uma carta ao jornal, apesar do aconselhamento em contrário recebido de alguns de seus assessores, em que reclamava do tom passadista do texto da reportagem.

> Em sua matéria publicada no caderno Eu & Fim de Semana de 10/7 percebemos um certo tom de "passado" quando se fala na minha pessoa e na nossa clínica, o que não corresponde à verdade. Apesar de todos os problemas pessoais que vimos enfrentando e superando, o centro clínico continua na vanguarda da pesquisa científica e de reprodução humana. Exemplo disso é o trabalho desenvolvido por Irina Kerkis e Alexandre Kerkis, biólogos e geneticistas russos que iniciaram, há quase 20 anos, as pesquisas que resultaram na produção de espermatozoides humanos em testículos de ratos a partir de células-tronco advindas de polpa de dente. Esse trabalho de alta qualidade foi divulgado em congressos no exterior e publicado em revistas científicas de alto padrão.

Assinava doutor Roger Abdelmassih, Clínica e Centro de Pesquisa em Reprodução Assistida Roger Abdelmassih. O médico ainda podia usar o título de doutor e sentiu ali que tinha ficado para trás, que os concorrentes não estavam perdendo tempo. A matéria os deixava, ele e sua clínica, fora do jogo. Deve ter se sentido tratado como alguém que não tinha mais nada a dizer, que tinha deixado de dar qualquer contribuição ao debate. Buscou lá no fundo de sua clínica, no laboratório onde o casal Kerkis trabalhava, a contribuição mais original que vinha dando à ciência: a produção de espermatozoides humanos em testículos de ratos a partir de células-tronco obtidas em polpas de dente. Embora pretendesse se mostrar inovador, para um leigo, o único conteúdo que saltava aos olhos naquela carta era que genes de animais e de humanos estavam ficando próximos demais. Pensando mais um pouco, se observava que eles estavam sendo misturados de alguma forma em uma clínica privada, sem qualquer tipo de controle público, sanitário ou ético. Não dava para entender nada. Seria interessante se não fosse aparentemente bizarro. E o contexto para dar publicidade à façanha dos cientistas era péssimo.

No mundo real, os custos mensais de sua clínica se tornavam insuportáveis. A receita caía e as despesas subiam mês a mês. Havia o risco de colapso nas finanças. Abdelmassih não tinha reduzido suas despesas pessoais e continuava vivendo de maneira nababesca e mantendo seu padrão de vida intocado. E agora ele ainda sugava tudo que podia do negócio para pagar a advocacia, que envolvia custos milionários e crescentes. Só contratava profissionais de elite e tinha uma folha de pagamento que beirava 500 mil reais. O aluguel do casarão depois de vários reajustes anuais girava em torno de 85 mil. Perdeu-se de vez o controle sobre contas que já não fechavam direito por causa dos excessos do dono. Em julho, o aluguel deixou de ser pago. Os salários altos não saíram no dia certo. Diminuiu a qualidade dos biscoitos distribuídos na recepção e se passou a economizar com os aromatizadores Trussardi, que deixavam aquele cheirinho no casarão. Abdelmassih reclamava da falta de dinheiro. Cada vez que ia à sua casa, Mário Rosa, que teve cerca de vinte encontros com o médico, via que um quadro ou uma tapeçaria da parede havia desaparecido. Ele dizia que sua renda estava caindo tanto na medicina como nos laranjais.

Naqueles dias, Rosa se encontrava com o médico e Larissa na casa dos Jardins e ninguém aparecia por lá. Em apenas uma ocasião, Vicente passou por uma dessas reuniões. Abdelmassih se sentia confortado quando conversava com Rosa, embora não lhe fossem dadas boas perspectivas de futuro. Um dia deu carona para o consultor até o hotel em que estava hospedado. O médico guiava um Hyundai preto discreto para seu padrão habitual e no caminho propôs que parassem na Pizzaria Cristal, na rua Artur Ramos, para jantar. Pela primeira vez, Rosa entrava com Abdelmassih em um lugar público, e percebeu imediatamente um clima de hostilidade generalizado. Observou que as pessoas olhavam para o médico com repulsa e manifestando raiva. Comeram na pizzaria e o especialista em reputação comentou com o médico que se ele estivesse sendo acusado por algum crime de colarinho-branco a má vontade não seria tão grande, como em casos de violência sexual. Viu que Abdelmassih era um homem completamente sozinho, derrotado, e pensou em Napoleão exilado na ilha de Elba.

A situação do médico se complicou mais, no início de agosto, quando a presidente Dilma Rousseff sancionou a lei nº 12.015, que igualava os crimes de atentado violento ao pudor e de estupro. A lei mudava o título 6 do Código Penal, que passava a ser "Dos crimes contra a dignidade sexual" e não mais "Dos crimes contra os costumes", como vinha sendo desde 1940. A partir da sanção presidencial, o uso da violência ou de ameaças para constranger alguém a manter algum ato sexual ou permitir atos libidinosos, que caracterizavam o atentado violento ao pudor, passou a ser considerado estupro. Foi uma evolução da legislação que agravava todos os ataques do médico. Ele se converteu tecnicamente e de uma vez por todas em um estuprador contumaz e seus atentados violentos ao pudor viraram só um eufemismo. A pena máxima por cada um dos seus ataques subia para dez anos de reclusão, ou 12 anos, se fosse comprovada lesão corporal de natureza grave. Na mesma hora, sua pena de detenção potencial subia de dezenas para centenas de anos, de décadas para séculos, e seus problemas aumentavam na mesma proporção.

Um pedido de prisão preventiva de Abdelmassih começou a ser imediatamente cogitado pela promotoria. A amplificação da gravidade de seu crime — ele passava a responder por 56 estupros, 52 consumados e quatro tentativas — o deixava mais propenso a temer a condenação e tentar uma fuga. Havia um risco real de o médico tentar driblar a Justiça. Ele contava com dois passaportes, o brasileiro e o libanês. Viajava toda hora para todos os cantos do mundo e solicitara, poucas semanas antes, a renovação de seu visto para os Estados Unidos. No dia 13, uma quinta-feira, os promotores do Gaeco pediram a prisão do acusado ao juiz da 16ª Vara. O pedido, assinado por Dal Poz, Porto, Rosa e Zanella, chamava atenção para a "frieza, brutalidade e periculosidade do médico".

Especialmente grave era o fato de Abdelmassih seguir exercendo sua profissão livremente. Segundo os promotores, "os casos narrados na denúncia não eram isolados ou frutos de surtos do acusado, mas de uma personalidade voltada para a execução de crimes sexuais". Em resumo, o médico era um perigo público e precisava ser afastado da sociedade para não causar danos a outras mulheres. Caso o pedido de prisão provisória fosse recusado, a promotoria formularia de antemão outro pedido alternativo pleiteando ao menos o afastamento do acusado da atividade médica. Quatro dias depois do pedido da promotoria, no final da manhã, o juiz Bruno Paes Stranforini, da 16ª Vara Criminal, decretou a prisão de Abdelmassih.

Sob o comando do delegado Aldo Galiano Júnior, da 1ª Delegacia Seccional, no Centro, uma equipe se dirigiu para o endereço na esquina da avenida Brasil com a rua Argentina, onde esperava encontrá-lo. Abdelmassih ainda não estava na clínica.*
Um grupo de policiais se posicionou do lado de fora, cercando a área, enquanto uma delegada, fingindo ser acompanhante de uma paciente, ficou na sala de espera. Por volta das 15h30, Abdelmassih chegou em um Mercedes-Benz prateado dirigido por seu motorista, que parou na porta principal do casarão. Ao descer do banco traseiro, ouviu uma sirene. Os policiais chegaram em uma viatura à paisana e lhe deram voz de prisão. O médico deu alguns passos rápidos, tentou se esconder em um banheiro, mas

---

* Bruno Tavares, "Roger Abdelmassih é preso em SP" e "Prisão é ilegal, diz advogado", *O Estado de S. Paulo*, 18 ago. 2009.

foi pego no ato. A operação durou poucos minutos. Do médico, só se pôde ouvir um muxoxo, a caminho do camburão.

— Estou surpreso.

Abdelmassih foi levado para o 40º DP, no bairro da Vila Santa Maria, na zona norte. Na mesma hora, os funcionários da clínica ligaram para o escritório de seus advogados para contar o que tinha acontecido. Oliveira Lima já cuidava sozinho da defesa do médico, apoiado por Jaqueline Furrier. Vanni saiu de férias no final de junho e não voltou mais para o caso. Em uma entrevista coletiva concedida na delegacia, Oliveira Lima classificou a prisão de "manifestamente ilegal" e a considerou "inadmissível em um Estado democrático de direito".

— O doutor Roger é réu primário — argumentou. — Tem bons antecedentes, possui residência fixa, compareceu à polícia todas as vezes que foi chamado, esteve no exterior recentemente para um congresso e retornou ao país, ou seja, não tem motivos para deixar o Brasil.

A defesa recorreu à segunda instância e pediu um habeas corpus ao Tribunal de Justiça para colocar Abdelmassih em liberdade. Oliveira Lima não via fundamentação concreta para o pedido de prisão. O desembargador José Raul Gavião de Almeida, da 6ª Vara Criminal do Tribunal, porém, discordou da defesa e negou o habeas corpus, reconhecendo a periculosidade do denunciado. Concordou que a permanência do médico na cadeia era uma garantia de ordem pública, como destacava o decreto de prisão.

Correndo atrás das decisões judiciais, o Cremesp decidiu agir e, por unanimidade, em reunião de emergência, suspendeu cautelarmente, por seis meses, o direito do médico de exercer a profissão. A decisão urgente do órgão, que uma semana antes rejeitara a mesma proposta, se amparou, igualmente, no perigo público representado por Abdelmassih. Baseou-se em uma resolução interna, de 2006, que previa a interdição cautelar quando o profissional estivesse prejudicando gravemente a população. Até o momento da suspensão do registro, a clínica estava marcando consultas para Abdelmassih normalmente. Naquela noite, a parede do casarão da avenida Brasil foi pichada:*

> Velho tarado. A Justiça tarda, mas não falha

Em entrevista ao *Estadão* para explicar os efeitos da cassação do registro, Vicente saiu em defesa do pai e admitiu que o movimento na clínica estava sendo prejudicado pelas acusações e pelas notícias na imprensa.** Disse que se sentia triste com o que vinha acontecendo e que as mulheres que denunciavam o médico poderiam estar sob o efeito do propofol no momento em que aconteciam os supostos ataques sexuais. Contou que havia recebido alguns e-mails de pacientes que, na fase de recuperação da sedação, viviam uma prazerosa sensação de conforto e depois, quando se recompunham, sentiam vergonha de algo que achavam ter feito. Para Vicente, havia um exagero naquelas acusações e ele considerava que faltavam provas para condenar seu pai. Queria que a Justiça comprovasse os estupros atribuídos ao pai e considerava impossível uma mulher ter sido atacada pelo médico na sala para retirada dos óvulos porque várias pessoas circulavam por ali. Também negava qualquer manipulação genética ilegal na clínica, associada, por exemplo, ao turbinamento de óvulos — a transferência de parte do citoplasma de células de doadoras mais jovens para óvulos de mulheres mais velhas. A transferência, segundo Vicente, não era ilegal, nem irregular, mas simplesmente não constava nas normas do CFM. Vicente aproveitou para dizer que a suspensão do registro de Abdelmassih não impedia a clínica de continuar funcionando.

---

* "Muro da Clínica do médico Roger Abdelmassih é pichado em São Paulo", *Folha de S.Paulo*, 21 ago. 2009.
** "A técnica não é ilegal, não é irregular", entrevista de Vicente Abdelmassih a Bruno Tavares e Fabiane Leite, *O Estado de S. Paulo*, 21 ago. 2009.

— A clínica está em funcionamento, tem pacientes no meio do tratamento; não somos só eu e o doutor Roger, tem mais médicos.

A Globo, então, decidiu entrar no caso Abdelmassih com mais agressividade, amparada agora pela abertura da ação criminal. O *Fantástico* apresentado no domingo seguinte à prisão trazia um personagem novo e enigmático para a história, um engenheiro químico chamado Paulo Henrique Ferraz Bastos, ex-sócio do casal Irina e Alexandre Kerkis em uma empresa que fazia engenharia genética de equinos.* Ferraz havia prestado serviços para Abdelmassih por dois anos e o acusava de adotar métodos de pesquisa "escandalosos", como apontava a nota que o médico havia publicado no jornal *Valor Econômico*, utilizando material genético animal e humano, sem nenhum controle da Agência de Vigilância Sanitária (Anvisa), que, por sinal, nunca havia constatado irregularidades em sua clínica. Ferraz dizia se sentir muito incomodado no tempo em que trabalhou próximo ao médico com o fato de as pesquisas de sua empresa veterinária terem sido deslocadas para uma clínica de humanos. O engenheiro contava que havia rompido com Abdelmassih e com os russos por uma "questão ética". O afastamento, porém, não foi muito simples. Depois de ser impedido de entrar na clínica por uma dupla de seguranças armados, ele passou a se sentir ameaçado e mudou de endereço. Falavam para ele, como se quisessem lhe passar um recado, que morrer assassinado no Brasil era muito fácil.

A entrevista de Ferraz dava munição para a suspeita, levantada pela reportagem, da existência de um banco clandestino de óvulos na clínica, além do banco oficial. Com o aumento da segurança do congelamento de óvulos, tanto o oficial como o paralelo tendiam a aumentar. Uma mulher não podia saber quantos óvulos exatamente haviam sido tirados de seu ovário. Em uma clínica honesta e fiscali-

---

* "Ex-colaborador denuncia pesquisas escandalosas na clínica de Abdelmassih", *Fantástico*, TV Globo, 23 ago. 2009.

zada, esse número deveria ser transparente e verdadeiro, mas quem quisesse escondê-lo não teria dificuldade. Com uma alta carga de hormônios, uma mulher jovem e saudável poderia produzir 12, 18, 20 óvulos, gerando grandes excedentes de células sexuais consideradas de boa qualidade. Quantas exatamente? Abdelmassih sempre ofereceu óvulos para doação com desenvoltura. Nas suas consultas, oferecia doações logo de cara ou em uma segunda rodada dos tratamentos, conforme o caso. Também demonstrava grande capacidade para obtê-los, com as características mais diferentes possíveis — de mulheres loiras, morenas, japonesas, de 1,80 metro, sangue tipo O negativo ou qualquer biótipo que o cliente quisesse. Quando questionado sobre a exata origem da célula ou sobre o risco de carregarem alguma futura doença genética, chegava a ficar indignado e dizia que garantiria células sexuais de mulheres saudáveis e bem parecidas com a paciente. O que o mercado, em geral, tratava com certa cerimônia, na clínica de Abdelmassih era produto de prateleira, entregue na hora. Ele dava a impressão de dispor de muitas opções em seu banco genético e resolvia tudo pragmaticamente.

— Não vamos pegar óvulos de qualquer uma — garantiu para uma de suas pacientes.

Para o Ministério Público, a liberalidade de Abdelmassih no uso dos genes alheios e na cobrança das contas recebia o nome de prática abusiva. Ao longo da investigação de violência sexual, os promotores e a polícia constataram que sua clínica cometia repetidos atos ilícitos, como não fornecer exames solicitados e devidamente pagos aos pacientes, não apresentar segunda via de contrato, mandar as pacientes assinarem autorizações enquanto estavam sedadas e não ser transparente quanto ao destino dos embriões não utilizados na fertilização. Por se tratar de uma ação civil, estava fora do âmbito do Gaeco. Dessa vez a promotoria de defesa do consumidor entrou firme no caso e passou a investigar os outros crimes cometidos na clínica, inclusive o banco clandestino de células e alguns casos mais sinistros de uso não autorizado de material genético de terceiros. Pacientes de um passado remoto descobriam, depois de exames de DNA, que seus filhos contavam com genes de outras pessoas e não com o dos pais. Amparado em várias denúncias, o promotor Roberto Senise ingressou em duas ações coletivas contra os sócios da clínica, Abdelmassih e seu filho Vicente, detentor de 1% do capital, que totalizavam 2 milhões de reais em pedidos de indenização.

Depois da rejeição do pedido no Tribunal de Justiça, Oliveira Lima foi imediatamente ao STJ e ao STF tentar libertar seu cliente. No STJ, o caso ficou sob a relatoria do ministro Felix Fischer, da 5ª Turma. A defesa do médico sustentou o pedido de liberdade de Abdelmassih no princípio de presunção da inocência e no fato de o cliente preencher todos os requisitos para responder ao processo fora da cadeia, mas o STJ, na mesma linha do TJ, rejeitou o habeas corpus. No STF, a ministra Ellen Gracie optou por manter o médico preso para evitar que sua decisão pulasse etapas e se antecipasse ao julgamento definitivo nas instâncias anteriores. Não quis cometer a chamada supressão de instância. Sem saída jurídica, restou a Abdelmassih contratar o advogado Márcio Thomaz Bastos, o melhor criminalista do mercado, que, de tão bom, era chamado de *God* pelos seus colegas dos tribunais e discípulos, entre eles o próprio Oliveira Lima.

Ex-ministro da Justiça, mago do direito, dessa vez Abdelmassih foi direto ao mestre. Foi uma exceção de Bastos, que, naquela altura, só pretendia cuidar de crimes de colarinho-branco. Era um defensor intransigente do direito de qualquer acusado de se defender e, inclusive, presidente do Instituto Brasileiro do Direito de Defesa (IDDD).*
Nem a presunção de inocência lhe parecia necessária para aceitar

---

* "A arte de ganhar", entrevista com Márcio Thomaz Bastos, Vicente Vilardaga, *Alfa*, set. 2012; João Sorima Neto, "Thomaz Bastos assume defesa do médico Abdelmassih e entra com novo pedido de habeas corpus", 1 set. 2009; *O Globo*.

uma causa, até porque existem níveis de inocência e culpa e, como ele próprio costumava dizer, quem comete um crime pode ser mais ou menos culpado. Aceitava causas que podiam parecer aversivas para os leigos, como a defesa dos jovens que mataram o índio pataxó Galdino dos Santos, em Brasília, ou a do próprio Abdelmassih. Dizia que o "processo criminal é como doença, é uma tragédia pessoal" para quem o enfrenta e não se poupava a defender quem quer que fosse, desde que pagasse seus altos honorários. Argumentava que o acusado tem contra si o Estado, com todos os seus instrumentos para investigá-lo e oprimi-lo, e o advogado tem obrigação de defendê-lo. Cobrava regiamente por isso, mas trabalhava sempre para ganhar, buscando com olhar arguto falhas processuais e qualquer problema formal na investigação ou na ação que pudesse beneficiar seu cliente. Passou a advogar ao lado de Oliveira Lima no caso e sua providência imediata foi pedir para o juizado da 16ª Vara a reconsideração do decreto de prisão. Como o Cremesp cassara seu registro de médico e ele estava fora da profissão, Bastos alegava que deixava de ser um perigo potencial para seus pacientes e poderia ficar solto. Fora do ambiente de trabalho não havia acusações ou provas de que Abdelmassih ameaçava alguém.

Para complicar o trabalho da defesa, porém, o *Jornal Nacional* voltava forte ao caso, naqueles dias, com a notícia exclusiva da finalização do inquérito administrativo e do relatório do Cremesp, resultado da sindicância iniciada em janeiro.* O documento era sigiloso, mas algumas constatações e conclusões tinham vazado. Pelo menos cinco irregularidades evidentes haviam sido constatadas na clínica do médico, todas sustentadas por provas materiais. A lista começava com o simples uso de lápis no preenchimento de prontuários, algo proibido, pois dá margem a fraudes, mas era prática corriqueira. Havia também "uma atípica desorganização dos prontuários", tudo muito bagunçado para dificultar qualquer

---

* *"Jornal Nacional* revela relatório do Cremesp", TV Globo, 7 set. 2009.

investigação. Além disso, se comprovou a prática do aborto dentro da clínica, com o uso de drogas como o Citotec, remédio com o princípio ativo misoprostol, indicado no tratamento de úlceras gástricas e na contenção de hemorragias pós-parto e ampla e eficazmente utilizado como abortivo.

A lista de irregularidades na clínica de Abdelmassih prosseguia com a prática usual da sexagem, a incerteza quanto ao destino dos óvulos das mulheres que passavam por seus tratamentos e a implantação de embriões formados com material genético de terceiros sem o consentimento da paciente. O uso autorizado de óvulos ou espermatozoides de terceiros doados para fertilização é corriqueiro e legal, mas se é feito inadvertidamente, sem que o paciente saiba, se torna criminoso. Outro desvio que o Cremesp detectava na clínica era uma interação excessiva com farmácias e laboratórios. Abdelmassih reduzira as barreiras éticas dessa relação ao extremo. Estabelecera um negócio farmacêutico dentro da sua clínica que dava margens de lucro até mais altas do que suas FIVs e ICSIs e condicionava a realização do tratamento à compra dos hormônios e remédios dentro da clínica.

O relatório do Cremesp veio na hora em que a juíza Kenarik decidiria se aceitava o pedido de reconsideração do decreto de prisão feito por Bastos e pediu uma cópia do documento para balizar melhor seu julgamento. Oliveira Lima reagiu indignado e se mostrou preocupado com a divulgação do relatório, um trabalho que deveria ser sigiloso e foi "vazado para criar sensacionalismo". A acusação de sensacionalismo e de sujeição do órgão ao clamor público, que Thomaz Bastos considerava um péssimo juiz, passou a dar o tom do discurso dos advogados de defesa. Parecia claro para eles que o Cremesp, que antes não suspendia o registro de Abdelmassih, só mudara de posição por causa da prisão e da pressão feita pela imprensa para condenar o médico antes da hora. A vontade dos meios de comunicação estava sendo determinante, de acordo com seus advogados, para a execração de Abdelmassih perante a comunidade médica. Segundo Oliveira Lima, o conselho seguira o "canto da sereia para aplaudir uma parcela da opinião pública" e estava condenando um inocente.

Abdelmassih passou nove dias preso no 40º DP, na Vila Santa Maria, e, depois de três habeas corpus negados, foi transferido, em uma terça-feira de manhã, para o presídio do Tremembé, município a 150 quilômetros de São Paulo, onde estava desde o final de agosto, vestido com camisa branca e calça marrom clara. Chegou no Tremembé, conhecido como "Presídio de Caras", porque reúne vários criminosos de classe média que se tornaram célebres, e foi encaminhado, inicialmente, para um pavilhão com seis celas individuais equipadas com um cama de alvenaria, um colchão e um buraco para o preso fazer suas necessidades. Passou dez dias longe dos outros presos, nessa área de isolamento. Depois foi transferido para a cela 101, com 15 metros quadrados e três beliches, como as outras do presídio, onde passou a conviver com um ex-agente da Polícia Federal, um ex-investigador da Polícia Civil, um ex-delegado e um preso por tráfico de drogas.

Sua rotina no presídio era maçante. Vivia da ansiedade permanente de sair daquele lugar. Recebia advogados praticamente todos os dias para saber das novidades sobre o processo em uma área chamada parlatório, onde ocorrem encontros dos presos com seus defensores. E não trabalhava em nenhuma das oficinas da cadeia, como a de usinagem ou a de montagem de móveis. No lugar disso, lia a Bíblia e livros de autoajuda, especialmente um chamado *A cabana*, do canadense William Young, que conta a história de um pai que encontra forças em Deus para enfrentar a perda da filha. Às vezes, passava o tempo escrevinhando na cama. Colaborava nos mutirões de limpeza na cela e ficava na dele, sem muito papo, a maior parte do tempo. Sem vontade de comer o grude do presídio, acabou emagrecendo. Também tirou o bigode que sempre o caracterizou. Sua única grande alegria era ver, todo fim de semana, Larissa Sacco chegando para a visita íntima.

Abdelmassih conseguiu sair na capa da revista *Veja*, no final de agosto.* Apareceu também na revista *Veja São Paulo* em uma matéria sobre os presos ilustres da Penitenciária do Tremembé. No lugar do uniforme do presídio, vestia um agasalho de moletom escuro e mocassim bege. Não reclamou da saúde — contou que estava recuperado do aneurisma na aorta que o derrubara um ano antes —, mas disse que estava sofrendo muito na cadeia, dormindo pouco e com o sono irregular. Mantinha a convicção absoluta da sua inocência, garantia que não oferecia perigo para ninguém e afirmava que sua prisão era injusta. Descartou que sua defesa fosse alegar alguma doença psiquiátrica para tirá-lo da prisão porque era uma "pessoa sensível, simpática, querida". Demonstrava confiança na Justiça e disse que estava recebendo muito apoio. Confidenciou envaidecido que chegaram cartas de uma mulher que se declarou apaixonada. Para Larissa, porém, destinava o melhor de si. Declarou sua paixão pela namorada e chorou ao falar dela.

— Espero que ela seja no futuro a minha mulher — declarou.

E para provar que o assunto era bem sério, naqueles dias, Abdelmassih tratou de solicitar, por meio de seus advogados, uma autorização à Justiça para comparecer ao Tribunal Eclesiástico da Arquidiocese de São Paulo com o objetivo de pedir a anulação do seu primeiro e único casamento religioso, com Tânia Boavista, para poder se casar na igreja com Larissa, que tinha pedido licença na Procuradoria da República, pensando em se dedicar totalmente a ajudar Abdelmassih. Larissa exercia funções em locais distantes do interior, como Assis (SP) e Dourados (MS), e era obrigada a ficar muito longe do namorado.

Uma rara voz em defesa do médico nesse período de cárcere foi a do economista e articulista da revista *Veja* Gustavo Ioschpe, em uma

---

* Juliana Linhares, "Denunciado, desmascarado e encarcerado", *Veja*, 26 ago. 2009; Caio Barreto Briso, "A vida na penitenciária de Tremembé", *Veja São Paulo*, 15 out. 2009.

incursão no jornal *Folha de S.Paulo*.* Em um artigo intitulado "Caso Abdelmassih: a nova Escola Base?", Ioschpe mexia com a questão que perturbava os envolvidos com a investigação desde o início e se mostrava preocupado com o risco de o médico ser injustiçado. Lembrava a história do carpinteiro americano John Stoll, que, em 1984, envolvido em uma conspiração de promotores e policiais, foi acusado, de maneira mentirosa, de molestar sexualmente seis crianças. Temia que o mesmo acontecesse com Abdelmassih, que as mulheres que o denunciavam pudessem estar confundindo lembranças do passado, e declarava que não se surpreenderia se o médico fosse declarado inocente, já que "as 56 acusadoras (sic) não são nem 0,2% das pacientes que ele atendeu". Embora estivesse de acordo em colocar Abdelmassih na cadeia se comprovada sua culpa, defendia, até então, que ele fosse tratado pela mídia como réu e não como condenado.

Teresa Cordioli contestou Ioschpe nos dias seguintes com o texto "Resposta a um defensor dissimulado do monstro de jaleco", também publicado na *Folha*,** em que recusava a comparação do caso de Abdelmassih com a Escola Base, antes de mais nada, por causa da quantidade de testemunhas. Para Teresa, que "teve uma ferida cutucada", o articulista havia colocado "sob suspeição mais de 60 mulheres" com sua defesa do médico. A mulher com a denúncia mais antiga sobre Abdelmassih reagia e questionava também os critérios de Ioschpe, que considerava pequeno o percentual de acusadoras do médico em relação às 20 mil pacientes atendidas pela clínica ao longo de sua história e afirmava que, "para as pessoas dignas, uma única vítima já seria muito".

Em outubro, a clínica definhava. O movimento, que caíra pela metade no final do primeiro semestre, passou a ser um décimo

---

* Gustavo Ioschpe, "Caso Abdelmassih: a nova Escola Base?", *Folha de S.Paulo*, 24 set. 2009.
** Teresa Cordioli, "Resposta a um defensor dissimulado do monstro de jaleco", *Folha de S.Paulo*, 25 set. 2009.

do que era nos bons tempos. Sem faturamento, não tinham como pagar o aluguel. Nas vésperas de sua prisão, Abdelmassih tentou regatear com os proprietários, a MZ Agropastoril, da família Zugaib, uma redução de 10 mil reais, mas não houve acordo. Vicente se mantinha à frente do negócio, que tinha recebido um duro golpe com o relatório do Cremesp, que atingiu em cheio a credibilidade da clínica e não só a do médico. Em novembro, o maior projeto de Abdelmassih, seu incrível centro de reprodução humana, sucumbiu de maneira melancólica. A Justiça determinou o despejo do médico da mansão da avenida Brasil por falta de pagamento de aluguel. A dívida acumulada com os proprietários chegava perto de 900 mil reais, incluindo multas e juros.*

Enquanto isso, a juíza Kenarik ouvia centenas de pessoas no processo. Além de todas as mulheres que denunciavam Abdelmassih, muitas vindas do interior de São Paulo e de vários estados do país, passavam pelo tribunal testemunhas de acusação e de defesa e peritos para esclarecer questões técnicas. Como havia anunciado desde o início, o médico levou um caminhão de testemunhas a seu favor, mais de cem, tentando neutralizar o discurso das vítimas e testemunhas de acusação. E teve que enfrentar as acareações com as denunciantes. Quando a suposta vítima se intimidava com sua presença, a juíza retirava Abdelmassih da sala de audiência. Os depoimentos eram, frequentemente, marcados por choros e emoção. A prisão do médico agilizou o andamento do processo e permitiu que a juíza cumprisse sua agenda com celeridade. Para evitar imprevistos, Abdelmassih foi transferido mais uma vez para uma cela do 40º DP e podia ser levado rapidamente para o fórum quando necessário. Na Delegacia da Mulher, um novo inquérito foi aberto, depois da prisão, mantendo o fluxo de denúncias contra o médico, não apenas de assédio sexual, mas também de crimes

---

* "Justiça determina despejo da clínica de Abdelmassih", Agência Estado, 20 nov. 2009.

financeiros e contra o consumidor. Na nova fase, 14 mulheres prestaram depoimentos para a delegada Celi.

Cinco pedidos de liberdade de Abdelmassih foram negados e o trabalho de seus advogados se mostrava infrutífero. Dentro da cadeia, ele acompanhava suas finanças serem expostas pelo inquérito civil que se desenvolvia na promotoria de defesa do consumidor e começava a se mexer para blindar seu patrimônio. Roberto Senise consegue rapidamente mapear a riqueza do médico, concentrada em grandes propriedades rurais cobertas de plantações de laranja, e obtém uma importante vitória no caso. A juíza Adriana Sachsida Garcia determina o bloqueio liminar das contas bancárias e a indisponibilidade dos bens de Abdelmassih e do sócio minoritário, Vicente. A decisão judicial visava garantir a preservação do patrimônio do acusado para utilização imediata, em caso de condenação, no pagamento de indenizações às vítimas de crimes contra o consumidor, que não eram as mesmas que o acusavam de violência sexual.

O Ministério Público se moveu porque descobriu que Abdelmassih tratava de reorganizar seus negócios familiares com o objetivo de blindá-los de processos. Enquanto era viva, a mulher Sônia foi sua sócia meeira na holding Santa Maria Participações e Negócios, que concentrava uma parte dos bens do médico. Abdelmassih controlava outra holding chamada Agropecuária Sovikajumi, nome que reunia as iniciais dos cinco filhos Soraya, Vicente, Karime, Juliana e Mirela, com capital de 2,5 milhões de reais. Sob o guarda-chuva das duas empresas estava a parte visível do patrimônio de Abdelmassih, que incluía pelo menos 17 propriedades rurais altamente produtivas na região de Avaré, onde ficava a sede da Sovikajume. Em novembro, as duas holdings estavam sendo esvaziadas e uma nova empresa, a Agropecuária Colamar, foi criada em nome de Larissa Sacco e de sua irmã, a farmacêutica Elaine Sacco Khouri, cuja finalidade declarada era plantar laranjas. A sede da empresa ficava em Jaboticabal (SP), terra da família da mulher de Abdelmassih.

As informações da investigação vazaram para a imprensa e foram reveladas com detalhes em uma reportagem do *Fantástico*, feita pelo repórter Maurício Ferraz.* Duas propriedades da qual Abdelmassih era sócio acabavam de ser vendidas e outras propriedades foram repassadas para bancos credores a fim de honrar o pagamento de dívidas de empréstimos equivalentes a 18 milhões de dólares. A reportagem destacava que a maior fazenda de Abdelmassih, em Avaré, tinha tamanho equivalente a novecentos campos de futebol e indicava que uma plantação de 600 mil pés de laranja estava abandonada há oito meses. Entre os bens que permaneciam em nome do médico e não foram transferidos a tempo para outras empresas, se destacava um imóvel avaliado em 500 mil reais, nove tratores e três carros importados de luxo. Tudo estava bloqueado.

O cenário era o pior possível para o médico. Mas no dia 22 de dezembro, no início do recesso do Judiciário e um dia depois da festa de Natal na cadeia, quando não se esperava que nada acontecesse, o advogado Márcio Thomaz Bastos mostrou a que tinha vindo. Deu uma cartada e fez um pedido de revogação da prisão preventiva de Abdelmassih para o STF, com o argumento de não haver elementos concretos que justificassem seu encarceramento. Bastos, mais uma vez, destacava que o argumento central adotado pelo juízo, que era o risco de repetição da conduta lasciva contra suas pacientes, ficara superado assim que o registro profissional do médico foi suspenso. Ele não poderia, portanto, ser considerado uma ameaça.

O Supremo, por meio do ministro Gilmar Mendes, afirmou que, sem a demonstração cabal de que os alegados abusos sexuais persistiram depois do início da investigação, a prisão preventiva revelava, "na verdade, mero intento de antecipação da pena, repudiado em nosso ordenamento jurídico". Considerando também que o Cremesp tinha suspendido o registro médico de Abdelmassih, "afastando a

---

* Maurício Ferraz, "*Fantástico* desvenda a fortuna de Roger Abdelmassih", 20 dez. 2009.

possibilidade de reiteração temida pelo juízo monocrático", concluiu-se que a prisão provisória não se justificava mais. Determinou à 16ª Vara Criminal paulista que soltasse o réu.* Dal Poz considerou a decisão do Supremo temerária, já que o risco de fuga era iminente, e lamentou que a decisão de libertar o médico tivesse sido tomada com base em informações prestadas apenas pelos advogados de defesa. A acusação não foi acionada para se manifestar. Seja como for, Abdelmassih saiu da cadeia e, depois de quatro meses na prisão, conseguiu, para sua felicidade, passar o Natal em casa, ao lado de Larissa.

---

* Flávio Rodrigues, "STF concede liberdade ao médico Roger Abdelmassih", Consultor Jurídico, com íntegra da decisão de Gilmar Mendes. Medida Cautelar em habeas corpus 102.098, 23 dez. 2009.

4

A condenação

O relatório do Cremesp sobre a existência de várias práticas antiéticas, além do assédio sexual, e a entrevista do engenheiro químico Paulo Ferraz evidenciaram a manipulação irregular de material genético na clínica e dispararam o alerta vermelho na sociedade. O Ministério Público enquadrou o inquérito de Abdelmassih no âmbito dos crimes contra o consumidor e uma nuvem de mistério passou a envolver o laboratório de pesquisa dos cientistas russos. O destino de milhares de óvulos e embriões coletados e fertilizados na clínica era desconhecido. E não dava para saber se esse material genético circulava indevidamente entre o centro de reprodução e o centro científico. Podia haver uma intersecção maior do que a permitida entre os dois espaços. Um laboratório privado de altíssimo padrão, com pesquisadores do primeiro time da embriologia mundial, funcionava, em plena avenida Brasil, sem que nenhuma autoridade pública fosse perguntar alguma vez o que acontecia exatamente ali dentro. A pesquisa científica ficava ligada diretamente ao serviço médico e não havia controle externo, seja acompanhamento do Cremesp, que, por sua natureza, não faz trabalho de fiscalização, seja da Anvisa, que passou a ter a responsabilidade de fiscalizar centros privados de pesquisa genética a partir de 2005, com a sanção da Lei de Biossegurança e engatinhava no controle das clínicas nos anos seguintes.

Soava especialmente estranho para um público desacostumado com esse linguajar científico o chamado turbinamento de óvulos, alta tecnologia que estava sendo avaliada em várias partes do mundo, mas ainda irregular para ser vendida no pacote de serviços de reprodução assistida em qualquer país. A outra questão é se estariam sendo feitos com ou sem o consentimento das pacientes. Ao injetar DNA de uma mulher no núcleo do óvulo de outra mulher, geneticamente a criança passava a ter duas mães. Ou não? Para defender a técnica, costumava-se minimizar essa coexistência genética. Não existia um marco legal para situar a identidade desse filho de duas mães. E os riscos de transferência de doenças de uma geração para a outra?

A enxurrada de denúncias de violência sexual e a suspensão do seu registro de médico deram a Abdelmassih uma força midiática que ele não havia alcançado nos melhores tempos. Sempre sonhara em ser capa da revista *Veja* ou o personagem da principal reportagem do *Fantástico*, mas não da forma como isso acabou acontecendo. Sua representação se tornou a pior possível. Fotos em que aparecia com cara de louco ou alucinado passaram a ser selecionadas para estampar as páginas das revistas, e não havia nada que seus gerenciadores de crise pudessem fazer para evitá-lo.

Começou a ser comparado à figura sinistra do médico-monstro, do livro de Robert Louis Stevenson, *O estranho caso do Doutor Jekyll e Mister Hyde*. No livro, o respeitável doutor Henry Jekyll inventa uma fórmula que precisa testar. Para isso, decide provar a própria invenção e desenvolve uma segunda personalidade maligna, de um sujeito diabólico e violento chamado Edward Hyde, que ataca durante a noite e, em vez de curar, fere e mata. Jekyll pensava, no começo, que seria capaz de controlar os efeitos da sua substância. Mas aos poucos passou a ser completamente dominado, mais ou menos, talvez, como Abdelmassih com o sexo. A obra foi para o cinema, em 1941, com Spencer Tracy no duplo papel de Jekyll e Hyde.

Aqui e acolá, por causa das possíveis manipulações genéticas, começou a ser sugerida também a comparação de Abdelmassih com a figura nefasta de Josef Mengele, o médico nazista conhecido como "Anjo da Morte", responsável direto pela morte de milhares de pessoas, principalmente judeus, durante a Segunda Guerra. Mengele morreu afogado em Bertioga, praia do litoral sul de São Paulo, em 1979. Foi oficial médico da principal enfermaria do campo de concentração de Birkenau, parte do complexo de extermínio de minorias de Auschwitz-Birkenau. Encabeçou pesquisas de técnicas de esterilização em massa e realizou experiências cruéis com seres humanos, como deixá-los na água gelada até a morte para testar sua resistência, amputar membros saudáveis e retirar órgãos de prisioneiros vivos, de ciganos, de judeus ou de quem considerasse "inferior ou mestiço".

Abdelmassih poderia também ter sido sutilmente comparado com Fortunato, personagem do conto "A causa secreta", de Machado de Assis. Fortunato era um médico que vivia no Rio de Janeiro, nos tempos do Segundo Império, insensível ao sofrimento alheio e desprovido de misericórdia. O conto revela as pistas da sua loucura. Quando andava à noite pelas ruas dava bengaladas nos cães que dormiam. Fazia experiências de anatomia e fisiologia em casa, onde envenenava e dissecava cães e gatos. Os guinchos dos animais aterrorizavam sua mulher Maria Luísa, que terminou morrendo tísica. Fortunato torturava ratos, queimando-os vivos e cortando suas patas, e seu amigo Garcia, que o flagrava em momentos comprometedores, anotava tudo. Diante do sofrimento do animal não se via em Fortunato "nem raiva, nem ódio; tão somente um vasto prazer, quieto e profundo, como daria a outro a audição de uma bela sonata ou a vista de uma estátua divina".

Seu desvio de caráter se manifestava, igualmente, diante de um rato ou de uma pessoa moribunda ou arrasada pela dor da morte, como o próprio Garcia no final do conto, olhando a falecida Maria Luísa em seu último leito. O prazer de Fortunato se concentrava na visão do outro sofrendo, o ser humano ou o animal. Deleitava-se com o sofrimento alheio. Talvez seja essa a principal disfunção de personalidade do médico pervertido: a falta de misericórdia, a incapacidade de se comover com a dor e as dificuldades do outro. Em vez de contribuir para o bem-estar e perseguir a cura, o especialista com a mente deturpada se aproveita da situação de submissão do paciente para satisfazer seus desejos e taras. Mais uma vez Garcia relembrava pequenos atos de Fortunato, "graves e leves", e achava a mesma explicação para todos: "Era a mesma troca das teclas da sensibilidade, um diletantismo sui generis, uma redução de Calígula, raciocinava Garcia sobre o amigo."

A fraude primordial da reprodução assistida era a utilização de óvulos ou espermatozoides de terceiros sem autorização dos contratantes da fertilização. Era assim desde quando a única técnica que existia era a inseminação artificial. Para melhorar seus índices, o golpe do médico era usar o espermatozoide de um doador, que poderia ser ele próprio, sem estar combinado com a mulher e seu marido. Alguns anos mais tarde o que um médico inescrupuloso podia fazer com o apoio de seu embriologista era usar óvulos doados de mulheres mais jovens sem que a mulher mais velha, receptora, e seu marido soubessem, para facilitar a fertilização. Na maioria dos casos, a mulher também seria simples vítima. Eventualmente, poderia ser cúmplice. Nesses novos tempos, com a intermediação de um médico especialista em fertilização artificial para a consumação da gravidez, tanto o marido podia ser ludibriado, como a mulher ou o próprio casal.

Considerando as novas irregularidades investigadas em sua clínica, Abdelmassih tinha alguns antecessores notáveis. No campo das fraudes e do comportamento antiético na medicina reprodutiva os casos mais escabrosos, também com uma fundamental articulação midiática, foram desvendados nos Estados Unidos entre os anos 1980 e 1990. Por causa da eficácia ainda baixa das técnicas de fertilização in vitro e do desconhecimento geral sobre a área, médicos gananciosos contavam mentiras para vender milagres. Cecil Jacobson era um pesquisador excêntrico da George Washington University, em Salt Lake City, Utah, que ganhou visibilidade nos anos 1960 fazendo experiências reprodutivas com macacos babuínos.*

Casado e com oito filhos, vinte anos depois, ele se tornou dono de uma clínica de inseminação artificial, em Fairfax, na Virgínia, que demonstrava bons resultados nos seus serviços. Era indicado para vários pacientes por outros médicos como um dos melhores do mercado. Ganhou fama de profissional competente para tratar mulheres com dificuldade de engravidar e em fazer inseminações artificiais. Dezenas de bebês vinham ao mundo graças aos tratamentos oferecidos em sua clínica, mas chamava atenção a quantidade de casos de interrupção de gravidez precoce que aconteciam nos tratamentos. Com frequência atípica, pacientes de Jacobson perdiam seus bebês depois de três meses de gestação, depois de verem seus fetos em desenvolvimento pelo exame de ultrassom.

Uma de suas pacientes, com dúvidas sobre o parecer do médico, decidiu fazer um ultrassom fora da clínica, assim que o médico confirmou sua gravidez, e descobriu que o bebê era uma invenção. Várias possíveis vítimas com dúvidas semelhantes se aproximaram e procuraram uma estação de TV local, que fez sua própria investigação e denunciou o caso, que foi parar nas mãos de promotores federais. Descobriu-se que o médico injetava nas pacientes o hormônio hCG, que só é detectado em mulheres grávidas, e as iludia. As mulheres pensavam estar realizando o sonho de ter um filho e eram enganadas nos exames de ultrassom. Com as imagens de baixa qualidade daquela época era fácil apontar para qualquer órgão e dizer que era um feto. Depois de alguns meses, porém, vinha a decepção da perda do bebê e ele consolava a paciente dizendo que ela não precisaria se preocupar porque o feto seria reabsorvido pelo corpo.

---

* "Doctor is found guilty in fertility case", 5 mar. 1992, e "Fertility doctor gets five years", 9 maio 1992, *The New York Times*.

Muitos pacientes de sua clínica passaram a levar a sério qualquer pequena dúvida sobre a paternidade de seus filhos, se eles tivessem nascido graças aos esforços de Jacobson. Essa confusão permitiu que se descobrisse um outro desvio praticado pelo médico. Exames de DNA provaram que ele fraudava clientes ao inseminar suas pacientes com o próprio esperma, em vez de usar o do marido ou de doadores. A jogada de Jacobson era simples. Mentia para simular altos índices de sucesso para atrair mais gente para seu consultório. Inventava a história da perda do feto depois de três meses e computava a falsa gravidez entre seus êxitos. Usando o próprio sêmen, reduzia custos com armazenamento e doadores e alimentava sua tara reprodutiva.

Com 55 anos na época em que foi julgado, calculava-se que Jacobson podia ser pai de até 75 crianças, fora os oito registrados. Foram feitos exames de DNA em 17 crianças inseminadas artificialmente e 15 delas eram filhas do médico. Jacobson negou ter cometido algum delito. Nos casos de falsa gravidez, ele disse que acreditava realmente que as mulheres estivessem grávidas e que não imaginava que as doses de hormônio hCG que injetava nas pacientes fossem capazes de criar o efeito de falso positivo. Quanto às interpretações dos exames de ultrassom, garantiu que se tratou de um "erro honesto". Confirmou que tinha convocado doadores anônimos e que só usou o próprio esperma, em algumas ocasiões, quando o doador não aparecia no momento necessário e a cliente corria o risco de perder uma janela de oportunidade para engravidar. Jacobson se tornou alvo de 52 acusações de fraude e perjúrio, por mentiras declaradas em juízo, durante o inquérito civil. Corria o risco de uma pena máxima de 280 anos de prisão e 500 mil dólares de multa. No final, a fraude lhe saiu barata. Pegou cinco anos de prisão e teve que pagar um total de 116 mil dólares de indenização pelo danos psicológicos causados a ex-pacientes lesados. Baseada no caso de Jacobson, foi produzida uma minissérie de TV.*

---

* "The Babymaker: The Dr. Cecil Jacobson Story" ou "Seeds of Deception", filme para TV dirigido por Arlene Sanford, 1994.

Mais parecido com Abdelmassih era Ricardo Asch, que também gostava de carrões e circulava entre as celebridades, que convidava para festas em sua casa em Newport Beach, no litoral da Califórnia. Interessado em marketing e comunicação, como o médico brasileiro, Asch criou uma empresa chamada Asch Entertainment, que produzia material esportivo e conteúdo de mídia. Em vez de plantações de laranjas, como Abdelmassih, seu investimento alternativo eram os cavalos. Argentino, formado em medicina na Universidade de Buenos Aires, Asch se destacou trabalhando no Centro de Saúde Reprodutiva da Universidade da Califórnia, em Irvine. Esteve no Brasil treinando outros médicos e participando de eventos da Sociedade Brasileira de Reprodução Humana, a convite de Milton Nakamura. Escreveu, inclusive, o prefácio de um dos livros de Nakamura, *O casal estéril — conduta diagnóstica e terapêutica*, publicado em 1990. Era um pesquisador de prestígio, nos Estados Unidos, com dezenas de artigos publicados em revistas especializadas, e pioneiro, em 1984, na realização de uma perfeita transferência intrafalopiana de gametas (Gift), técnica de reprodução assistida em que se recorre às trompas de falópio como incubadoras naturais para a fertilização do óvulo.*

Em 1991, Asch, seu parceiro José Balmaceda e seu assistente Sergio Stone passaram a ser investigados por causa de inconsistências nos registros dos seus procedimentos de reprodução assistida. Por trabalharem em uma universidade pública e não em uma clínica privada, sem qualquer controle externo, deveriam seguir protocolos éticos com rigor. A partir de denúncias de funcionários da universidade foi aberta uma auditoria que revelou que Asch havia retirado sete óvulos de uma paciente, que passaria por uma Gift, e usado três deles na fertilização de outra mulher, dois dias depois, sem identificar a origem do esperma e sem autorização da dona ou

---

* Julie Marquis, "Fertility Doctor denies role in errors", *Los Angeles Times*, 20 jan. 1996; Kim Christensen, "Doctor with ties to fertility scandal won't be extradited by Mexico", *Los Angeles Times*, 1 abr. 2011.

da receptora, que imaginava estar usando as próprias células. Os sete óvulos foram fertilizados, mas só um dos embriões, colocado na receptora, vingou e deu origem, nove meses depois, a um bebê do sexo masculino. A dona dos óvulos, moradora do Condado de Orange, não teve filhos e só soube da investigação sigilosa de seu caso em 1994. No formulário que assinaram antes da tentativa de fertilização, ela e o marido estabeleciam que os embriões formados com seus óvulos excedentes deveriam ser congelados, se não fossem aproveitados nela própria. Ela não autorizava a doação. A auditoria mostrou, porém, que esse e os outros formulários foram alterados para impedir a verificação das irregularidades. Material genético estava sendo transferido de um paciente para outro de maneira clandestina dentro da universidade, em um respeitável e supostamente bem controlado centro de pesquisa.

Na ocasião das primeiras denúncias, o diretor de ética biomédica da Universidade da Pensilvânia, Arthur Caplan, veio a público para dizer que não conseguia pensar em algo pior para ser feito em uma clínica de reprodução humana. "Se essas alegações se sustentarem, será a mais grave violação de confiança ética de que estou ciente no domínio da tecnologia de reprodução", afirmou Caplan. Asch, que, embora trabalhasse em uma instituição pública, cobrava dezenas de milhares de dólares pelos seus tratamentos, não esperou as investigações terminarem e fugiu para a Cidade do México, onde passou a trabalhar normalmente no Grupo de Reprodução e Genética AGN, no Hospital Angeles. Em um depoimento que deu à Justiça americana em um hotel na cidade mexicana de Tijuana, onde entrou discretamente pela porta dos fundos, Asch negou envolvimento com as fraudes e afirmou que os responsáveis foram funcionários da universidade, incluindo um assistente médico e um biólogo sem diploma universitário. Declarou que não sabia como os erros tinham sido cometidos, argumentando que não influía no funcionamento e na organização do centro de reprodução e se limitava a realizar as cirurgias e outros procedimentos médicos.

No total, 25 ações judiciais foram movidas contra Asch e seus parceiros, e incluíam, além de apropriação indevida de óvulos e embriões de pacientes, fraudes financeiras e de seguros, contrabando, uso de medicamentos não aprovados pela Food and Drugs Administration (FDA) e má conduta na pesquisa científica. Em 1997, ele foi condenado em um júri federal nos Estados Unidos pela utilização sem consentimento de material genético de cinco pacientes. Sob ameaça de prisão, não voltou para os Estados Unidos, assim como Balmaceda, que fugiu para o Chile. O único que respondeu ao processo nos Estados Unidos foi Sergio Stone. O que ficou claro é que, quando via dificuldades na fertilização do óvulo da própria paciente, Asch e sua equipe não se furtavam em utilizar outras células que tivessem disponíveis, para conseguir bons resultados, geralmente em transferências feitas entre as mulheres que estivessem passando pelo tratamento. Uma reportagem sobre a auditoria realizada na Universidade da Califórnia, denunciando o médico, foi publicada, na época, no jornal *The Orange County Register*, diário do Condado de Orange. A matéria ganhou o prêmio Pulitzer de jornalismo investigativo, em 1996.*

A diferença fundamental do caso Abdelmassih para os de Jacobson e de Asch era que esses últimos não foram acusados de praticar violência sexual em seus consultórios. O médico brasileiro começava a ser investigado por outros crimes de fraude, mas sua encrenca imediata era a acusação de estupro repetida por dezenas de mulheres. Em termos de complexidade, Abdelmassih contribuía com o ingrediente da lascívia na relação médico-paciente e jogava a medicina mais perto da sarjeta. Perto do médico brasileiro, os outros pareciam charlatões típicos, que queriam se locupletar e ganhar fama e dinheiro fácil enganando pacientes e vendendo resultados falsos. O caso de Abdelmassih era mais abjeto. Se confirmadas as

---

* Susan Kellerher e Kim Christensen, "Baby born after doctor took eggs without consent", *The Orange County Register*, 19 maio 1995.

acusações feitas contra ele, Abdelmassih usava a consulta médica para dar cantadas e atacar pacientes. Além de manipular células humanas sem a responsabilidade esperada em uma clínica de prestígio, transformou sua sala de consulta em um lugar de namoro e de satisfação de desejos obscuros. Seja como for, Abdelmassih defendia sua inocência de maneira empedernida. Diante da juíza e cara a cara com as vítimas, ao longo do processo, negou incondicionalmente as ações que lhe imputavam.

Já a promotoria havia concluído que dentro da clínica de Abdelmassih tudo era possível. Dal Poz não tinha dúvida de que ali, além dos milhares de casos alardeados e bem-sucedidos de fertilização in vitro, aconteciam coisas terríveis em uma proporção muito maior do que a que vinha a público. Estavam sendo julgadas ou investigadas diversas modalidades de crimes sexuais, financeiros e contra o consumidor, além de inúmeros desvios éticos e irregularidades administrativas, agora confirmados pelo Cremesp. Buscavam-se casos concretos de uso de material genético não autorizado pelos casais que o contratavam e de crianças nascidas com um DNA inesperado. O limite de avanço para uma investigação desse tipo é o interesse das vítimas. Como aconteceu nos casos de abuso sexual, o andamento das investigações em outras áreas dependeria de supostas vítimas que decidissem contar uma história pessoal. O tipo de crime praticado por Abdelmassih contava, a seu favor, com o silêncio dos pacientes, que se calam por vergonha, algo que os investigadores sempre consideraram com atenção e respeito durante o inquérito principal do Gaeco para provar o atentado violento ao pudor. Por que alguém decidiria desestabilizar sua família, rasgando uma ferida cicatrizada há muito tempo, ao divulgar uma suspeita ou uma certeza adquirida com exames de DNA de que o filho que você ama e foi fertilizado na clínica de Abdelmassih não é exatamente seu? As coisas não passavam de certo ponto porque pouca gente estava disposta a expor sua intimidade demasiadamente.

A crise deflagrada por Abdelmassih determinou uma mudança imediata nos regulamentos médicos e tirou da gaveta a discussão sobre uma legislação específica sobre a reprodução assistida. O mau exemplo do médico servia para desvendar o sistema e tirar alguns atrasos no debate público no Brasil sobre questões éticas na manipulação genética humana, que não envolvia mais só casais tradicionais, mas também homossexuais e pessoas solteiras, além das barrigas de aluguel. Relações contratuais entre médicos e pacientes precisavam ser redefinidas porque os interesses haviam se tornado mais complexos e os pacientes estavam desprotegidos.

A partir das sindicâncias para investigar as irregularidades na clínica de Abdelmassih, em janeiro de 2009, o Cremesp fez uma pesquisa para entender melhor a mente do doutor assediador brasileiro. Descobriu que a maioria deles tinha entre quarenta e sessenta anos e reincidia no delito. Concluiu que o ginecologista ou médico de família eram mais propensos a cometer abusos sexuais. Computou 272 denúncias de abusos cometidos em consultórios públicos ou privados, entre 2002 e 2008, menos de 1% do total de 25 mil denúncias de todos os tipos recebidas no mesmo período.* Detectou também que 65% das denúncias que recebiam eram arquivadas, ou seja, não tinham qualquer desdobramento, um percentual talvez muito elevado que revelava um rigor excessivo nos critérios para a transformação de acusações em sindicâncias, sempre a favor do médico. Em seguida, o Cremesp lançou uma discussão nacional sobre a medicina reprodutiva em particular e sobre a ética médica em geral. No início de 2010, o CFM começou a estudar uma nova resolução sobre procedimentos de reprodução assistida, que seria a primeira atualização depois de 18 anos, quando as clínicas especializadas surgiram no Brasil, e se fez, por exemplo, o primeiro mapeamento nacional dos centros reprodu-

---

* "Cremesp traça perfil de médico acusado de abuso sexual a pacientes", *Jornal da Tarde*, 4 abr. 2009.

tivos, com suas localizações. Em maio, o CFM apresentou o novo Código de Ética Médica, que não era atualizado desde 1988.*

De uma hora para outra, graças ao trabalho da promotoria para desmascarar Abdelmassih, os conselhos de medicina, o governo e a sociedade perceberam que havia uma enorme zona de sombra dentro das clínicas privadas de reprodução assistida. A comunidade médica, depois de décadas de paralisia, respondeu à pressão da opinião pública por mais transparência. Tudo indicava que faltava um fato novo e de grande repercussão como o de Abdelmassih para tirá-la do conforto. O Cremesp percebeu que a permissividade reinante, causada pela defasagem das regras de governança e de fiscalização, dava margem a desvios de conduta de extrema gravidade. Além disso, associações de defesa do consumidor, de defesa das mulheres e organizações governamentais surgidas para lutar por direitos cada vez mais específicos dos cidadãos tinham entrado em cena nos anos anteriores para questionar muitas das práticas tradicionais, que haviam se tornado antiquadas, lesivas às minorias ou claramente antiéticas, e exigir mudanças para limitar o poder supremo dos médicos dentro dos consultórios.

Graças ao impulso das notícias sobre Abdelmassih, o cidadão médio teve oportunidade de aprender um pouco mais sobre a promiscuidade das relações que se criam entre os doutores e os laboratórios farmacêuticos. Abdelmassih sempre teve, por exemplo, um negócio paralelo de medicamentos na sua clínica, com o objetivo aparente de verticalizar o tratamento e facilitar a vida da paciente, mas orientado pela simples intenção de lucro. Vendia os remédios e hormônios no seu pacote de serviços e não dava opção para o paciente pensar em adquirir os produtos em outro lugar. Os casais saíam do consultório cheios de felicidade e já recebiam a paulada adicional da lista de medicamentos que lhes era entregue no andar

---

* Tatiana Pronin, "Novo Código de Ética Médica reforça limites para o prolongamento da vida", UOL Ciência e Saúde, 11 abr. 2010.

de baixo, na qual constavam vários produtos injetáveis. O Código de Ética publicado em 2010, que, obviamente, não era inspirado só em Abdelmassih, impedia os médicos de exercerem a profissão com interação ou dependência de farmácia ou da indústria farmacêutica. Também condenava o exercício simultâneo da medicina e da farmácia para obter vantagem pelo encaminhamento de procedimentos e pela comercialização de medicamentos.

No seu capítulo 3, que trata da responsabilidade profissional, o Código destinava um artigo praticamente inteiro, o 15º, para tratar de fecundação artificial e da manipulação ou terapia genética. Dizia especificamente que a fertilização não deve "conduzir sistematicamente à ocorrência de embriões supranumerários", ou seja, não se devem produzir embriões além do necessário, número que varia de dois a quatro, dependendo da idade da mulher. Eram dois para as mulheres com menos de 35 anos, três para as pacientes com 35 a 40 anos e quatro para mulheres com mais de 40 anos. Além disso, o regulamento estabelecia que o médico nunca deveria realizar a reprodução assistida com objetivos como a criação de embriões para investigação ou com finalidades de escolha de sexo. O código era incisivo ao proibir qualquer procedimento sem que "os participantes estejam de inteiro acordo e devidamente esclarecidos sobre o mesmo".

A grande evolução nas regras profissionais não resolveu o problema da falta de legislação sobre a reprodução assistida, mas, ao longo do ano, o Cremesp trataria de aperfeiçoar seu regulamento. Negócio de centenas de milhões de dólares feito à margem dos hospitais e das universidades, a pesquisa na área de reprodução assistida surgiu com um modelo quase exclusivamente privado. Para o Estado brasileiro ela continuou não sendo estratégica e a previdência social nunca teve interesse em oferecer esse tipo de serviço para seus beneficiários. A reprodução assistida nasceu como um serviço comprado pela população da parte alta da pirâmide social. Havia um projeto de lei sobre o assunto tramitando na Câmara, desde 2003, mas as discussões parlamentares sempre travavam por causa do conflito entre o pensamento religioso e o científico. Serviços médicos legalizados e popularizados entre os especialistas, como a procriação de casais homossexuais e a barriga de aluguel entre membros da família, eram vetados no projeto. As restrições religiosas, associadas, por exemplo, a questões morais, ao criacionismo e às diversas visões sobre o instante do surgimento da vida, acabavam sendo contraproducentes para o desenvolvimento de uma pesquisa ética.

A rotina das clínicas de reprodução assistida mudou depois do caso Abdelmassih. As pacientes se tornaram muito mais críticas e a relação de confiança entre médicos e pacientes, de modo geral, foi temporariamente abalada. Não se cogitava mais, por exemplo, ir a uma consulta dessas sem acompanhante, por mais decente e correto que fosse o médico. Em São Paulo, as mulheres passaram a usufruir da força da lei nº 10.241, de 1999, chamada de "Lei Covas", que lhes garantia a presença de um acompanhante em qualquer procedimento médico de ginecologia e obstetrícia, incluindo consultas e partos. Janelas e transparências apareceram nas salas para retirada de óvulos e de repouso de todas as clínicas. Os maridos ficaram mais preocupados e não se distanciavam mais das mulheres nem por um segundo. Mesmo médicos que sempre se comportaram de maneira adequada começaram a se sentir tratados como potenciais criminosos e redobraram sua atenção com os limites da intimidade em uma consulta, o que foi outro sinal das mudanças pós-Abdelmassih. Não deveria haver mais qualquer atendimento sem uma enfermeira por perto.

De modo geral, a duração dos atendimentos aumentou por causa do maior cuidado e da preocupação dos pacientes em controlar o destino do seu material genético. Exigia-se um maior detalhamento dos contratos de prestação de serviços. O termo de consentimento esclarecido, que autoriza procedimentos diagnósticos e terapêuticos, passou a ser verificado em minúcias pelos casais que também queriam saber onde e como seriam armazenados óvulos e embriões excedentes. Nos Estados Unidos, no começo dos anos 1990, esse primeiro atendimento de casais à procura de serviços de fertilização in vitro durava cinquenta minutos. Depois do caso Asch e suas consequências sobre os regulamentos e as legislações americanas, o tempo médio saltou para duas horas. No Brasil, o efeito Abdelmassih foi mais ou menos o mesmo. O princípio bioético da autonomia, que determina a autorização pelo paciente de qualquer ato médico, passou a ser observado em todas as áreas, inclusive em procedimentos mais simples.

Apesar dessa evolução social, não havia nada mais doloroso para as vítimas e para a promotoria do que a liberdade de Abdelmassih. Seu afastamento da profissão foi um alento, mas não era o suficiente para a imensa maioria da opinião pública. Momentaneamente a suspensão do registro até lhe deu vantagem e favoreceu sua soltura. Ele havia sido penalizado com uma suspensão de seis meses, que estava conseguindo prolongar por mais seis, antes de um julgamento definitivo. Sua defesa, baseada nos próprios pedidos iniciais da promotoria, argumentava que fora da medicina e da clínica ele deixava de ser uma ameaça. Não havia, então, por que deixá-lo atrás das grades. Solto, porém, ele ameaçava se tornar mais um caso clássico de impunidade nacional. E, independentemente da sentença, nada garantia que Abdelmassih voltaria para a cadeia. O Ministério Público pedia uma pena de mais de três séculos de prisão, considerando a pena máxima por cada crime cometido. Na velocidade em que o processo avançava, juristas estimavam que haveria uma sentença até setembro. No entanto, mesmo que a condenação fosse alta, Abdelmassih garantiria o direito de recorrer em liberdade até o julgamento da decisão de Gilmar Mendes, já que o médico havia respondido a maior parte do processo fora da prisão e contava com um habeas corpus concedido por um ministro do STF. A tendência da juíza seria de respeitar a decisão da instância superior de mantê-lo livre.

O que era inaceitável para as vítimas e para a promotoria era a vida mansa do médico, que, desde o início do ano, podia fazer tudo o que bem entendesse e tratava de viver plenamente seu caso de amor com Larissa Sacco. O pedido de anulação do casamento religioso com Tânia, sua primeira mulher, ainda não tinha sido julgado pelo Tribunal Eclesiástico e eles tiveram que se contentar com a união civil.* A cerimônia aconteceu, em fevereiro, só com a presença das famílias dos noivos e alguns amigos próximos. Cheio de planos para o futuro, Abelmassih estava se aproximando cada vez mais da família da mulher, que vivia em Jaboticabal, no interior de São Paulo. O pai da noiva, Vicente Sacco, admirava muito a religiosidade do genro. A mãe de Larissa, Vanilda, ajudou na preparação da noiva para o casamento, assim como suas irmãs. Já os filhos de Abdelmassih não se integravam muito bem com Larissa, mas, em todo caso, não fizeram desfeita. Vicente tinha dado uma firme declaração de fidelidade ao pai e feito sua defesa pública alguns meses antes, mas o congelamento de seus bens e contas bancárias determinado pela Justiça por causa de seu 1% na clínica estremeceu a relação. Estava sofrendo as consequências de um crime que não cometera.

Embora estivesse solto por uma decisão judicial, Abdelmassih teve que abandonar a cena pública, os clubes, os restaurantes e as pizzarias. Mantinha sua relação forte com os amigos de sempre, Hebe Camargo, Abram Szajman, Marcelo de Carvalho e Luciana Gimenez e mais dois ou três, como Ruy Marco Antonio. E fora desse círculo era um homem desmoralizado. Onde entrasse era alvo de olhares desaprovadores. O carismático doutor Roger, o cara gente boa do passado, milionário boa-praça que ajudava mendigos, dava gorjeta de 100 reais para os garçons da Pizzaria Camelo, na avenida Juscelino Kubitschek, um dos locais que frequentava com a família no período áureo, tinha sido ofuscado pela figura do médico maldito.

---

* "Acusado de abuso sexual irá se casar com procuradora da República", *O Globo*, 28 jan. 2010.

Começou a ficar com vergonha de aparecer. Consultados sobre a rotina do médico, seus advogados diziam que ele se sentia em um cativeiro e, com medo das reações populares, não saía de casa. Um dos poucos lugares que frequentava várias vezes por semana era a igreja Nossa Senhora do Brasil, para se confessar. Sua vida afetiva, seja como for, estava ótima e ele tinha lugares agradáveis para se refugiar. Nos seus planos imediatos com Larissa, mulher de 31 anos que já tinha passado por um tratamento na clínica, estavam também novos herdeiros, o que para Abdelmassih era fácil de resolver. Com 66 anos, o médico se sentia jovem e disposto a cuidar de bebês. Queria provar o sentimento rejuvenescedor da paternidade que homens de sua faixa etária costumam sentir. Afastada da profissão, Larissa também buscava uma rotina de mãe e dona de casa.

Contra sua natureza mais profunda, Abdelmassih tentava ser discreto e aparecer o mínimo possível. Vivia no aconchego de suas propriedades, como a fáustica casa na rua Marechal Bitencourt, no Jardim Paulista, onde passava um bom tempo. Viajava muito para o interior, para Avaré, e ficava na sede da fazenda, onde controlava suas plantações de laranja. Embora estivesse com os bens bloqueados e parecesse financeiramente ameaçado e próximo da bancarrota, como havia indicado, no final do ano, a matéria do *Fantástico*, seu patrimônio ainda lhe rendia uma bela renda, que ele próprio administrava. A clínica era só sua fonte mais visível de receita. Abdelmassih era um dos maiores plantadores de laranja do estado. E se, de fato, havia tido que se desfazer de algumas propriedades, as principais e mais produtivas se mantiveram, de algum jeito, sob seu controle indireto. Essas fazendas que ele conseguiu preservar, apesar da notícia de venda por 18 milhões de reais, tinham contratos vigorosos e de longo prazo de fornecimento do produto herdados da holding Sovikajumi e lhe renderiam entre 700 mil e 1 milhão de reais por ano.

Outro lugar que Abdelmassih visitava, mais raramente, era Jaboticabal. Tinha boa relação com os pais de Larissa, que acreditavam nele tanto quanto a filha. Aproximou-se também da irmã da mulher, a farmacêutica Elaine Sacco Khouri, dona de uma farmácia de manipulação chamada Sal da Vida, na avenida Sete de Setembro, no centro da cidade. Era sócia de Larissa na Agropecuária Colamar, uma tentativa de diversificação de negócios com a plantação de laranjas, fruta bem pouco cultivada em Jaboticabal. A agricultura do município se destaca pela cana-de-açúcar e pelo amendoim. E pela jabuticaba.

A juíza Kenarik trabalhou rápido para formar sua convicção e já tinha ouvido as vítimas e testemunhas do processo criminal, que somavam cerca de 250 pessoas, 150 delas testemunhas de defesa, 39 vítimas e dezenas de testemunhas de acusação. Em crimes sexuais, o acusado não é levado a júri popular e não há jurados. O destino do médico seria decidido apenas pela juíza com base naquele conjunto de depoimentos e provas que vinham sendo produzidas há dois anos. Tratava-se de um processo cheio de debates conceituais, que se desenvolvia em um tempo de mudança nas leis, e extenuante para os envolvidos pela alta carga dramática.

Havia também o eco permanente do clamor público, que incomodava os advogados de Abdelmassih e parecia indicar uma unanimidade a favor da condenação do réu. Foram longas tardes de trabalho em um processo extenuante. Raras vezes a juíza viu as estenotipistas trabalharem tanto. Ela conseguiu avançar no processo durante o período em que Abdelmassih esteve preso e se beneficiou em seu julgamento de todo o conteúdo obtido nas investigações do Cremesp e do trabalho minucioso desenvolvido pelo promotor Dal Poz e pela delegada Celi. Teve a facilidade de ouvir, em poucos meses, dezenas de vítimas, não só de São Paulo, mas de várias cidades do Paraná, Minas Gerais, Rio Grande do Norte, Piauí e Rio de Janeiro, todas dispostas a declarar rapidamente.

Na primeira sexta-feira de maio, o médico foi interrogado e deu seu depoimento mais importante, fundamental para o esclarecimento de algumas dúvidas finais e para a Justiça decidir se ele era culpado ou inocente. Era sua última chance de convencer a juíza

Kenarik. Parte do que Abdelmassih disse vazou em uma reportagem do *Fantástico*, dois dias depois.* No interrogatório, o médico negou a prática do crime. Garantiu que jamais praticara qualquer ato do qual estava sendo acusado e afirmou que dava apenas beijos nos rostos de suas pacientes, considerando que as denúncias poderiam estar relacionadas a uma interpretação equivocada do seu jeito de tratar as mulheres. Atribuiu o cumprimento afetuoso a uma característica de personalidade e à sua origem árabe. Declarou que "era próprio da sua pessoa usar uma forma carinhosa de falar com as pessoas, chamando-as de 'querida' e usando abraços e beijos para cumprimento". Admitiu que costumava segurar o rosto das pessoas com as duas mãos, inclusive os homens. Ao longo do interrogatório, que durou três horas, o médico chegou a chorar e, mostrando-se arrependido de suas liberalidades, disse que nunca mais beijaria qualquer paciente para não ser mal interpretado.

Abdelmassih acusou as vítimas do processo de dizerem mentiras e afirmou que trabalhava na clínica com os filhos Vicente e Soraya, sempre com as portas abertas, e ficava em locais com várias pessoas.** Disse que raras vezes atendia as mulheres sozinho e quando isso acontecia era na sala de reunião, onde eram feitos os encontros para orientação dos pacientes. Mencionou que era bem ao lado de uma sala onde havia outras pessoas. Contou que caminhava pela clínica, entrava em todos os lugares, entrava sem bater em qualquer sala, inclusive na sala de exames. E quando entrava nas salas de recuperação era comum que perguntasse à paciente que estava acordando se tinha ido tudo bem e se inclinasse para beijá-la no rosto.

Não entendia os motivos das acusações. No interrogatório, considerou que talvez fossem feitas porque suas ex-pacientes estivessem insatisfeitas por não terem realizado o sonho da maternidade. Outra

---

* *Fantástico*, TV Globo, 10 maio 2010.
** Sentença da juíza Kenarik Boujikian Felippe, 16ª Vara Criminal, processo 050.08.082189-8, São Paulo, 23 nov. 2010, p. 84-88.

possibilidade que destacou foi a influência da mídia. Denunciou uma campanha dos meios de comunicação para denegri-lo e acusou a imprensa de "arrebentar" sua clínica. Disse, enfim, que "tem outras tantas situações que eu poderia aqui querer sugerir como possibilidades, que eu não posso saber por que essas outras queixas foram efetuadas". Antes, porém, lembrou que muitas mulheres que se queixavam estavam sob o efeito do propofol ou do fentanil. Declarou para a juíza Kenarik que, mais tarde, depois que começou a sofrer acusações, investigando os dois sedativos, ele soube que poderiam causar alterações no comportamento sexual das pacientes e descobriu dois casos em que isso aconteceu, um de um casal que testemunhou em juízo e o segundo envolvendo um hospital de São Paulo. A juíza tinha ouvido representantes técnicos dos laboratórios que forneciam as drogas e sabia que o efeito era muito mais improvável do que Abdelmassih tentava fazer crer.

A certa altura do interrogatório, para se defender, tentava mostrar que as 39 vítimas eram uma parcela insignificante das pacientes que atendera ao longo da história, afirmou que havia feito, desde 1988, "20 mil atendimentos e nasceram 8 mil crianças em sua clínica". Se em janeiro do ano anterior ele havia produzido 7.500 bebês, em 18 meses, desde que a investigação de assédio sexual foi divulgada na *Folha*, mais quinhentas crianças nasceram em sua clínica, o que mostra bem a curva de decadência. Depois que ficou sob bombardeio cerrado da imprensa, a clínica durou um semestre. Não resistiu à prisão do médico, sentindo os primeiros efeitos da crise imediatamente. Parte desses quinhentos embriões foram fertilizados em 2008, antes das primeiras notícias virem a público. A partir de julho, ela praticamente não funcionou. Em uma situação normal, Abdelmassih teria realizado 2 mil FIVs bem-sucedidas. O médico depôs acompanhado de três advogados, Márcio Thomaz Bastos, José Luiz de Oliveira Lima e Jaqueline Furrier. Nenhum deles quis gravar entrevista para o *Fantástico* e se limitaram a dizer que as provas contra seu cliente eram frágeis, resumindo-se às declarações de supostas vítimas.

Houve uma movimentação intensa na Colamar nas semanas seguintes ao interrogatório. A promotoria de defesa do consumidor detectou uma tentativa de Larissa Sacco, junto com sua sócia e irmã Elaine, de burlar o bloqueio dos bens de Abdelmassih. Percebendo a manobra de transferir as receitas garantidas pelos contratos herdados da Santa Maria Participações e da Sovikajumi, o promotor Roberto Senise pediu imediatamente o congelamento dos bens da Colamar e das irmãs Sacco, em uma extensão do que havia feito com Abdelmassih e a clínica, mas o Tribunal de Justiça rejeitaria o pedido. A sede da Colamar ficava na mesma avenida Sete de Setembro, em uma casa abandonada, perto da farmácia de manipulação de Elaine. Os promotores suspeitavam de que Abdelmassih estivesse reorganizando suas finanças para se prevenir contra prováveis ações indenizatórias, buscando formas de blindar o que restava de seu patrimônio e afastar o risco de bloqueio dos rendimentos polpudos obtidos com os contratos de venda de laranja.

Soube-se pela revista *Veja* que seus gastos para se defender na Justiça superavam qualquer estimativa de honorários para criminalistas da história brasileira e tinham sido quitados antes do fim do caso.* Márcio Thomaz Bastos, que assumiu sua defesa em agosto, ao lado de Oliveira Lima, havia pedido e levado 5 milhões de reais para defender Abdelmassih. O pagamento de Oliveira Lima não tinha nada a ver com o de Bastos e Abdelmassih ainda contava com outros advogados na área cível, para acompanhar os processos em que era acusado de crimes contra o consumidor e para cuidar de sua defesa no Cremesp, onde, passado um ano de suspensão temporária de registro, se decidiria sua cassação definitiva. Quem cuidava dos assuntos do Cremesp era o advogado Flávio Yarshell.

---

* Coluna de Lauro Jardim, *Veja*, 26 maio 2010.

Naqueles dias, veio a notícia de que Larissa estava grávida. A notícia foi publicada na coluna da jornalista Monica Bergamo, na *Folha de S.Paulo*, e falava que ela esperava um filho, sem definir o sexo do bebê.* A mulher de Abdelmassih estava na sétima semana de gestação e o médico, feliz em ser pai novamente, manifestava para amigos seu otimismo com o futuro. Afastado da medicina, dizia que queria se dedicar mais à família. Com a religiosidade cada vez mais exacerbada, afirmava que ainda acreditava em um final feliz e contava com a proteção de Nossa Senhora.

No calor dessa nova fase, os advogados de Abdelmassih fizeram um pedido surpreendente para o Cremesp. Antecipando-se à decisão de cassação, o médico, tentando deixar a profissão de uma maneira honrosa, entregou uma carta para o órgão na qual se dizia desgastado e sem forças para lutar contra uma campanha difamatória e pedia o cancelamento de sua inscrição.** Questionava a perda de equilíbrio no julgamento do conselho, "que se rendia ao clamor popular provocado pela imprensa sensacionalista". O pedido entrou imediatamente em análise e foi recusado. O conselho o considerou apenas uma medida protelatória da defesa ou parte de alguma estratégia de vitimização. Embora não considerasse incomum que alguns médicos quisessem mudar de ramo e renunciassem à profissão, a iniciativa de Abdelmassih não fazia sentido porque ele estava sob investigação do órgão, com mais chances de ser cassado do que de continuar na ativa. Se seu pedido fosse aceito, seu diploma não perderia a validade e ele poderia retornar à medicina quando quisesse.

Um mês depois o médico foi julgado pelo conselho e cassado definitivamente. Foi condenado por unanimidade, sem a presença de seus advogados de defesa, que protestaram contra a submissão do órgão à vontade da imprensa.*** O julgamento correspondia a ape-

---

* Coluna da Mônica Bergamo, *Folha de S.Paulo*, 25 jun. 2010.
** "Roger Abdelmassih entra com pedido no Cremesp renunciando a sua condição de médico", *O Globo*, 29 jun. 2010.
*** "Conselho Regional de Medicina cassa registro de Abdelmassih", Agência Estado, 29 jul. 2010.

nas uma das 51 denúncias que vinham sendo investigadas contra ele e, embora desse margem a apelação, era uma decisão que soava irreversível. Seria encaminhada oficialmente pelo Cremesp para o CFM para ser referendada. A primeira vítima pediu sigilo sobre sua identidade. Os outros cinquenta processos administrativos para investigar as denúncias de abusos sexuais continuariam correndo.

Para aniquilar de vez sua carreira, logo em seguida, no início de agosto, Abdelmassih foi condenado em um segundo processo no Cremesp, novamente à pena de perda do registro. Dessa vez a ex-paciente aceitava tornar pública sua identidade. Era a advogada Crystiane Cardoso de Souza, do Rio de Janeiro, uma das primeiras mulheres a prestar depoimento em 2009, depois que a matéria sobre o caso saiu na *Folha*, e a segunda vítima a levar o caso ao conselho. Declarou que denunciou o ex-médico porque "queria lavar a alma e se livrar do monstro que atormentava sua mente". Sua acusação foi bastante abrangente e levou o Cremesp a enquadrar Abdelmassih em seis artigos do Código de Ética Médica, sendo dois do Capítulo 4, que trata de Direitos Humanos, três do Capítulo 5, sobre a relação do médico com os pacientes e seus familiares, e um do Capítulo 8, que fala sobre a remuneração profissional. Quanto aos direitos humanos, Abdelmassih os ofendeu, segundo a entidade, ao praticar ou indicar atos médicos desnecessários ou proibidos por lei e ao usar a profissão para corromper os costumes. Transgrediu a relação com a paciente e com seus familiares ao desrespeitar o direito do paciente de decidir livremente sobre a execução de práticas diagnósticas ou terapêuticas, ao desrespeitar o pudor e ao se aproveitar da situação para obter vantagem física. Em seu julgamento, os conselheiros do Cremesp consideraram finalmente que o médico se excedeu nos seus objetivos de remuneração profissional ao exercer a profissão com dependência de laboratório farmacêutico.*

---

* Paulo Henrique Amorim, "Há quinze anos Abdelmassih estupra mulheres com a ajuda dos médicos", blog Conversa Fiada, 26 ago. 2010.

Compartilhando uma lamentável experiência que muitas mulheres que passaram pela clínica de Abdelmassih tiveram a infelicidade de enfrentar, Larissa perdeu seu bebê. Passaram-se dois meses de gestação quando o pior aconteceu. A vontade de fazer a família crescer teve que ser refreada. A tensão do momento contribuiu para o acidente. Havia mesmo muitos problemas imediatos para resolver. A questão financeira estava ficando mais crítica. Os advogados de Abdelmassih tentavam derrubar o bloqueio dos seus bens, mas nada acontecia. Larissa estava muito preocupada com a saúde do marido. O suspense em torno do destino de Abdelmassih só crescia. Seu maior pavor era voltar para a cadeia. Abdelmassih se sentia injustiçado e soltava a informação pela imprensa de que pretendia escrever uma autobiografia, onde diria a verdade sobre o caso. Seu primeiro bem foi leiloado, um Mercedes prateado CL AMG novíssimo, o mesmo que ele estava usando no dia em que foi preso. O Mercedes era avaliado em cerca de 400 mil reais e o dinheiro obtido no leilão seria destinado a quitar a dívida do médico com a financiadora do carro.

Quem trabalhava com Abdelmassih teve que se virar depois do fechamento da clínica. A maioria não teve problema e, em pouco tempo, se situou discretamente em outras clínicas. Lister Salgueiro concentrou seus atendimentos em seu centro de reprodução em Sorocaba, no interior de São Paulo. Dirceu Mendes Pereira passou a trabalhar na clínica Profert. Quem mais se contaminava com a imagem de Abdelmassih eram os filhos, Vicente e Soraya. Vicente foi atingido mais diretamente pelo escândalo familiar por causa dos bens bloqueados. Embora alguma omissão tenha sido eventualmente observada, o que se discutiu sempre foi só a culpa do pai pelos crimes sexuais e pelas outras irregularidades. Ao longo do processo ninguém foi apontado como cúmplice e nenhuma colaboração com Abdelmassih foi constatada. Nenhum funcionário da clínica sofreu qualquer acusação.

Vicente e Soraya decidiram, naturalmente, continuar fazendo o que sempre fizeram e abriram uma nova clínica, a Embryo Fetus, na avenida Brasil, em sociedade com o médico Sang Chong Cha, especialista em medicina fetal e presidente da Sociedade Brasileira de Ultrassonografia.* Mostrando que tinha luz própria, Vicente dizia que estava fazendo, em média, vinte consultas por mês e que queria dar a volta por cima. Chong Cha estava consciente de que a Embryo Fetus teria que conviver com "o fantasma da velha clínica". Mas destacou que Vicente e Soraya eram também parte de um passado glorioso na área de reprodução assistida. Chong Cha fora cliente da clínica de Abdelmassih, onde sua mulher teve uma filha.

As vítimas de Abdelmassih estavam inquietas, algumas desesperadas em vê-lo em liberdade. A sensação era de que nada acontecia. A juíza Kenarik analisava o processo, mas as mulheres queriam urgência na sua condenação. E se tinham oportunidade tratavam de reclamar na imprensa. Quem se colocou na vanguarda das vítimas de Abdelmassih neste momento foi Vanuzia Lopes, cuja experiência pessoal sintetizava as piores consequências de um encontro com o ex-médico. Desde logo ela se apresentou como alguém que buscaria a Justiça a qualquer custo e que não iria parar de perseguir Abdelmassih enquanto ele não tivesse o destino que merecia. Surgiu uma febre no Facebook nesse momento, com a criação de duas comunidades de vítimas que demonizavam o ex-médico. A comunicação através do blog de Paulo Lopes continuava intensa. Crystiane fez conexões com as outras vítimas e Teresa, Helena e Ivanilde estavam em contato permanente com Vanuzia. Nelma, que vivia no Rio, também se integrou ao grupo. O engenheiro Paulo Ferraz se aproximou de Nelma pelo Facebook e também passou a conversar com o núcleo de mulheres.

Vanuzia deu uma entrevista para a apresentadora Ana Maria Braga que resumia o que todas as vítimas estavam sentindo.** Por

---

* Eliane Trindade, "Após escândalo, filhos de Roger Abdelmassih tentam recomeço", *Folha de S.Paulo*, 2 ago. 2010.
** *Programa Ana Maria Braga*, TV Globo, 19 jul. 2010.

causa da ansiedade e do nervosismo que envolveu o processo, dizia que tinha engordado quase cinquenta quilos em um ano e meio, desde que engrossou a campanha para colocar Abdelmassih na cadeia e condená-lo. Antes de seu encontro com o médico era feliz, queria ser mãe e aumentar a família. Levou seus melhores sonhos para a clínica e saiu de lá entre a vida e a morte.

— Não recebi tratamento, fui destratada — afirmava.

Vanuzia expunha a hipocrisia da classe médica e disparava sua metralhadora giratória para vários lados. Lembrou que denunciou Abdelmassih no Cremesp, mas nada se fez contra ele. Na polícia aconteceu a mesma coisa. Foi no DP, fez o boletim de ocorrência por lesão corporal grave após sair do hospital e não deu em nada. Convocava todas as vítimas de Abdelmassih a mostrarem o rosto, era desafiadora e contava seu caso em detalhes, sem eufemismos e falando as palavras claramente. Sabia que havia muitas outras mulheres atacadas por Abdelmassih, possivelmente centenas, que preferiam continuar fora dos holofotes. Mostrava-se compreensiva ao dizer que existiam vítimas ainda mais corajosas do que ela, que sabiam ter sido abusadas mas precisavam proteger seus filhos e seus maridos — e por isso não mostravam o rosto. Vanuzia foi perguntada por Ana Maria Braga sobre o sumiço de seus embriões, 18 ao todo, produzidos com seus óvulos. Havia pedido um esclarecimento sobre o assunto na clínica e não teve uma resposta satisfatória. Aproveitou para denunciar, no ar, o ex-médico pela prática de comércio de embriões, mas não deu muitos detalhes sobre como isso era realizado. Seu sentimento, porém, era o das massas. Chamava de "vitoriazinha" o fato de Abdelmassih ter perdido o registro de médico. Aguardava ansiosa que ele fosse condenado e voltasse para a cadeia.

Mas isso não acontecia. E o ex-médico ainda podia comemorar o fato de a Justiça acatar um recurso de seus advogados e desbloquear seus bens. A 3ª Câmara de Direito Privado do Tribunal de Justiça entendeu que o Ministério Público não poderia propor uma ação civil pública, por falta de legitimidade, e acatou o pedido da defesa.* O relator do caso considerou que caberia aos pacientes que se sentiram lesados por alguma violação ao Código de Defesa do Consumidor acionar individualmente a Justiça pelos danos causados por Abdelmassih, mas não a promotoria, e liberou o patrimônio do ex-médico. O voto foi seguido por todos os desembargadores. A decisão permitiu que Abdelmassih reorganizasse suas finanças e tornasse, de vez, a Colamar beneficiária de suas fazendas e plantações de laranja. No começo de novembro, quando ainda se aguardava a sentença da juíza Kenarik, Larissa assinou uma procuração transferindo poderes para a irmã Elaine administrar todos os bens da empresa e suas contas bancárias. Elaine ganhava plena autonomia para cuidar da empresa e movimentar o dinheiro da Colamar.

Depois de analisar o gigantesco processo com mais de 10 mil páginas, a juíza Kenarik ditou sua sentença, que, por causa do enorme trabalho, veio dois meses depois do esperado, no final de novembro, mas chegou com grande contundência. A juíza fundamentava sua decisão de culpar Abdelmassih na ofensa a um valor supremo: a dignidade humana. Abdelmassih, antes de mais nada, achincalhava o direito das mulheres de serem respeitadas. Tinha tratado aquelas 38 ex-pacientes e uma ex-funcionária de maneira indigna. Para as ex-pacientes vendeu um serviço médico e o sonho do bebê e, no lugar do esperado, entregou um ataque sexual e um trauma insolúvel. No caso da recepcionista Cristiane, enxovalhou a relação entre chefes e subordinados. Mais amplamente, a juíza apoiava seu julgamento em vários tratados internacionais e convenções de direitos humanos, que garantiam recursos judiciais rápidos e efetivos para a defesa dos direitos das mulheres. A verdade é que em todo o inquérito e no processo houve um sentido de urgência que raramente se viu na Justiça brasileira. Abdelmassih havia se tornado realmente um caso

---

* "Justiça determina desbloqueio dos bens de Roger Abdelmassih", *O Globo*, 16 set. 2010, p. 165.

exemplar de criminoso misógino que praticava violência sexual em série e clandestinamente, sob as sombras de sua clínica médica. Ele representava um comportamento perverso e antiquado, que, se foi algum dia, jamais deveria ser tolerado outra vez.*

As alegações preliminares da defesa do médico para derrubar a ação foram definitivamente afastadas. A juíza descartou qualquer vício de inépcia, como inconsistência ou incoerência por conta da imprecisão das denúncias quanto ao mês, ao dia ou à hora do ataque e também por causa de limitações nos direitos do acusado por qualquer motivo, inclusive pela manutenção do sigilo do nome das vítimas até uma fase avançada do inquérito. Ressaltava que "o relato dos fatos possibilitou o exercício do contraditório e da ampla defesa". Disse em seguida que as vítimas foram identificadas, assim como o local dos acontecimentos, e havia dados detalhados referentes às circunstâncias, o que permitiu que Abdelmassih se defendesse. Outro pedido de nulidade que a juíza superou foi o de ofensa ao princípio de promotor natural. Questionava-se o nascimento do inquérito pelas mãos dos promotores do Gaeco, algo que deveria ser recusado, já que a atribuição do órgão era investigar infrações cometidas por organizações criminosas e a investigação dos estupros pelos quais o médico era acusado estava fora de sua alçada. A juíza não considerou esse problema de abrangência do campo de investigação importante o suficiente para acatar um pedido de anulação do processo. Também tratou como assunto resolvido o vício que ela mesma havia detectado lá atrás quando o inquérito produzido pelo Gaeco tinha apenas duas vítimas e cinco testemunhas e foi encaminhado para a Delegacia da Mulher.

O que tampouco convenceu a juíza foram as respostas de Abdelmassih em seu interrogatório. Kenarik informou que "a negativa do réu permaneceu isolada nos autos e os fatos foram confirmados, em

---

* Íntegra da sentença disponível em <estadao.com.br/infograficos/2010/11/abdelmassih-sentenca.pdf>.

quase sua integralidade". Destacou também que a configuração das duas clínicas nos dois endereços onde foram investigados os ataques, em ambientes isolados e ao lado de salas com enfermeiras, não impedia o delito porque as pacientes não costumavam reagir gritando ou fazendo algum escândalo diante de suas sevícias. O inusitado da situação de atendimento médico, que tornava impossível prever que seriam agarradas ou prensadas contra portas e paredes, fazia com que as pacientes reagissem caladas ou discretamente.

— Não há credibilidade na negativa do acusado — decretou a juíza.

A defesa também se apegou à tese de que diversos atos descritos na denúncia contra o ex-médico não eram típicos, quer dizer, não poderiam ser considerados crimes de atentado violento ao pudor e muito menos de estupro, como beijar ou passar a mão nas pacientes. Os advogados alegavam que aplicar uma pena de estupro em alguém que deu apenas um beijo feriria o princípio da proporcionalidade, quando se dá uma pena elevada para um crime de menor gravidade. A juíza foi taxativa e disse que a defesa não estava com a razão e não levava em conta a questão da autodeterminação sexual da mulher para praticar ou negar a realização de atos sexuais. E apelava à experiência comum das pessoas que permite a elas, sejam homens ou mulheres, diferenciar um beijo sexual de um beijo de afeto. As lambidas e a língua que costumava aparecer nos beijos de Abdelmassih deixavam claro de qual se tratava. "Todo mundo sabe que tocar o corpo de forma lasciva é diferente do que apenas colocar a mão em alguém", afirmava a juíza.

O que sustentou o avanço da acusação e permitiu que ela se desenvolvesse e se tornasse cada vez mais vigorosa, desde que o promotor Carneiro iniciou o primeiro inquérito, foi a violência real, que acompanhava os ataques lascivos de Abdelmassih. Quando envolvia violência real, a denúncia de atentado violento ao pudor não tinha prazo de prescrição. E, por isso, ataques que ficariam esquecidos deram base para um processo de alta complexidade, que levava a um redimensionamento da violência em se tratando de assédio sexual contra as mulheres e a uma reflexão jurídica e social mais profunda e urgente sobre os limites dessa violência.

A juíza foi clara para definir a violência real, que existe quando uma vítima é subjugada sem que possa manifestar sua discordância ou resistência. É simplesmente um ato de força contrário à vontade da vítima. A expressão leva a pensar em lesões corporais e ferimentos, mas eles são desnecessários para definir um ato como realmente violento. A violência também é considerada pelas suas dimensões emocionais. Sobre o conceito, o STF estabeleceu que para caracterizar a violência real "basta que o dissenso da ofendida haja sido vencido mediante emprego efetivo de força física". E um beijo nesse caso pode ter o mesmo peso criminal que a conjunção carnal, pode ele próprio caracterizar uma tentativa de relação sexual forçada. Havia várias decisões da Corte Suprema caracterizando beijos, toques e contatos físicos como atentado violento ao pudor.

Ficava evidente que a falta de proporcionalidade entre o crime e a pena, alegada pela defesa, era apenas uma alegação machista que minimizava a gravidade do comportamento profissional distorcido do ex-médico. Era um esforço para tornar alguns de seus atos insignificantes, como se toda violência precisasse estar associada a sangue derramado. A gravidade da violência era amplificada pelo fato de acontecer durante o atendimento médico. O vínculo médico-paciente exigia uma conduta ética, de acordo com a juíza, que estava além das relações entre homens e mulheres. O delito sexual, praticado em desrespeito à relação profissional, era um mal superior.

Na descrição dos ataques de Abdelmassih, no início da sentença, se repete o verbo constranger, que significa obrigar uma pessoa a fazer o que ela não quer. A juíza mostrava que o réu segurava fortemente as vítimas para se impor fisicamente em metade dos casos. Na outra metade, elas estavam afetadas pelos efeitos de um sedativo. Nas duas situações, ele não permitia que as mulheres resistissem. Aproveitava-se do momento de vulnerabilidade para abusar das vítimas. Abdelmassih chegou às vias de fato, segundo a juíza. Vias de fato foram exatamente as violências reais que o ex-médico praticou contra suas pacientes. Na definição do jurista Valdir Sznick, no livro *Contravenções penais*, "são violências ligeiras, que não deixam vestígios de lesões ou marcas. É a agressão sem a presença de lesão corporal, as violências físicas que não deixam ou não causam lesões. É a violência nos mínimos atos: são empurrões, esbarrões violentos propositais, o rasgar roupas, é a bofetada, o puxão de orelhas, o puxão de cabelos". Quando se usa a força diretamente contra alguém, ela redunda em vias de fato ou lesão corporal. Nas vítimas de Abdelmassih não se verificaram lesões corporais — o tempo apagou qualquer marca física. A violência real, porém, ficou exemplarmente caracterizada.

Verificando as provas finais dos delitos atribuídos a Abdelmassih, a juíza Kenarik apresentou um resumo das denúncias e considerou que os depoimentos das vítimas formavam "um conjunto estarrecedor sobre a conduta do acusado" e revelavam "uma avalanche de fatos absolutamente repulsivos". Garantiu também que as declarações prestadas pelas vítimas, todas com valor de prova, eram fidedignas e não possuíam qualquer vício que pudesse maculá-las. A defesa de Abdelmassih levou testemunhas de várias partes do país para exaltar suas virtudes, mas nenhuma delas sensibilizou a juíza. Ela ouviu elogios ao réu, que seria simpático, afável e carinhoso, por exemplo, mas não deixou essas considerações ofuscarem a ocorrência dos fatos. Abdelmassih negou tudo. Nunca admitiu nenhum crime. O que ela enxergou, no final de tudo, foi um alto grau de ofensividade nos atos do ex-médico.

— Está comprovado que o réu está a delinquir de longa data, de forma reiterada, enfrentando as vítimas, com menoscabo à Justiça, assumindo posição de superioridade, de ser inatingível.

A juíza definiu um sentido civilizatório para sua sentença, dada em um momento de "reconhecimento da mulher como sujeito de direitos humanos em posição igualitária". Um mês antes, Dilma

Rousseff se revelava um exemplo desse reconhecimento ao vencer a eleição presidencial. Abdelmassih era um dinossauro que não havia percebido o surgimento de uma nova sensibilidade e tentava banalizar ou minimizar problemas muito graves. Traía não só a confiança de suas ex-pacientes, mas de todas as mulheres brasileiras, de todas as mulheres do mundo, ao violentar mulheres indefesas justamente em um dos momentos mais sagrados de suas vidas, quando se preparavam para ter um filho.

Abdelmassih foi condenado a seis anos de prisão por cada um dos 48 delitos consumados, o que lhe rendeu uma pena total de 278 anos. A denúncia foi considerada parcialmente procedente. Abdelmassih foi absolvido de oito dos 56 crimes de que era acusado. Não se consideraram circunstâncias atenuantes e agravantes da condenação. Para cada um dos cinco crimes que ocorreram como tentativas a pena fixada foi de dois anos. Em nenhum caso se tratou de crime hediondo, pois não ocorreram lesões graves ou mortes. Formalmente, a juíza decidiu manter Abdelmassih em prisão cautelar, conforme a primeira decisão que o levou para a cadeia, em 2009, mas foi impedida de colocá-lo em regime fechado por causa da liminar concedida pelo STF. O habeas corpus ainda não havia sido julgado. E, antes disso, nenhuma decisão que contrariasse a determinação do tribunal superior poderia ser tomada. Se a juíza o fizesse seria uma afronta ao princípio da independência judicial. Sem um fato novo, só o STF poderia alterar a situação do processo referente à prisão.

As vítimas comemoraram com gosto amargo a condenação de Abdelmassih. Foram pegas desatentas pela notícia, envolvidas com assuntos do dia a dia. Teresa recebeu uma ligação de sua advogada dizendo que o ex-médico havia sido condenado. Estava dirigindo, saindo de Americana a caminho de casa, em Sumaré, e comentou que sem a prisão nada faria muito sentido. Teresa ligou para Helena querendo saber se ela estava satisfeita. Helena, que ainda não sabia de nada, considerou a pena adequada, mas sentia a mesma frustração da amiga. Vanuzia entrou na conversa em seguida. Estava estudando em casa, em São Paulo, quando soube da prisão pelo noticiário da TV. Ela e as amigas só puderam lamentar o habeas corpus concedido pelo Supremo. As vítimas haviam ganhado uma batalha importante, mas ainda não a guerra. Depois da condenação, entrevistada pela revista *Época*, Teresa, falando em nome de todas as mulheres atacadas, resumiu a situação.*

— Nossa vitória não foi completa, mas foi o suficiente para deixá-lo de cabeça quente — afirmou a mais antiga vítima do ex-médico.

Vanuzia foi mais irônica e declarou que Abdelmassih deveria ser encarcerado por ser estuprador e que sua liberdade não era justa com as vítimas nem com outros criminosos como ele que estavam presos. O advogado de Abdelmassih disse que o ex-médico chorou muito quando recebeu a notícia da sentença. Estava inconformado com a decisão, segundo Oliveira Lima. Não aceitava uma decisão da Justiça "desprovida de amparo jurídico, materialidade e representação". Continuava achando que tudo se resumia a uma disputa da sua palavra contra a das denunciantes e que não havia provas materiais contra ele. Oliveira Lima pretendia recorrer ao Tribunal de Justiça para pedir a anulação da sentença da juíza, que, na sua avaliação, desconsiderava depoimentos fundamentais da defesa.

Havia, por outro lado, quem exigisse ainda mais rigor da pena, como o promotor José Mário Barbuto, que apresentou imediatamente um recurso no Tribunal de Justiça pedindo o aumento do tempo de prisão em regime fechado do ex-médico. Para Barbuto, cada um dos casos de estupro precisaria ser reavaliado porque existiam agravantes, como os ataques repetidos e a inconsciência de muitas vítimas por causa da sedação, que poderiam justificar uma pena de até dez anos.** Barbuto também alertava para o risco

---

* João Sorima Neto, "Justiça condena médico Roger Abdelmassih a 278 anos de prisão por crime de estupro", *O Globo*, 23 nov. 2010.
** Rodrigo Cardoso, "Condenação sim, punição talvez", *IstoÉ*, 26 nov. 2010.

de o médico se livrar da condenação assim que atingisse 70 anos se a sentença não se tornasse definitiva. Abdelmassih tinha acabado de completar 67 anos.

O STF julgaria o mérito do habeas corpus que o deixava em liberdade uma semana depois, mas a sessão decisiva foi adiada porque o ministro Joaquim Barbosa pediu vistas ao processo para ter mais tempo de analisar o caso. A ministra Ellen Gracie já tinha se manifestado pela derrubada da liminar, mas os outros ministros não se pronunciaram. De certo mesmo só que o próprio Gilmar Mendes fosse votar a favor de sua decisão anterior. Para os advogados de Abdelmassih não havia motivos para o tribunal mudar de rumo e privar seu cliente da liberdade, pois o ex-médico não tinha feito nada que indicasse que fugiria ou prejudicaria o andamento do processo para evitar cumprir sua pena. No dia 17 de dezembro começaria o recesso do Judiciário e a sessão do STF para definir o destino de Abdelmassih não seria retomada antes disso. Ficou para 2011, gerando alta expectativa nas partes envolvidas.

Em meio ao debate sobre a permanência de Abdelmassih em liberdade, o Conselho Federal de Medicina concluiu seus estudos e consultas e lançou uma nova resolução sobre procedimentos de reprodução assistida, que trazia regras rígidas, bem mais rígidas do que a anterior para a atividade.* Regulamentava o funcionamento das clínicas, ampliava a responsabilidade médica e tornava obrigatório o registro permanente das gestações, nascimentos e malformações de fetos e recém-nascidos. Obrigou expressamente a clínica a guardar todos os registros dos procedimentos feitos em laboratório durante a manipulação dos embriões. Estabeleceu regras para a doação compartilhada de óvulos, que não existiam, definindo, por exemplo, que a mulher em tratamento de reprodução

---

* Resolução CFM nº 1.957/2010, publicada no Diário Oficial da União de 6 jan. 2011, Seção I, p. 79.

assistida pode autorizar a doação de seus óvulos para uma mulher que não os produz mais. A idade máxima da doadora passou a ser 35 anos. Em relação ao destino dos embriões, a antiga resolução impedia que eles fossem descartados. A nova fixou um limite de armazenamento de cinco anos. No momento da contratação do serviço a dona dos óvulos decidiria se, depois desse período, os embriões seriam descartados ou doados para estudos. A escolha do sexo do bebê em laboratório continuava proibida, a não ser no caso de doenças ligadas ao sexo.

Mario Rosa encontrou Abdelmassih antes do Natal e ouviu do médico que ele não aguentava mais aquela situação, que iria acabar morrendo. Não tinha mais saúde para suportar tanta pressão e o abandono de todos. Pensava que na idade dele, se fosse preso, terminaria em um caixão. Estava deprimido, mas não falou em fuga. Seus advogados diziam para os jornalistas que o ex-médico e sua família estavam abalados. "Sua vida foi desgraçada por esse processo", afirmavam, como se ele já estivesse pagando a maior de todas as penas. De qualquer forma, Abdelmassih ganhou um tempo que lhe permitiria pensar direito sobre suas possibilidades de futuro. E imaginou fazer isso enquanto passava as festas de fim de ano em Paris, o mesmo que faria seu advogado Oliveira Lima. Empolgou-se com essa ideia de viajar para a França e pediu a renovação do passaporte, mesmo ainda estando dentro do prazo de validade.

Até o início de fevereiro não haveria movimentos da Justiça. Mas a partir daí as perspectivas seriam as piores possíveis. A tendência no Supremo era de que o ex-médico perdesse a disputa e o habeas corpus que sustentava sua liberdade caísse. O clamor popular se fazia cada vez mais presente e, nessa altura, a impunidade de Abdelmassih havia se tornado gritante. O veredicto de culpado precisava de efeitos práticos. Depois da saga que foi a investigação, fazia falta para a sociedade um desenlace justo para fechar o caso de maneira categórica. Cumprindo sua prisão domiciliar voluntária, o ex-médico defendia sua própria visão dos fatos e lutava para sobreviver. E ofuscando todos os obstáculos que via pela frente, surgia, nas vésperas do Natal, a melhor notícia de todas para iluminar seu caminho: Larissa estava grávida mais uma vez. E agora a felicidade seria dupla. Ela esperava gêmeos.

5

A fuga

Depois da vitória de Marilson dos Santos na São Silvestre, a terceira na carreira do corredor, só havia dois grandes assuntos naquele modorrento começo de ano: a posse de Dilma Rousseff e o imbróglio sobre a deportação do ex-ativista de esquerda italiano Cesare Battisti. Lula, por achar injusto, deixava o governo se recusando a extraditar Battisti, apesar das recomendações da Advocacia-Geral da União (AGU). Havia uma crise aberta com os italianos, que queriam colocar seu preso político na cadeia. Battisti tinha sido condenado à prisão perpétua na Itália por atos de terrorismo. O primeiro-ministro Silvio Berlusconi convocou seu embaixador no Brasil e declarou "profunda tristeza" pela decisão de Lula, dizendo que era uma decisão contrária ao mais elementar sentido de Justiça. Lula, seguindo seus próprios critérios, não aceitou a pressão de Berlusconi. O governo da Itália ameaçava retaliar vetando um acordo militar, na área naval, com o Brasil.

Dilma chegava ao Palácio do Planalto anunciando um plano de erradicação da miséria para ser concluído até 2014 e um governo de continuidade, mas "aprofundando e avançando" as políticas do antecessor. Lula lhe entregava a faixa prestigiado, graças a uma bem-sucedida política de distribuição de renda, fundamentada no Programa Bolsa Família. Dilma prometia, na cerimônia de posse, a expansão desses programas, a fim de tornar o Brasil um país sem fome e com uma classe média sólida. Uma chuva forte caiu em Brasília antes e durante a cerimônia e impediu que a presidenta chegasse em carro aberto. Mais de 30 mil pessoas ocuparam a Esplanada dos Ministérios. Seu discurso durou 40 minutos. Ex-militante de esquerda, membro ativo do movimento de guerrilha urbana, a presidenta chorou ao homenagear aqueles que tombaram lutando contra a ditadura. Era a primeira mulher a assumir o comando do governo brasileiro.

Um dos primeiros anúncios de Dilma, um dia depois da posse, foi a privatização dos projetos de expansão dos aeroportos de todo o Brasil e a abertura de capital da Infraero, empresa de infraestrutura aeroportuária. A presidenta estava pensando na preparação do Brasil para a Copa do Mundo, que estava se tornando urgente, e lançava um projeto de contornos liberais. Quem iria se lembrar de Abdelmassih com tanta coisa acontecendo? O médico da moda nos jornais era o cardiologista Roberto Kalil Filho, que estava assumindo a direção do Instituto do Coração (Incor) e atendia a própria Dilma, além de Lula, José Serra, do ex-vice-presidente José Alencar e de Paulo Maluf. A *Folha de S.Paulo* descobriu que o governo havia concedido passaporte especial para filhos de Lula, Luís Cláudio e Marcos Cláudio Lula da Silva, dois dias antes de Dilma receber a faixa. Era um documento que dava direito a ficar em fila separada e garantia tratamento privilegiado em qualquer aeroporto ou fronteira. Só poderia ser concedido pelo ministro das Relações Exteriores em função dos interesses do país. O chanceler Celso Amorim julgou adequado concedê-los para os filhos do ex-presidente.

Em São Paulo e no Rio de Janeiro, chovia sem parar. Em Petrópolis, se avizinhava uma tragédia por causa do risco de desmoronamentos. Os paulistanos que voltavam das praias do Litoral Norte, depois das festas, passavam mais de cinco horas na estrada. Quem veio de Ubatuba ficou sete horas dentro do carro, o dobro do tempo de uma viagem normal. Na cidade, chovia forte todos os dias. Em Mauá, na região metropolitana, um deslizamento de terra no morro do Macuco, causado pelas chuvas, matou duas crianças e obrigou a interdição de 29 casas. O fechamento do Aeroporto de Congonhas durante algumas horas da tarde se tornou quase diário. Em um dia normal, havia mais de setenta pontos de alagamento na cidade. Caíam muitos raios e alguns eram capazes de derrubar árvores gigantescas, que tombavam nas ruas e bagunçavam o trânsito em amplas regiões. Estava tudo muito confuso. E as pessoas estavam voltando do recesso de fim de ano, talvez até um pouco distraídas.

Abdelmassih havia pedido, em dezembro, a renovação do seu passaporte brasileiro, mesmo faltando três meses para o vencimento. Queria renovar o documento porque em alguns países não se aceitam passaportes próximos do prazo de vencimento. Seus advogados não lhe apresentaram objeções firmes. Oliveira Lima disse que não era boa ideia, mas nada fez para impedi-lo. Questionado por Abdelmassih, Bastos tampouco colocou qualquer restrição. Falou, inclusive, que era preferível ir direto na Polícia Federal e fazer um novo, em vez de propor um encaminhamento judicial. Despreocupadamente, Abdelmassih fez o pedido para a PF e viajou com Larissa para passar o Ano-Novo na praia. A informação de que o ex-médico tinha feito um pedido para renovar seu passaporte chegou aos ouvidos do promotor Dal Poz só no dia 4 de janeiro. Ciente de que se tratava de um condenado pela Justiça, a Polícia Federal registrou a solicitação e comunicou o Ministério Público da intenção do ex-médico. A interpretação imediata foi de que Abdelmassih pensava em sair do país de fininho. Para a promotoria, se ele tivesse boa-fé, faria a opção de comunicar o interesse na renovação do passaporte para a Justiça, mas seus advogados não pareceram encarar a questão dessa forma. Diante do que considerou risco iminente de fuga, Dal Poz pediu a prisão do condenado para o juizado da 16ª Vara. Era o fato novo que permitia contrariar a liminar do STF. A prisão foi decretada pela juíza de plantão Cristina Escher e policiais da divisão de capturas da Polícia Civil, com apoio de agentes da 1ª Delegacia Seccional, fizeram buscas em locais onde o médico poderia ser encontrado, mas não conseguiram localizá-lo. Durante a madrugada, duas equipes do Grupo de Operações Especiais (GOE) vigiaram sua casa na expectativa de prendê-lo. Mas nem Abdelmassih nem Larissa foram localizados.

O pedido de prisão do ex-médico e seu sumiço interromperam as férias de fim de ano de Oliveira Lima, que estava na França. Em uma entrevista por telefone que deu para a *Folha* no dia em que Abdelmassih foi considerado foragido, o advogado demonstrou saber da notícia e informou que ainda não tinha conversado com seu cliente.* Por causa disso, não tinham decidido ainda como Abdelmassih se entregaria à polícia. Deu a entender que a possível fuga era uma confusão e reafirmou que o criminoso não pretendia sair do país. A prova disso é que seu passaporte só iria vencer em maio, então ele não tinha necessidade de renová-lo. Se fez isso antes do tempo foi porque não agia com segunda intenção. Na tentativa de eliminar posteriormente o "mal-entendido", Oliveira Lima determinou que seus assistentes protocolassem na Polícia Federal um documento no qual informavam a desistência no pedido de renovação do passaporte do ex-médico.

— Caso não consigamos revogar a prisão, ele vai se entregar — garantiu o advogado.

Imediatamente, a defesa de Abdelmassih ajuizou um pedido de reclamação no STF argumentando que a juíza Escher desrespeitara a liminar do Supremo. Os advogados alegavam, além disso, que a decisão havia sido tomada apenas com base em suposições da promotoria, já que renovar o passaporte não significava necessariamente intenção de fuga, ainda que estivesse evidente que Abdelmassih não iria reaparecer.

---

* "Por risco de fuga, juíza manda prender Abdelmassih" e "Defesa diz que médico não iria fugir do país", *Folha de S.Paulo*, 7 jan. 2011.

Como não se apresentou e nem foi encontrado 24 horas depois do decreto, Abdelmassih passou a ser procurado pela polícia de São Paulo. Por causa do alto risco de uma fuga internacional, até pelo fato de possuir passaporte libanês, entrou na chamada difusão vermelha da Interpol, a lista de procurados distribuída para 186 países ligados à organização internacional de polícia criminal. Houve uma ebulição inicial em torno de sua captura e se falava em ações de emergência do GOE e na investigação imediata de parentes e amigos do ex-médico e de sua mulher para tentar descobrir seu paradeiro, mas o ímpeto inicial se arrefeceu. Não se descobriu qualquer sinal de Abdelmassih ou a menor pista de seu destino. Jornalistas passaram o dia seguinte de plantão na porta de sua casa e funcionários informavam que desconheciam sua localização. Questionado pela imprensa, um vizinho, para criar algum suspense, chegou a dizer que sabia que o casal estava na casa, mas não aparecia porque esperava uma decisão favorável da Justiça. Essa decisão não saiu e Abdelmassih se tornou um procurado. Não era mais o Gaeco ou a Delegacia da Mulher que cuidavam do seu caso, que passou para a responsabilidade do Departamento de Identificação e Registros Diversos (Dird), ao qual estava subordinada a divisão de capturas. Era basicamente uma delegacia dedicada a receber denúncias por telefone, um órgão de aparência burocrática e movimentos lentos sem muita capacidade de realizar investigações para encontrar os fugitivos da Justiça.

Havia só ignorância sobre o desaparecimento de Abdelmassih e Larissa. Sabia-se que eles tinham sumido em algum momento entre o réveillon e o Dia de Reis, 6 de janeiro, quando saiu o mandado de prisão. Ele foi visto em sua casa, em São Paulo, nos primeiros dias do ano, depois que voltou da praia. Grávida, Larissa vinha insistindo na ideia da fuga e, quando soube da ordem de prisão, convenceu o marido. Abdelmassih tinha dúvidas sobre se deveria fugir e conversava com os advogados a respeito. Criminalistas tarimbados costumam lavar as mãos diante desses dilemas de fuga, o que não representa qualquer desvio da ética, na visão dos profissionais que atuam na área. O que o defensor não pode fazer é prejudicar seu cliente ou denunciá-lo. A omissão do advogado nesse caso é legítima e amparada nos códigos de conduta. Convém deixar o próprio condenado calcular as consequências de seu ato.

O ex-médico acabou cedendo ao apelo de Larissa, preocupada com o futuro das crianças que estavam chegando. O casal viajou para a fazenda de Avaré e depois seguiu pela rodovia Castelo Branco para outro destino.* Ficaram alguns dias em um esconderijo provisório e depois encontraram um refúgio definitivo. As primeiras informações oficiais sobre o destino de Abdelmassih indicavam que ele estaria escondido no interior paulista, no Paraná ou na Baixada Santista, algo muito vago. Falava-se em lugares como Campinas e Ribeirão Preto. Presidente Prudente, onde ficava o haras de sua irmã, Maria Stela Abdelmassih, foi citada como possível esconderijo e boatos de sua passagem por lá foram investigados, mas nada apareceu sobre Avaré ou Jaboticabal, que seriam escalas óbvias, ambas bem conhecidas da promotoria de defesa do consumidor. A polícia manteve por algumas semanas uma discreta vigilância em locais onde ele poderia ser visto, como casas de parentes e de pessoas próximas ao casal.

Se obedecesse à lei, suas chances de permanecer fora da cadeia não eram insignificantes, ainda mais com a advocacia de Thomaz Bastos. Sem um fato novo, o STF poderia, talvez, mantê-lo em liberdade até o último recurso. Mas, por outro lado, fugir era muito tentador, já que a lei brasileira não penaliza o criminoso que foge. A rigor é um direito do suspeito ou do condenado, de Abdelmassih ou de qualquer outro, enquanto estiver resistindo a alguma alegada injustiça por meio de recursos judiciais ou pedidos de habeas corpus. No Código Penal, não há pena para a fuga, só para o auxílio à

---

* Sérgio Quintella, "Abdelmassih diz que fuga foi ideia da mulher", *Estadão* Conteúdo, 21 ago. 2014.

fuga, e mesmo assim pode ser considerada branda, não passando de um ano e não atingindo parentes de primeiro grau. Ela não costuma ser considerada crime ou agravante do crime em nenhuma hipótese. Enquanto não houvesse uma condenação definitiva sempre prevaleceria a presunção da inocência, que justificava a iniciativa de desobediência penal. O STF vinha firmando a jurisprudência de que a fuga não pode motivar qualquer perseguição adicional ao acusado. Por sua parte, os criminalistas, inclusive Thomaz Bastos e Oliveira Lima, não veem o sumiço de um condenado que eles defendem como algo escandaloso, insensato ou ilegal.

Naqueles dias, inclusive, para confirmar que a fuga é um bom negócio para condenados, outro notório médico criminoso, o cirurgião plástico mineiro Hosmany Ramos, talvez o mais famoso doutor bandido brasileiro antes de Abdelmassih, voltava para a cadeia, depois de dois anos foragido na vida mansa. Repatriado da Islândia, onde foi preso usando o passaporte do irmão, Hosmany trabalhou como assistente de Ivo Pitanguy antes de se destacar na própria clínica e virar figura conhecida nas discotecas cariocas nos anos 1970. Terminou condenado, em 1981, a 53 anos de prisão por dois assassinatos, o do estelionatário Firmiano Angel e o de seu piloto, Joel Avon, e também por roubo de aviões e contrabando de automóveis. Milionário, bom papo, bem relacionado, Hosmany se envolveu com tráfico internacional de drogas assim que começou a se destacar na medicina. Levava a carga proibida no seu avião particular, muitas vezes usando voos agendados por terceiros. Antes de Abdelmassih, Hosmany se tornou um persistente fugitivo da Justiça. Conseguiu escapar três vezes da cadeia. Na primeira delas, fora responsável por uma façanha, um dos únicos detentos a sair do presídio de segurança máxima de Taubaté, no interior de São Paulo. Nesta última recaptura, descoberto em Reykjavik.

Passaram-se algumas semanas sem que a polícia descobrisse indicações do destino de Abdelmassih. As pistas seguidas no interior de São Paulo não deram em nada. O GOE não encontrou o foragido nas suas ações de alto impacto. O Gaeco, que investigou os crimes sexuais, mas nada tinha a ver com a fuga, também se mostrava rendido — só lamentava que o risco do desaparecimento do ex-médico não tivesse sido considerado antes pela Justiça. Abdelmassih soube se aproveitar do período de descanso do Judiciário no fim do ano para sumir de vista. Demonstrou senso de oportunidade. Para as vítimas, a primeira notícia foi um baque. Metaforicamente, Vanuzia declarou que sentia aquilo "como um segundo estupro". Helena Leardini foi imediatamente tomada por uma sensação de desalento, chegou a pensar que sua luta tinha sido em vão. Imediatamente renasceu a revolta de todas com a impunidade do médico. As vítimas lembraram que Abdelmassih era um homem protegido, que sua fuga só seria possível graças ao apoio de gente poderosa, parentes e amigos que o ajudariam na clandestinidade.

Sem se deixar abater, trataram de pensar rápido em formas de encontrar o médico. Ivanilde não se conformava com a notícia da fuga e sugeriu que contra-atacassem com urgência. Propôs a criação de uma associação das vítimas, algo com que Vanuzia estava totalmente de acordo, assim como Nelma, que apostava na criação de um movimento oficial para defender os interesses das pessoas prejudicadas de diferentes formas pelo médico, por causa de assédio sexual, mas também por erro médico, como era seu caso, e por outros tipos de fraude. Por princípio ou devido ao fim do prazo legal, nenhuma vítima de assédio sexual entrou com pedido de indenização por danos morais contra Abdelmassih. Mas existiam outras causas igualmente legítimas para serem discutidas. Além disso, havia o interesse comum de encontrar o fugitivo e, para isso, o grupo sentiu que precisariam fazer algo mais vigoroso do que já vinham fazendo. Um espírito voluntarista se apoderou das vítimas, que reforçaram seus laços de amizade. Seriam obrigadas a prolongar uma luta que a maioria delas consideraria terminada com o vilão atrás das grades. Mas se viram incumbidas de uma nova missão heroica e não podiam deixar a chama apagar.

Teresa Cordioli se lembrava do grande esforço coletivo que vítimas, promotores e jornalistas tinham feito para condená-lo. Não podiam perder a garra. Naturalmente se uniram durante a investigação do caso, quando eram chamadas para participar de entrevistas na televisão juntas, e criaram um vínculo forte, primeiro de parceiras em um terrível infortúnio e, depois, com um trabalho mais ativo de localização de um fugitivo da polícia. Desde logo surgiu a grande preocupação que Abdelmassih desaparecesse e fosse esquecido pelas autoridades e pelos jornalistas. Fustigá-lo permanentemente foi um compromisso que elas assumiram para si mesmas. Manter o assunto na imprensa, sem tréguas para o criminoso, era um dos objetivos principais.

Mobilizações de vítimas de crimes sexuais haviam se tornado mais frequentes em todo o mundo na última década, por causa de denúncias contra padres pedófilos, e existiam organizações não governamentais bem estruturadas dedicadas ao assunto. Em lugares como Irlanda e Estados Unidos, indivíduos e organizações conseguiram obter bons resultados, viram reconhecido seu dano moral e conseguiram receber indenizações. Mas sua grande conquista era manchar a reputação de gente que se dizia de moral ilibada e que se escondia com a ajuda da batina. Vítimas de abuso se organizam como outras minorias que precisam defender seus interesses. No México, por exemplo, as vítimas do padre Marcial Maciel, morto em 2008, fundador da poderosa congregação Legionários de Cristo, conseguiram ser ouvidas pelo papa Francisco mais ou menos na época em que as vítimas de Abdelmassih se organizavam para caçá-lo.*
Marcial foi protegido pelo papa João Paulo II e usou sua congregação como um escudo para abusar de garotos durante décadas. Liderado por José Barba, de 75 anos, ex-membro dos Legionários de Cristo e vítima do padre, um grupo de ativistas dava visibilidade a um caso

---

* Francesc Relea, "Esa noche empezó el abuso aberrante y sacrílego", *El País*, 20 maio 2006.

terrível, pelo qual o criminoso havia passado impune, e clamava ao papa por "decisões estruturais" para acabar de uma vez com os "padres abusadores".

O que estava ao alcance das vítimas do médico era iniciar uma investigação particular, e foi o que elas fizeram com as armas de que dispunham: as mídias sociais. Repetiam o mesmo roteiro de Iris Saga, em 2007, mas agora sem precisar se esconder atrás de um nome falso. A curto prazo, mais importante e efetivo do que fundar uma associação para representar o interesse de um coletivo de mulheres em caçar o estuprador, era abrir um caminho de comunicação que permitisse que as informações sobre o ex-médico circulassem. Havia duas páginas criadas pelas vítimas coexistindo no Facebook, ambas pouco ativas antes da fuga. Uma foi criada por Nelma, a Vítimas de Roger Abdelmassih, e outra, por Vanuzia, Vítimas de Roger Abdelmassih e Clínica. Pela dedicação diária de Vanuzia, tudo acabou centralizado na sua página, à qual as outras vítimas tinham acesso de administrador. O núcleo duro ou o grupo realmente dedicado a trabalhar pela prisão de Abdelmassih reuniu Teresa, Vanuzia, Helena, Ivanilde e Nelma. Monika ficava mais distante porque passou um tempo morando no exterior. As demais passaram a se dedicar à missão de caçar o fugitivo. Em função do tempo livre de que dispunham, gastavam algumas horas para trocar mensagens no Facebook e e-mails entre elas e com outras pessoas que trouxessem informações sobre o paradeiro de Abdelmassih.

Vanuzia, que desde o início se mostrou a mais disponível ao enfrentamento contra o ex-médico, começou a fazer um trabalho persistente nas mídias sociais, onde todas tinham autonomia para fazer suas publicações e receber denúncias sem a intermediação da imprensa. Queriam sensibilizar as pessoas para o fato de que um criminoso continuava solto e criar uma rede colaborativa para capturá-lo. Além de protestar, o grupo teria uma ação pragmática para colocar as coisas nos seus trilhos e fazer o ex-médico cumprir sua pena. Diariamente, Teresa falava com Helena, que conversava com Vanuzia, que se comunicava com Ivanilde, que trocava informações com Nelma, que batia papo com Paulo Ferraz. Todos se mantinham atualizados sobre o caso.

Os encontros entre as mulheres do grupo de vítimas eram basicamente virtuais. Vanuzia morava na Vila Mariana, em São Paulo, mesma cidade em que morava Helena. Teresa estava em Sumaré, no interior do estado, e Ivanilde, em Sorocaba. Nelma estava no Rio de Janeiro. Vanuzia e Helena se encontravam com mais frequência porque moravam na mesma cidade. Um dos lugares preferidos pelas duas, onde colocavam as conversas em dia, era a Casa das Empadas, na avenida Sena Madureira. Teresa e Ivanilde também moravam relativamente próximas, a menos de cem quilômetros de distância, mas Ivanilde era dona de um posto de gasolina e muito atarefada e Teresa estava ocupada com os netos e afazeres domésticos. Nelma nunca havia encontrado pessoalmente nenhuma de suas amigas, mas era um dos membros mais ativos do grupo, carregando a bandeira do erro médico, já que não tinha sido violentada. Nos primeiros tempos, a falta de informações sobre o fugitivo era desoladora. Chegaram a receber uma foto do casamento com Larissa, mas, fora isso, não havia nenhuma pista quente da localização de Abdelmassih.

O grupo de mulheres mantinha contato permanente com o Ministério Público. Conversavam com Dal Poz sobre a evolução dos acontecimentos, mas a escuridão era total. Estavam atentas também à investigação da promotoria de defesa do consumidor, onde ficou bem configurada a rota do dinheiro do ex-médico, que passava por Avaré e por Jaboticabal, onde a irmã de Larissa, Elaine, controlava as contas da Colamar. Seguir o dinheiro de Abdelmassih era um bom começo para descobrir onde ele estava. Procurar ex-funcionários e funcionários insatisfeitos com o patrão e sensibilizados com a causa das vítimas era outro caminho da investigação particular. O ex-médico contava com uma rede de contatos que faria o dinheiro chegar até ele, em qualquer lugar do mundo em que estivesse. Mas, como diria um hacker confiante, toda rede tem suas vulnerabilidades.

Embora conversasse com Nelma pelas mídias sociais e conhecesse virtualmente as outras mulheres do grupo de vítimas, Paulo Ferraz seguia uma agenda própria e decidiu se movimentar mais uma vez para expor as supostas barbaridades genéticas que aconteciam na clínica. Depois da entrevista para o *Fantástico*, desapareceu da mídia. Aproximou-se da promotoria, mas não levou suas denúncias à polícia e não foi possível localizá-lo desde então. Acompanhou distância a condenação do ex-médico, o que deve ter aliviado uma parte da sua revolta, mas quando soube que ele tinha fugido achou que deveria fazer alguma coisa. Talvez fosse a hora de exibir para o mundo mais uma parte do conhecimento que detinha sobre as práticas científicas distorcidas que ele dizia acontecer dentro da clínica. Ferraz, que se considerava lesado financeira e moralmente pelo ex-médico, fez o primeiro movimento concreto para mantê-lo sob os holofotes e não deixá-lo cair no esquecimento.

Em uma segunda-feira, um mês depois de Abdelmassih desaparecer, a repórter da revista *Época* Mariana Sanches recebeu um telefonema na redação. Ferraz se apresentou, disse que era engenheiro e falou de sua relação com a clínica do ex-médico. Justificou que ligava para ela porque gostava do seu trabalho e da sua sensibilidade. Elogiou Mariana por uma matéria que havia escrito e disse que pretendia contar o que sabia para a repórter. Ela soube logo que se tratava do mesmo homem que dera uma entrevista para o *Fantástico* dois anos antes. Ferraz queria falar mais sobre as experiências genéticas que eram feitas sob o comando de Abdelmassih, tendo à frente Irina e Alexandre Kerkis. Mariana era repórter da editoria de Geral, fuçadora, com perfil investigativo, interessada em um campo vasto de assuntos, desde infraestrutura até direitos humanos, mas nunca tinha feito nada na área de pesquisa genética. Mesmo assim foi atraída pela primeira conversa do engenheiro. Considerou também o telefonema um lance de sorte. Não é sempre que um assunto quente como esse cai no colo de um jornalista.

Apesar do interesse em falar com a imprensa, ela sentia Ferraz nervoso e inseguro. Explicitava para Mariana seu medo de estar sendo perseguido. Temia ser morto por causa do seu conhecimento sobre a clínica e falava desse risco claramente. Isso o tornava um personagem misterioso. Tanto para a imprensa como para o Ministério Público, onde aparecia e desaparecia. A polícia sabia que ele existia e também que relutava em mostrar as provas que dizia possuir. Afirmava deter gravações e documentos altamente comprometedores para os cientistas russos e para a clínica de Abdelmassih, mas nunca ninguém tinha visto nem ouvido esse material. Depois da matéria do *Fantástico*, a delegada Celi o chamou para fazer declarações, mas ele não foi à Delegacia da Mulher. Disse a Nelma que não era o caso, que já tinha feito suas denúncias para o Ministério Público e para a Fapesp e se situava como um outro tipo de vítima, que fora passado para trás nos negócios e não estava tão identificado com as ex-pacientes. Mariana pouco sabia desses assuntos quando se interessou pela apuração, mas a voz de Ferraz transmitia hesitação e impunha um certo cuidado jornalístico, embora ele se mostrasse sincero. Depois da conversa com o engenheiro, na qual ficou acertado um primeiro encontro, Mariana falou para seu editor, Guilherme Evelyn, sobre a conversa com o engenheiro. O editor se mostrou um pouco desconfiado. Perguntou se ela achava que valia a pena entrar na história, se já não saíra tudo no *Fantástico* e se Ferraz não era perigoso.

Ela achou que se tratava de uma boa aposta jornalística e foi em frente. Não tinha muito a perder, a não ser uma boa reportagem que poderia não frutificar, algo que às vezes acontece. Se Ferraz fosse uma roubada ela saberia rápido. Como não conhecia aspectos mais específicos da pesquisa genética e da medicina reprodutiva, pediu ajuda para uma das repórteres especiais da revista, Cristiane Segatto, conhecedora do assunto. Tratou também de conhecer mais detalhes sobre Ferraz e procurar suas fontes do Ministério Público para se aprofundar nas investigações sobre crimes genéticos cometidos na clínica Abdelmassih. Soube que a promotoria de defesa do consumidor investigava a manipulação genética e estava familiarizada com o trabalho dos médicos russos. Checaria todas as informações passadas por Ferraz com outras fontes qualificadas na área científica. Combinou de encontrá-lo alguns dias depois na padaria Bella Paulista, na rua Haddock Lobo, perto da avenida Paulista. Passaram três horas conversando e a sensação de Mariana no telefone se confirmou. Ele se sentia no centro de uma conspiração. Mesmo assim, o que dizia sobre a clínica tinha consistência. Dava para ver que ele conhecia os pesquisadores russos, de quem tinha sido sócio, e também o funcionamento do centro de pesquisa de Abdelmassih. Várias de suas acusações faziam sentido, embora fosse difícil comprovar sua veracidade. Nessa conversa, ele não levou qualquer gravação ou documento e disse que faria isso no momento oportuno.

Depois desse encontro, Ferraz desapareceu por algumas semanas. Três ou quatro outras reuniões foram combinadas, mas invariavelmente ele desmarcava. Conversavam por telefone, mas o engenheiro, depois de tudo acertado, dava alguma desculpa e dizia que ainda não era hora. Sempre pairava o sentimento de perseguição. Ele demonstrava dúvidas e manifestava desconfiança pouco tempo depois de ter concordado em mostrar os documentos. Falava de orelhões ou de números não identificados com Mariana. Cada conversa telefônica, porém, era uma oportunidade de a repórter perguntar mais alguma coisa, esclarecer alguma questão, checar informações para avançar na apuração. Mariana percebeu que muitas informações que estavam sendo levantadas pelo promotor X, que ela preferiu não identificar na matéria, iam ao encontro do que Ferraz dizia. O que ficava claro para Mariana também era que Ferraz vivia um momento profissional difícil. Fora afastado da sociedade com os russos, excluído dos negócios com Abdelmassih e se considerava prejudicado em questões financeiras. A partir da publicação de sua história na revista *Época*, pretendia promover um novo site que ele criara para denunciar fraudes e casos antiéticos na ciência chamado de ScienceLeaks, no modelo do WikiLeaks.*

No início de maio, Mariana foi para Ubatuba, onde Ferraz estava morando. Ele passava alguns períodos na casa dos pais, que ficava na cidade. Tiveram uma conversa de nove horas e, nesse dia, ele mostrou-lhe algumas gravações. Eram conversas com o casal Kerkis datadas de 2007. Mostrou também gravações de conversas com Abdelmassih e com o filho Vicente, em que óvulos e embriões eram tratados com displicência nas conversas. O material genético humano era algo farto e abundante e oferecido como coisa banal. Na intimidade do laboratório revelada nas gravações, embriologistas e médicos expunham a inexistência de uma muralha de governança entre a clínica e o centro de pesquisa, entre a medicina e a ciência. Ferraz mostrou para Mariana apenas uma pequena parte do acervo, argumentando que as gravações e os segredos sobre o conteúdo que ainda guardaria eram sua garantia de vida.

Além do depoimento do engenheiro, a repórter precisava também encontrar algum caso de vítimas dessa manipulação genética feita no centro de pesquisa, utilizando indevidamente óvulos e embriões. Uma coisa seria dizer que existia manipulação genética irregular, algo escandaloso feito no centro de pesquisa. Outra era provar que pacientes haviam sido lesados ou usados como cobaia em testes científicos. Ferraz deu uma entrevista bem mais completa do que a dada para o *Fantástico* dois anos antes.**

Faltavam os casos concretos que levassem o mundo dos laboratórios para a vida real, alguém que tivesse recebido um embrião

---

* Ver <eticanaciencia.org>.
** Mariana Sanches e Cristiane Segatto, "Doutor horror — pais descobriram que os bebês concebidos com a ajuda de Roger Abdelmassih não eram seus filhos biológicos" e "Paulo Henrique Ferraz Bastos: 'A sociedade precisa investigar essas paternidades'", *Época*, 13 maio 2011.

fecundado com óvulos ou espermatozoides de terceiros usados sem autorização, por exemplo, ou um óvulo turbinado para mostrar que a clínica era um palco de práticas inescrupulosas e altamente avançadas. Havia muitas questões relacionadas aos seus negócios com os pesquisadores russos e a clínica de Abdelmassih que estavam bem descritas, mas faltava o mais substancial: vítimas. Para a denúncia fazer sentido seriam necessárias pessoas lesadas, que provassem a fraude genética com contratos e testes de DNA, porque, afinal, como disse o próprio Ferraz, citando Irina, óvulos não falam.

O Ministério Público e a polícia tinham um desdobramento escabroso do caso Abdelmassih para investigar, mas seu estágio era incipiente, semelhante ao de violência sexual antes de começar a vir a público. O mecanismo de validação da denúncia era o mesmo. A notícia nos jornais e revistas teria um efeito catalisador. Depois da publicação na imprensa deveriam aparecer novas vítimas. A fonte de Mariana na promotoria confidenciou que havia três casos de manipulação genética fraudulenta sendo investigados, inclusive pela Delegacia da Mulher, e aceitou contar sobre um deles, desde que os nomes das vítimas não fossem revelados. Tratava-se de um empresário do Espírito Santo que, junto com a esposa, tinha procurado Abdelmassih por causa de problemas de infertilidade, em 1993. O casal foi atendido na clínica e, contra aquilo em que vinham acreditando, os exames revelaram que os dois poderiam gerar um filho sem tratamento, mas Abdelmassih recomendou que fizessem uma fertilização in vitro, que seria um atalho, uma maneira mais rápida e eficaz para alcançarem o objetivo. Eles toparam, com a condição de que tudo fosse feito com as células do casal, no que Abdelmassih consentiu.

Nas primeiras semanas de gravidez, o empresário, que sabia das próprias dificuldades reprodutivas, desconfiou dos métodos de Abdelmassih e cobrou dele a verdade numa conversa ríspida. Afirmou que faria um teste de DNA depois que o filho nascesse para se certificar do vínculo biológico e acabou expulso do consultório.

Alguns dias mais tarde, quando atendeu a mulher na clínica, Abdelmassih lhe entregou dois comprimidos. Pediu que ela tomasse um imediatamente e o outro três horas depois. Antes de tomar o segundo foi parar no pronto-socorro, onde conseguiu salvar sua gestação. Abdelmassih havia lhe administrado o abortivo Citotec para encobrir uma possível fraude. Poucos meses depois do nascimento dos bebês, um casal de gêmeas, o homem fez o exame de DNA e descobriu que, de fato, não era o pai biológico das crianças.

Com um advogado, o casal voltou à clínica, em 1994, e ameaçou processar Abdelmassih, que, para impedir a divulgação do fato, propôs um acordo. Ofereceu 600 mil reais para o empresário e sua mulher, metade para cada um, em troca de um documento, com data retroativa, em que autorizava o uso de esperma de terceiros na fertilização in vitro contratada pelo casal. O assunto foi esquecido, o casamento acabou, mas o empresário decidia voltar à cena 19 anos depois, impulsionado pelo escândalo dos estupros, para confirmar que Abdelmassih fazia, realmente, o pior que pensavam dele. Restava saber com qual regularidade esse tipo de fraude fora praticada ao longo da história da clínica. O golpe no empresário capixaba aconteceu na época em que Abdelmassih estava testando, no Brasil, tecnologias de injeção direta de espermatozoide no óvulo, primeiro uma colombiana, chamada Difi, e depois a ICSI, que passaria a ser praticada com precisão por aqui só por volta de 1995. Ele devia estar inseguro na fase experimental de novas técnicas de fertilização e aproveitou os ensinamentos de Cecil Jacobson. Os outros dois relatos que o Ministério Público apurava envolviam denúncias do mesmo calibre: a primeira, de um casal de irmãos gerado com sêmen que não era do pai que os criou; a outra, do Rio de Janeiro, ambas de gente que não havia feito acordo com Abdelmassih e estava livre para levar seus processos judiciais adiante. O nome do promotor que investigava os três casos não apareceu na reportagem.

A matéria saiu publicada com o título "Doutor Horror" e na sua abertura havia uma ilustração feita sobre uma foto do ex-médico que o mostrava com um olhar aterrorizante, com *sanpaku*, a maldição japonesa do terceiro branco no olho, na parte de baixo da íris, que antecipa um final trágico. Veio dividida em dois blocos. No primeiro, ia ao ponto e denunciava, com base nas três declarações colhidas pelo Ministério Público e nas conversas com Ferraz, que parte dos 8 mil bebês gerados na clínica não eram filhos biológicos de quem imaginavam ser. No segundo bloco, em um formato de entrevista que os jornalistas chamam de pingue-pongue, o engenheiro explicou mais detalhadamente o que fazia na clínica de Abdelmassih e o que lhe dava tanta propriedade para acusar o ex-médico.

O engenheiro contou que era sócio do casal Kerkis quando começaram a trabalhar com Abdelmassih. Tinham se conhecido nos laboratórios de genética da USP, onde Ferraz fazia mestrado, e montaram uma empresa juntos, em 2005, a Genética Aplicada Atividades Veterinárias Ltda., que seis meses depois, graças aos contatos do casal Kerkis, passou a prestar serviços para a clínica. Durante dois anos, Ferraz frequentou a clínica como sócio dos russos, gozando da confiança de todos, mas se sentia incomodado com algumas práticas que considerava antiéticas. Num determinado momento, quando a relação com os sócios entrou em crise e ele percebeu estar sendo alijado da sociedade, passou a gravar as conversas e reuniões na clínica, pensando em usá-las futuramente em possíveis ações judiciais.

Quanto à manipulação genética, Ferraz garantia que a injeção intracitoplasmática de óvulos era realizada na clínica. Dizia que Irina lhe havia passado a informação. Não era exatamente uma novidade porque Vicente admitira a prática do turbinamento em uma entrevista em agosto de 2009. Uma ex-paciente também havia declarado que Abdelmassih lhe propôs o turbinamento sem o conhecimento do marido. Ela aceitou e o acerto se manteve em segredo. O dado novo que Ferraz trazia era que o turbinamento podia ser feito sem o consentimento de nenhum dos pacientes. Outra irregularidade, segundo o engenheiro, era o desvio dos óvulos excedentes coletados na clínica. Sem autorização, pacientes se tornavam doadoras. Seus óvulos podiam estar sendo colocados na colega da sala da recepção, sem que nenhuma tivesse consciência da troca. Mas faltavam provas para essa acusação.

Irina e Alexandre também foram ouvidos por Mariana, mas pouco falaram. Por telefone, fizeram ameaças, dizendo que ela iria se dar mal e ser processada se entrasse naquela apuração, o que de fato aconteceu. Decidiram apresentar sua versão através de uma nota, assinada por Alexandre, que enviaram à revista. Diziam que nunca tinham trabalhado "com óvulos, espermatozoides ou embriões humanos, pois os mesmos eram manipulados nos laboratórios específicos e restritos da clínica médica". Kerkis afirmou que no período em que trabalhou na clínica de Abdelmassih publicou três trabalhos com grande repercussão acadêmica, relacionados "com pesquisas básicas com células-tronco de camundongo para a produção de gametas, como um modelo de estudo". Embora reconhecesse ser sócio da empresa Genética Aplicada e notas fiscais apresentadas por Ferraz confirmassem os negócios entre ambos, Alexandre garantia que a empresa não tinha relação com a clínica. Questionado sobre as novas acusações que pesavam sobre seu cliente, Oliveira Lima se limitou a dizer que "todos os procedimentos que pudessem aumentar as chances da mulher engravidar eram feitos, mas sempre dentro dos limites da legislação e da ética".

Em pelo menos uma coisa, Ferraz tinha absoluta razão: não era aceitável a aproximação clandestina de genes de animais e humanos sem um controle da agência sanitária. O próprio Abdelmassih falava aos quatro ventos que fazia esse tipo de mistura no trabalho de desenvolvimento genético do seu laboratório e da sua dupla de cientistas, dedicada a "melhorar a qualidade de células reprodutivas — óvulos e espermatozoides — para encontrar uma alternativa terapêutica por meio da medicina regenerativa para os casais inférteis". Esse texto estava colocado no site da clínica e nunca houve qualquer questionamento da agência sanitária em relação ao tipo de prática que estava sendo adotada e se de fato, como diziam os russos, os laboratórios do centro de pesquisa e da clínica eram tão separados assim. A seu favor e de seus sócios e parceiros, Abdelmassih teria sempre o trunfo de que, rigorosamente, ninguém avaliava se ali se seguiam princípios bioéticos ou não.

A reportagem da *Época* deveria funcionar como uma plataforma de lançamento de uma nova frente de denúncias pesadas, que acelerariam o processo de "mengelização" de Abdelmassih, fazendo com que ele se assemelhasse com um cientista louco. Seu efeito poderia ser parecido com a matéria da *Folha de S.Paulo* com as primeiras denúncias públicas contra o médico, que atraíram dezenas de novas acusações. O problema da falsidade genética era que ela entrava em uma esfera de intimidade que muitas possíveis vítimas não estavam dispostas a devassar. Eram ainda mais difíceis de expor do que os casos de violência sexual. Enquanto os casos de abuso prosperaram em alta velocidade depois da divulgação da existência do inquérito, porque muitas mulheres tomavam coragem para fazer uma denúncia muito tempo guardada, a investigação dos possíveis crimes de manipulação genética não dava os mesmos frutos. Quem fazia um contrato sigiloso e autorizava qualquer manipulação genética não se sentia um criminoso e nem em condições de acusar o médico de um crime. Além do mais, a maioria das pessoas que passaram pela clínica de Abdelmassih, por mais que tivessem algum tipo de desconfiança, não se mostravam dispostas a cutucar o passado.

Soava um pouco ingênua a recomendação de Ferraz para que os pais que procuraram a clínica de Abdelmassih para ter filhos fizessem testes de DNA. Por quê? Ele afirmava que não se surpreenderia se fosse encontrada incompatibilidade genética entre pais e filhos. Talvez fosse mais razoável viver na ignorância. Na sua opinião, os ex-pacientes de Abdelmassih deveriam duvidar da genética de seus filhos, pois, acima de tudo, o mais importante era resgatar a verdade. Mas qual seria a vantagem que pais tranquilos e convivendo em harmonia com sua família teriam em descobrir alguma coisa desse tipo? A tendência natural dessa frente de denúncias era crescer mais devagar do que a de violência sexual. Poucas possíveis vítimas iriam à polícia denunciá-lo.

A reportagem da *Época* mostrou que a fiscalização das clínicas de reprodução assistida era frouxa e todas, inclusive as mais reputadas, mereciam ter suas atividades acompanhadas de perto. Esperava-se que Ferraz depois da publicação da matéria fosse às autoridades para mostrar o resto do seu material e formalizar de vez suas acusações. A roda começou a girar. Uma semana depois da publicação do caso, o Conselho Federal de Medicina referendou a decisão do Cremesp do ano anterior de proibir Abdelmassih definitivamente de exercer a profissão.* Ele havia infringido seis artigos do Código de Ética e descumprido a legislação específica nos casos de transplantes de órgãos ou tecidos, esterilização, fecundação artificial e abortamento. Indignada, a ministra Iriny Lopes, da Secretaria de Política para as Mulheres, reagiu à notícia e encaminhou um ofício ao Ministério Público de São Paulo "solicitando a imediata e rigorosa punição do médico Roger Abdelmassih, acusado de praticar crimes de abuso sexual de mulheres e manipulação indevida de material genético". Em outro documento, remetido ao Cremesp, a ministra reforçava a necessidade de afastá-lo definitivamente da profissão da medicina.

A Anvisa, responsável pelo controle da pesquisa genética e a fiscalização das clínicas, anunciou sua resolução 23, um novo regulamento para funcionamento de bancos de células e tecidos germinativos.** A questão dos bancos de embriões e óvulos clandestinos vinha sendo tratada frouxamente pelo poder público e as clínicas não estavam sendo obrigadas a adotar regras de boa governança e transparência.

---

* "Registro profissional de Abdelmassih é cassado definitivamente", *Folha de S.Paulo*, 24 maio 2011.
** "Anvisa altera regras para bancos de embriões", *Veja*, 30 maio 2011; Resolução RDE nº 23, 27 maio 2011, que dispõe sobre o regulamento técnico para o funcionamento dos bancos de células e tecidos germinativos e dá outras providências/ Anvisa.

A Anvisa constatou na ocasião que de cerca de duzentas clínicas que ofereciam serviços de inseminação e fertilização in vitro no Brasil, somente 78 estavam cumprindo a exigência de fornecer informações regulares sobre a utilização e o armazenamento de células e embriões. A resolução 23 estabelecia que as clínicas deveriam enviar relatórios anuais completos e precisos para a agência com o número de embriões utilizados, transferidos a fresco ou após congelamento e de óvulos e embriões utilizados e congelados.

No embalo da repercussão da matéria, Mariana passou a pensar em se dedicar mais ao caso, que atraía a atenção de jornalistas de vários veículos. As redações dos programas dominicais de TV e das revistas semanais eram as mais interessadas no assunto. Ajudar a capturar Abdelmassih virou uma espécie de façanha jornalística. Parecia um tipo de heroísmo alcançável, um generoso ato de justiça, embora nessa altura fosse como achar uma agulha no palheiro. Depois de uma reportagem forte é comum que surja uma nuvem de boatos ou passem a chegar outras informações ao repórter que servem como estímulo para continuar no caso, mas dessa vez não veio nada que realmente justificasse um maior engajamento.

Entre as vítimas também houve um momento de ebulição. Nelma retomou a proposta de montagem de uma associação e sugeriu uma aproximação maior com Ferraz, que poderia ser de grande valia nesse caso. Ele poderia ajudar o grupo a fazer um estatuto e tinha experiência como gestor. Saberia colocar para funcionar a organização não governamental das vítimas. As mulheres do grupo ficaram muito impressionadas com a reportagem e acreditaram que Ferraz tinha provas capazes de comprometer Abdelmassih e dar mais motivos para que as pessoas o odiassem e fornecessem pistas sobre sua localização. Helena também conversou com Ferraz, querendo saber quais seriam seus próximos passos. Ela o conheceu pessoalmente, em um encontro que tiveram em um estúdio de TV. Havia muita curiosidade sobre a caixa de documentos e gravações que ele guardava. Insistiram para que Ferraz desse um depoimento na Delegacia da Mulher.

As vítimas escolheram Teresa como presidente da futura associação e Helena como vice. Também aprofundaram a discussão sobre o que queriam ser. Helena formulou claramente naqueles tempos que elas buscavam justiça e não vingança. A fuga de Abdelmassih era uma desfaçatez, e enquanto não colocassem Abdelmassih atrás das grades não sossegariam. Também deixavam bem claro que embora fossem vítimas não eram coitadinhas implorando misericórdia, mas um grupo radical no seu projeto e capaz de atingir os limites da lei para chegar até seus objetivos. Eram vítimas ativas e altivas, um tipo de minoria pragmática e combativa incapaz de sossegar enquanto não alcança seus objetivos de justiça. No caso das vítimas de Abdelmassih, era uma luta por princípios, algo que não envolvia interesses comerciais e qualquer preocupação com o ganho pessoal. Nenhuma delas movia uma ação indenizatória contra o ex-médico nem falava em mover.

Vanuzia e Helena, por estarem em São Paulo, tinham facilidade para agir pelo grupo. Estavam mais próximas da imprensa. Quando um canal de TV buscava uma fonte entre as vítimas para levar ao estúdio, as duas eram mais acessíveis. As outras mulheres do grupo também falavam diretamente com a imprensa e também mantinham contato com alguns jornalistas, mas era natural que as duas acabassem sendo a ponta de lança do movimento, assumissem mais compromissos e tivessem mais acesso às pessoas da Justiça e da polícia. Acompanhavam as novidades com a delegada Celi e com Dal Poz. Ainda não havia um trabalho de lobby junto às autoridades porque elas não tinham informações quentes nem contatos no governo ou na divisão de capturas. Vanuzia dependia muito do transporte oferecido por Helena, que levava a amiga para todos os lugares, mas a maior parte de suas tarefas era feita diante da tela do computador, onde perseguia Abdelmassih virtualmente dia e noite e trocava mensagens e e-mails com as amigas, fontes e jornalistas, além de buscar ampliar seu leque de informações e informantes. Em uma primeira fase não conseguiu nada relevante, só algumas fotos da família e informações desencontradas. Chegavam mensagens pelo Facebook e pelo e-mail, mas ninguém se identificava. Faltavam pistas quentes e sobravam especulações. Às vezes, sentiam que certas mensagens tinham o objetivo de despistá-las.

Naturalmente, o grupo se tornou mais proativo e, sem método, passou a tentar investigar Elaine Sacco e as contas da Colamar e tudo que pudesse envolver os negócios do ex-médico. Vanuzia olhava atentamente para Jaboticabal e para a farmácia e tentava encontrar, pelas mídias sociais, aliados na cidade. As vítimas também estavam atentas à família do ex-médico, principalmente à irmã Stela, com quem ele era muito ligado, e não baixavam a guarda em relação aos filhos. Também ficavam atentas a tudo que se referisse à Cutrale. Em algumas ações mais extremas, quando tinham oportunidade, faziam apelos à boa-fé da família, em especial às mulheres, para que entregassem o parente criminoso e fugitivo. Propunham uma contribuição solidária, já que a ofensa de Abdelmassih atingia todas as mulheres do planeta. Nenhuma deveria se sentir confortável em ser filha, neta, irmã, mãe ou amiga de um homem condenado por estupro.

Em meados do ano, a família Abdelmassih pôs à venda seu sobrado nos Jardins, na rua Marechal Bitencourt, 618, que Sônia havia deixado de herança para os cinco filhos e que nada tinha a ver com a Colamar. De toda forma, não havia mais bloqueio dos bens da família na Justiça. Era uma transação normal, mas fazia encolher o patrimônio visível de Abdelmassih. O promotor Senise lamentava o fim do bloqueio e a possibilidade de venda da casa e destacava que ficaria difícil para as vítimas conseguirem indenizações se isso acontecesse.* A casa fora comprada por Abdelmassih no final dos anos 1990 e contava com piso de mármore em todos os cômodos e

---

* "Veja a casa e os móveis de Abdelmassih que foram colocados à venda", TV Bandeirantes, 1 jun. 2011.

uma excelente piscina. O sobrado tinha três grandes suítes na parte de cima e também elevador e spa privativos, além de sala de cinema e vaga para 15 carros na garagem.

Junto com a mansão, que ocupava um terreno de 1.250 metros quadrados e estava avaliada em 16 milhões de reais, foi colocado à venda tudo que estava dentro — a fabulosa prataria, os móveis e as obras de arte, as poltronas Luís XV, candelabros e lustres de cristal, só objetos de fino gosto. Foi aberto um bazar exclusivo para vender as peças. A informação circulava de boca em boca e quem tivesse interesse em comprar alguma coisa precisaria ligar para uma vendedora e marcar um horário de visita. Mesmo assim, o bazar estava recebendo muitos compradores e a meta de vender tudo em poucas semanas foi cumprida. Foram vendidos aparadores por 29 mil reais, tapeçarias de 130 mil reais, pinturas do século XIX e vários símbolos de riqueza que cercaram Abdelmassih durante toda sua vida. Suas tapeçarias eram especialmente admiradas*.

Mais ou menos na mesma época, morreu a mãe do ex-médico, Olga, aos 98 anos. Estava internada no hospital, em Campinas, há 12 dias, por causa de uma gripe forte, que evoluiu para uma pneumonia. Morava sozinha e convivia pouco com netos, filhos e filhas do ex-médico e de Stela. Teve que amargar seus últimos anos vendo o filho querido, o primeiro médico da família, sendo execrado em praça pública. A família toda, por sinal, enfrentava o drama de ter seu nome jogado na lama. Sofriam parentes próximos e também os distantes que menos ainda tinham a ver com a história. De uma hora para outra, o representante mais ilustre, do qual todos os parentes se orgulhavam, que quando saía no programa da Hebe Camargo criava um burburinho familiar, tinha virado o inimigo público número 1, e chamar-se Abdelmassih se tornou um problema. Muitos pensaram em mudar de nome. Alguns, como o jornalista Gustavo Abdel, sobrinho-neto do ex-médico, mudaram.

---

* Sonia Racy, "Família vende tudo", *O Estado de S. Paulo*, 1 jul. 2011.

Os parentes de Campinas, gente que só via Abdelmassih a distância, estavam convencidos de que ele estava no Líbano, terra dos seus antepassados. Depois da morte de Olga, um corretor conhecido, com bons contatos na sociedade local, se aproximou de alguns tios e primos do ex-médico com uma proposta estranha de troca imobiliária. O corretor dizia conseguir qualquer assinatura que fosse necessária, inclusive a do médico, para realizar o negócio. O avô de Abdelmassih tinha uma propriedade no balneário de Anfeh, no norte do Líbano, a 65 quilômetros de Beirute, que deixou de herança para os três filhos. Era um terreno de mais ou menos mil metros quadrados, relativamente grande e com uma nascente. Alguns anos antes, uma prima de Roger, bancada por uma vaquinha da família, tinha visitado o imóvel, visto que ele existia e que era bom. Trouxe informação sobre outras propriedades que o próprio Roger Abdelmassih teria no Líbano e que nada tinham a ver com herança, mas com investimento pessoal.

A proposta de negócio movimentou a família por algumas semanas e deu convicção para todos de que ele estava escondido no Líbano. O corretor, que falava com autoridade em nome do fugitivo, propunha a troca do terreno de Anfeh por quatro terrenos no bairro de Nova Campinas, que pertenciam a Abdelmassih, e mais uma quantia em dinheiro. O objetivo do ex-médico seria ficar com 100% da propriedade no Líbano. O corretor precisava da autorização dos outros herdeiros da propriedade para realizar o negócio e garantiu que conseguiria a assinatura do ex-médico com facilidade. Uma procuração dos parentes do Brasil chegou a ser assinada para iniciar os trâmites. Ele nunca dizia se o ex-médico estava no Líbano ou em outro lugar. A transação acabou não se concretizando e o corretor saiu de cena como surgiu, sem dar muita explicação.

Uma reportagem publicada na revista *Poder*, de Joyce Pascovitch, resumia bem toda a situação 15 meses depois da fuga.* Não só a revista,

---

* Fabiana Parajara e Inês Garçoni, "A herança maldita de Roger Abdelmassih", *Poder*, fev. 2012.

mas a polícia e a promotoria, naquele momento, com base em todas as provas colhidas, tinha a rota de fuga de Abdelmassih em mente. Ele saíra direto de Avaré, onde desfrutava os feriados de fim de ano, passado pelo Paraguai, viajado para o Uruguai e de lá para o Líbano, provavelmente para Beirute. O promotor Dal Poz considerava essa hipótese factível por causa da cidadania libanesa de Abdelmassih e também pela inexistência de um acordo de extradição do Líbano com o Brasil, o que tornaria a posição do fugitivo confortável. Investigações estavam sendo feitas no Líbano pela Interpol, a polícia internacional. Até então, ninguém na polícia brasileira, na promotoria ou entre as vítimas pensava na possibilidade ou tinha alguma pista de que ele poderia ter limitado sua viagem ao Paraguai, por exemplo, em vez de usar o país vizinho apenas como escala para outros destinos.

A matéria denunciava a blindagem do patrimônio do ex-médico. Garantia que seu paradeiro era desconhecido pela polícia e pelas vítimas, mas não para alguns parentes e amigos que sabiam onde estava escondido e o ajudavam. Dizia que o fugitivo estava levando uma vida normal ao lado da esposa e de dois filhos gêmeos. Sobre a possibilidade de Abdelmassih estar no Brasil, a única informação anônima que a polícia dizia ter recebido e checado até aquele momento e que se revelara não procedente indicava a presença do ex-médico em algum estado do Nordeste. O delegado Waldomiro Milanese, do Dird, reclamava que a alta sociedade, da qual Abdelmassih fazia parte, não colaborava para que ele fosse encontrado. Dizia o delegado que muita gente poderia fornecer pistas de seu esconderijo, mas preferia não informar as autoridades.*

A defesa de Abdelmassih também foi ouvida e se mostrou confiante em resolver o problema de seu cliente no Tribunal. Enquanto preservava a localização do fugitivo, Oliveira Lima tentava anular

---

* Rogério Pagnan, "Polícia recebe dica sobre paradeiro de Abdelmassih", *Folha de S.Paulo*, 5 nov. 2011.

a ordem de prisão. Reafirmava a inocência do cliente, dizia que não sabia onde ele estava e antecipava sua estratégia de questionar, nas instâncias superiores, a violência real identificada pela acusação nos ataques de Abdelmassih. Afirmava ter certeza de que ele seria absolvido se a violência real fosse reconsiderada. Mencionou a existência da Súmula 608, do STF, que condicionava a abertura de uma ação penal pública para crimes de estupro, como foi a ação que derrubou Abdelmassih, à existência de violência real no ataque sexual. Para Oliveira Lima isso não existia e tudo que tinha sido feito até então pelo Ministério Público era uma "aberração jurídica". Não existiam provas contra seu cliente. Muito menos de violência física, ainda mais de um tipo de violência que não deixava marcas no corpo ou sinais externos. Se assim fosse, sem violência real, a promotoria não poderia representar as vítimas no caso.

Para Dal Poz seria uma surpresa se uma tese dessas fosse acolhida pela Justiça a essa altura do campeonato. Se a tese da existência da violência real tivesse que cair, ela cairia logo no começo. E não foi isso que aconteceu. A juíza Kenarik, ao derrubar a primeira denúncia em 2008 e encaminhar a investigação para a polícia, não fez isso por causa da discussão sobre o nível de violência do ato, mas por questões relacionadas ao encaminhamento processual, e não considerava a investigação criminal uma incumbência do Ministério Público. A promotoria considerava a discussão pacificada, mas a defesa estava no justo direito de reclamar e identificar falhas na denúncia. Dal Poz argumentava que fora justamente por causa da existência da Súmula 608 que, desde o início, muitos outros casos denunciados em que não havia sido detectada a violência efetiva foram deixados de lado ou as vítimas destes casos convertidas em testemunhas. Por outro lado, a violência física, lembrava o promotor, estava bem caracterizada quando Abdelmassih corria atrás de uma mulher no consultório e a prensava contra a parede ou colocava um joelho na sua barriga para imobilizá-la. Era o "constrangimento" apontado em todos os ataques pela juíza Kenarik.

Lendo a matéria da revista *Poder*, Anael de Souza, diretor do programa *Domingo espetacular*, da TV Record, ficou ainda mais indignado com a fuga, impressionado com a história, e achou que valia a pena destacar um jornalista para tentar encontrar Abdelmassih. Passou a incumbência para o produtor Leandro Sant'Anna, de 33 anos, que trabalhava na produção do programa desde 2005. Com vocação para matérias investigativas da área policial, ele vinha acompanhando o caso e mantinha contato com as vítimas. Em 2010, no período em que Abdelmassih respondia ao processo em liberdade, o jornalista passara várias semanas vigiando sua casa quase diariamente para conhecer sua rotina. Antes disso, em outra missão, tinha encontrado a estudante Suzane Von Richthofen, condenada pelo assassinato dos pais, escondida em uma praia. Sant'Anna trabalhava nos bastidores, atrás das câmeras, realizando a reportagem real, colhendo o material bruto, que depois seria editado e veiculado no programa. Era o cara que conseguia informação, como Ivandra Previdi, que começou essa história lá atrás.

— Vá atrás dele! — decretou Anael.

Caçar Abdelmassih era uma grande causa, simpática, positiva, e uma pauta perfeita para um programa de TV de domingo. Era uma missão jornalística ambiciosa, uma aposta financeira do *Domingo espetacular* que envolveria uma investigação privada que poderia durar um longo tempo e custar caro. São iniciativas cada vez mais raras no jornalismo atual, que investe pouco em reportagens de fôlego. Sant'Anna estava preparado para a missão e imediatamente passou a se dedicar a descobrir o paradeiro do ex-médico. Além de conhecer as vítimas, ele também tinha bons contatos na polícia e no Gaeco. O jornalista passou a trocar e-mails e mensagens rotineiramente com as mulheres do grupo de vítimas e acompanhava a evolução das buscas do fugitivo. Não estava entrando de gaiato na história. Conversou com Vanuzia e Helena para dizer que contava com a ajuda delas e que a partir daquele momento teria uma única prioridade no seu trabalho. Podiam contar com ele para checar informações e seguir pistas onde quer que fosse, no Brasil ou no mundo. Embora mantivessem contatos com outros jornalistas, o grupo de vítimas passou a ter uma relação privilegiada com Sant'Anna, que envolvia comunicação permanente.

A defesa cumpriu o prometido e fez um novo pedido de liberdade no STJ, no qual questionava existência de violência real nos crimes dos quais Abdelmassih fora acusado. E mais uma vez um habeas corpus do ex-médico foi rejeitado. A ministra Laurita Vaz não aceitou o questionamento e tampouco a alegação de que a ação só poderia ter sido proposta diretamente pelas mulheres desde os seus primórdios e deixou o pedido para ser analisado futura e definitivamente pela 5ª turma do Tribunal. Em entrevista para o jornalista Fernando Rodrigues, publicada no UOL e na *Folha*, Márcio Thomaz Bastos afirmava que não tinha a mínima ideia do paradeiro de seu cliente e defendia seu direito de fuga.* Disse que, naquela altura do processo, não tinha necessidade de falar ou de ter qualquer tipo de convívio com ele. Explicou que, junto com Oliveira Lima, continuava trabalhando no caso porque tinha procuração e o compromisso de defender Abdelmassih. Cuidava dos assuntos do condenado apenas nas cortes superiores. Quanto à fuga, reforçava, na entrevista, sua crença de que é um direito de todo ser humano furtar-se à prisão e aspirar à liberdade. "Não é uma questão de ser direito ou não ser direito. É o instinto de liberdade que é muito forte", afirmava. Também parecia pouco incomodado com o fato de defender um homem tão odiado e lembrava que ao longo de sua vida houvera centenas de casos em que advogara para o inimigo público. Considerava comum um advogado ter que defender "contra a maré".

Vicente e Soraya, por outro lado, vinham a público para descartar qualquer possibilidade de estarem protegendo o pai e para declarar

---

* Fernando Rodrigues, "Ninguém será preso antes de 2013, diz advogado de réu do mensalão", entrevista com Márcio Thomaz Bastos, blog Poder e Política, *Folha de S.Paulo*/UOL, 22 ago. 2012.

que não o perdoavam pelo que tinha feito. Faziam uma declaração de ruptura em uma nova entrevista para a revista *Época*.* Vicente afirmava que tinha falado com Abdelmassih pela última vez um pouco antes do Natal e que o pai lhe disse que sumiria se tivesse que voltar para a cadeia. Vicente não concordava com a fuga e dizia que o pai deveria se entregar, fazer o que a lei manda e seguir o caminho dos recursos judiciais. Detonavam a figura paterna cruel e arrogante, mas não deixavam de chamá-lo de pai. Soraya não o perdoava e declarava nunca mais querer encontrá-lo.

Um dos principais ressentimentos era com a dificuldade financeira que Abdelmassih criara para todos. Vicente, por causa do 1% que detinha na clínica, que nem lhe davam lugar na administração, viu suas contas devassadas e teve que enfrentar vários meses de dificuldade por causa do congelamento dos seus bens, sem contar o constrangimento público de ser tratado como suspeito de uma situação escandalosa. Soraya também se dizia prejudicada pelo pai, de quem aceitara ser avalista de um empréstimo antes das denúncias. Seu nome estava no Serasa e ela não podia passar cheques. Os filhos de Vicente e Soraya eram ofendidos por outros garotinhos na escola, como acontecia com outros Abdelmassih. Mas eles estavam no olho do furacão, circulavam nos mesmos grupos sociais e profissionais onde outrora o pai desfilara como um pavão. O filho de Vicente, por exemplo, enfrentava a grande dificuldade de ter o nome do avô.

Longe de qualquer relação direta com o caso, uma mudança burocrática promovida pelo governo estadual, que envolvia uma reorganização nas divisões da polícia, iria se tornar bastante desfavorável para Abdelmassih. Em meio a uma crise brava de segurança, causada pelo aumento dos roubos e assassinatos em São Paulo, o governa-

---

* Cristiane Segatto, "A vida com meu pai era um inferno — As revelações da bióloga Soraya e do médico Vicente, filhos de Roger Abdelmassih", *Época*, 11 ago. 2012; Cristiane Segatto, "Só entendi meu pai depois de ler 'Mentes Perigosas'", *Época*, 18 ago. 2012.

dor Geraldo Alckmin tomou várias medidas, entre elas assinar um decreto determinando a transformação do Dird, responsável pela captura de fugitivos, em Departamento de Capturas e Delegacias Especializadas (Decade).* O objetivo imediato da medida era afastar a imagem de departamento administrativo do Dird, que se limitava a receber denúncias e não demonstrava capacidade investigativa, e criar uma nova força policial realmente eficiente. O governador trabalhava pensando a médio prazo. A eleição vinha chegando e ele lutava para melhorar a avaliação que a população fazia do seu desempenho na área de segurança.

De modo geral, a questão da busca dos procurados vinha sendo tratada com desleixo pela polícia e isso deixava a vida dos fugitivos bem confortável. Na nova fase, haveria uma maior articulação nas investigações da localização e na busca dos condenados fugitivos. A divisão de capturas deveria ganhar um foco realmente investigativo e Abdelmassih, por ser o procurado mais famoso do Brasil, teria muito a perder com isso. Debaixo do guarda-chuva do novo departamento estavam a divisão de vigilância e capturas, com quatro delegacias especializadas, e o GOE. Embora aparentemente insignificante, a mudança apontava para a ativação de um esforço real das autoridades para levar Abdelmassih e outros condenados de volta para a cadeia. Capturar fugitivos seria uma prioridade política.

O ambiente começaria a pesar mais contra Abdelmassih. Ele entrou no pensamento coletivo como um símbolo do mal. Apoio da população para pegá-lo não faltaria. Denunciar sua localização para a polícia era o sonho de qualquer cidadão médio — como acontecia com os jornalistas. No final do ano, se espalhou a informação de que Abdelmassih tinha sido visto em uma padaria em São Paulo. Imagens do sistema de segurança da padaria, captadas a cerca de quatro metros de distância, mostravam um homem corpulento, de

---

* "Dird vira Decade, ganha novas delegacias e mais agilidade", site da Secretaria de Segurança Pública do governo do Estado de São Paulo, 22 jun. 2012.

bigode branco, calvo, muito parecido com o ex-médico, que andava tranquilamente sem demonstrar qualquer paranoia de perseguição ao tomar seu lanche. Seria muita desfaçatez de Abdelmassih aparecer em um local público, em São Paulo, onde seu rosto era muito conhecido, mas parecia verdade. O suspeito ficou em uma varanda na beira da calçada, bebericando sua água de coco em uma manhã ensolarada e conversando por meia hora com um amigo na frente de todos os frequentadores.

Como se comprovou nos dias seguintes, o homem filmado na padaria não era Abdelmassih. Chamava-se Mauro Fauza, era engenheiro e estava ali para encontrar um velho conhecido. Morava nos Estados Unidos e vinha eventualmente para o Brasil a trabalho. Nunca ouvira falar de Abdelmassih, mas quando voltou para casa começou a receber telefonemas de amigos brasileiros que o tinham visto na televisão porque fora confundido com o ex-médico. Teve sorte em não ter sido enquadrado pela polícia enquanto andava pelas ruas. Disse que enquanto estava na padaria sentiu-se observado por duas mulheres e notou que elas cochichavam e falavam sobre ele. Não entendeu direito na hora. Foi entender depois. Sentiu-se desconfortável com a história, raspou o bigode que o deixava parecido com Abdelmassih e falou que iria dar um tempo antes de voltar para o Brasil — tinha medo de alguém agir precipitadamente e tentar agredi-lo.

Estavam vendo Abdelmassih em todos os lugares. No Havaí, em uma foto ao lado da atriz Olivia Wilde, de biquíni, tomando banho de mar, flagraram o ex-médico nadando tranquilamente. Bem na hora em que o paparazzo fotografou a atriz, notava-se, do lado direito, um homem com a cabeça para fora d'água parecido com o fugitivo. A Polícia Federal chegou a investigar a denúncia, mas descobriu que não tinha fundamento. Em abril de 2013, Abdelmassih se destacava na lista de fugitivos da Interpol, a polícia internacional, e estava entre os 25 criminosos mais procurados pela polícia de São Paulo, ao lado, por exemplo, da traficante Sonia Rossi, conhecida como Maria do Pó, sumida desde 2006. Fotos de Abdelmassih estavam acessíveis às forças de segurança de todo o mundo. A Interpol havia investigado a possível presença do ex-médico no Líbano e recebera informações da polícia local de que não havia qualquer registro de sua entrada no país, o que descartava a primeira hipótese de localização no exterior.

As vítimas estavam em plena atividade, entrando em uma nova fase, mais combativa e agressiva, vasculhando tudo que pudessem na vida de pessoas que acreditavam acobertar a localização do ex-médico e saindo de uma posição puramente receptiva para buscar a informação diretamente no campo e nas mídias sociais. Sem pistas, a polícia tinha colocado o assunto momentaneamente em segundo plano e a única investigação que avançava era a das mulheres, apoiadas por Sant'Anna. Ele se mantinha em comunicação com todas, embora Vanuzia fosse sua principal fonte. O promotor Dal Poz continuava sendo a referência oficial sobre o caso e fonte de consulta constante, mas ele próprio tinha agora outras incumbências e prioridades no Ministério Público, depois de ter sido transferido para a chefia de gabinete do procurador-geral. As vítimas eram nesse momento a vanguarda da investigação. Todas estavam ativas no Facebook e Vanuzia compartilhava os resultados dos seus esforços individuais com o grupo.

Estavam levando a ideia da associação adiante, com Ferraz trabalhando remotamente, com o apoio de Nelma, para fazer o estatuto e dar uma base legal para a atuação das vítimas. No meio da elaboração do estatuto, porém, a relação com o engenheiro começou a travar. As mulheres insistiam que ele deveria mostrar seus segredos para a polícia para trazer mais elementos para a investigação dos crimes de Abdelmassih, mas ele recusava. Isso criou uma relação de desconfiança que só foi piorando. Com exceção de Nelma, as outras vítimas tinham raros diálogos com Ferraz, o único homem do grupo. Vanuzia não se dava bem com ele, embora se interessasse pelas suas denúncias de uso irresponsável de material genético — ela própria estava em busca dos excedentes dos seus óvulos fertilizados na clínica de Abdelmassih.

Foi marcado um novo encontro entre Helena, Teresa e Ferraz, em um shopping em São José dos Campos, para conversar sobre a associação. Helena saiu de São Paulo, Teresa, de Sumaré, e Ferraz, de Ubatuba. São José estava a meio caminho dos três pontos. Era para ser um encontro produtivo, para afinar os objetivos e definir uma estratégia de ação, mas acabou sendo um fiasco. Não houve empatia das mulheres com Ferraz. A conversa foi estranha e não parecia uma reunião de aliados. Helena percebia que Ferraz olhava para todos os lados, muito preocupado com a própria segurança, mesmo com o shopping estando absolutamente tranquilo e cheio de crianças brincando com balões coloridos nas imediações. Teresa e Helena tiveram uma má impressão, além de não terem visto nenhum dos documentos que ele guardava. A partir daí, o laço das outras vítimas com Ferraz se enfraqueceu de vez. Os contatos com o engenheiro foram escasseando, e o estatuto acabou esquecido. O site de denúncias ScienceLeaks não prosperou. Depois de algumas postagens na semana em que foi publicada a matéria na *Época*, Ferraz optou pelo silêncio.

A criação da associação acabou engolida pelo dinamismo do trabalho com as mídias sociais. Em vez da burocracia de um estatuto, a aposta era, de uma vez por todas, descobrir novidades no Facebook e fazer contatos com outras vítimas e simpatizantes de sua causa. Em meio a informações desencontradas surgiram pistas firmes de que Abdelmassih havia passado pela Europa. Eram indicações de uma viagem de luxo e gastos exorbitantes, com escalas na Riviera Francesa, muito frequentada no passado por Abdelmassih, Mônaco, Paris e Genebra. Uma informante brasileira, frequentadora habitual da Riviera e dos cassinos de Monte Carlo, se comunicou com as vítimas e, "com certeza absoluta", disse ter observado o fugitivo jogando nos cassinos. Vítima de violência sexual aos seis anos de idade, essa mulher, por solidariedade, sentiu necessidade de ajudar o grupo que tentava prender o ex-médico. Aproximou-se de Vanuzia pelas mídias sociais e contou o que tinha visto.

Espantou-se ao ver um homem parecido com Abdelmassih totalmente à vontade, se revezando entre os caça-níqueis. Passava um pouco da uma da tarde e o cassino estava vazio. Tratou de cercá-lo discretamente para se certificar de que era mesmo o homem. Em certo momento, se posicionou em uma máquina em frente ao ex-médico e pôde reparar atentamente nos seus traços físicos, na sua orelha, no seu nariz e no seu cabelo, e teve certeza de que era Abdelmassih. Como estava com o notebook na mão, fez uma pesquisa de imagens na internet e descobriu uma foto do médico com a mesma camisa que vestia no cassino, uma camisa xadrez de manga curta, branca e azul-clara. A brasileira não podia tirar fotos dentro do cassino porque é proibido. Tentou pedir ajuda em um posto policial, onde conversou com uma agente feminina e comunicou que um fugitivo internacional, um ex-médico estuprador brasileiro, estava jogando livremente. Voltou aos caça-níqueis na expectativa de que alguma providência fosse tomada para prendê-lo, mas nada acontecia. Preocupada, a mulher voltou a falar com a policial, que lhe explicou que o suspeito seria abordado, mas que a segurança interna, já avisada, estava estudando de que forma isso seria feito. Como a informante brasileira teve que ir embora, não presenciou a abordagem. Mas, no dia seguinte, voltou à polícia e soube que o suspeito apresentara documentação de residente e nada pôde ser feito.

Outras pistas que pareciam promissoras seguidas pelas vítimas e pela Interpol indicavam que Abdelmassih poderia estar ou ter passado por Genebra e Paris. Em Genebra, vivia a filha do ex-médico Mirela, junto com o marido José Cutrale e a família. Era um destino provável de Abdelmassih. Era uma casa-fortaleza intransponível em um bairro de bilionários onde uma pessoa poderia passar a vida inteira sem ser vista. Em Paris, apareceu uma foto de um homem parecido com o ex-médico tirada no interior do cabaré Lido, que foi enviada para a polícia francesa e para a Interpol. Abdelmassih teria ido a Paris para se divertir, como fez durante toda a vida. Surgiram informações de que ele teria sido visto caminhando tranquilamente pelos Champs-Élysées e se hospedado no hotel Le Bristol, um dos mais caros da cidade, com diárias a partir de 3.500 reais. A polícia federal chegou a se comunicar com a polícia francesa para pedir informações sobre a presença do ex-médico na França e seu período de hospedagem no Le Bristol, mas o hotel não aceitou abrir seus registros.

Verificar de perto a suposta farra europeia de Abdelmassih acabou sendo a primeira missão de Sant'Anna.* Ele foi inicialmente para Genebra e Paris e alguns meses depois foi averiguar a história do cassino em Monte Carlo. Mas essa frente de trabalho não prosperou. Talvez Abdelmassih tivesse ido para a Europa em uma viagem curta, mas não era lá que ele se escondia. As pistas se revelaram frágeis em todos os países investigados, não mais do que pessoas parecidas com o ex-médico, e pararam de chegar novas denúncias à Interpol. A mesma Interpol descartou, finalmente, depois de receber informações oficiais, a possibilidade de Abdelmassih estar no Líbano. Com o Líbano e a Europa fora da mira, as atenções de todos que buscavam encontrar o ex-médico se voltaram para o interior do Brasil.

Abandonou-se a ideia de que estivesse muito longe, aproveitando a vida em um destino hedonista. Parecia mais provável que estivesse escondido em um lugar não muito distante e vivendo discretamente e com disfarces. Concentrar as investigações em Avaré e Jaboticabal, principalmente em Jaboticabal, e marcar mais de perto a irmã de Abdelmassih, que sabiam ser o principal apoio familiar do ex-médico no Brasil, era uma decisão inteligente. Quem acompanhava o caso estava convencido de que o núcleo central da rede de proteção girava em torno da Colamar e se seguissem o caminho do dinheiro chegariam até o procurado. A farmácia de

---

* "Operação Secreta descobre seu último refúgio", *Domingo espetacular*, Record, 15 jun. 2014.

manipulação de Elaine era um bom lugar para tentar vasculhar. Decidiram evoluir em duas frentes, tanto no jogo mais limpo, de angariar simpatizantes para sua causa que estivessem dispostos a dar informações de maneira espontânea, gente próxima da irmã de Larissa ou da fazenda de Avaré, como no mais sujo, de iludir os cúmplices de Abdelmassih.

Evidentemente todas as vítimas apelavam à boa-fé das pessoas, inclusive com parentes e amigos do ex-médico e com funcionários da Colamar. Diziam claramente que queriam ajuda para pegar um criminoso fugitivo. Apelavam à fé em Deus e à vontade de justiça dos seus interlocutores para que eles dissessem algo sobre o paradeiro de Abdelmassih. Havia uma parte do trabalho das vítimas que era absolutamente puro e ético. Mas se quisessem mesmo chegar até o ex-médico, um cara cheio de dinheiro e artimanhas para se proteger, teriam que perder alguns escrúpulos. Naquela altura, com o fugitivo solto há dois anos, o fim passou a justificar todos os meios na estratégia das vítimas.

A engenharia social, o sistema de enganos para obter uma informação a qualquer custo, que o hacker pioneiro Kevin Mitnick promoveu pelo mundo nos anos 1990, foi uma das armas usadas pelas mulheres. É um conto do vigário da sociedade digital, que começou a ser realizado em encontros pessoais ou conversas telefônicas e foi potencializado nos últimos anos pelas mídias sociais. Mitnick, famoso por roubar os códigos dos telefones Motorola, quando a internet era incipiente, dizia que "as pessoas são o elo mais fraco em qualquer cadeia de segurança" e passava trotes ou vasculhava o lixo da empresa para conseguir o que queria.* Mas sua principal lição era que a forma mais inteligente de obter alguma informação secreta ou estratégica era manipulando aqueles que a protegiam. Seu objetivo era roubar informações confidenciais e Mitnick foi condenado por seus crimes, mas o mesmo método de

---

* Kevin Mitnick e William Simon, *A arte de enganar*, Pearson Education, 2003.

ataque poderia também ser usado para uma boa causa ou para enganar os malvados da história. Por ingenuidade ou excesso de confiança, muitas vezes as pessoas entregam a informação que mais deveriam preservar de maneira espontânea, distraídas ou envolvidas pela capacidade de persuasão de seu interlocutor, que usava uma identidade falsa.

Vanuzia, por exemplo, utilizou esse tipo de expediente quando soube da existência de uma funcionária da Colamar que trabalhava na fazenda em Avaré e gostava de namoros virtuais. Viu aí uma oportunidade de descobrir alguma coisa. Conseguiu se aproximar da mulher usando a identidade de um marceneiro chamado Mário Correa e tentou seduzi-la.* Conquistou sua confiança e, com isso, conseguiu mais indicações seguras sobre a importância da fazenda na organização dos negócios que mantinham Abdelmassih com autonomia financeira em seu esconderijo, junto com Larissa e seus filhos gêmeos, o menino J e a menina M, que nessa altura estavam com cerca de dois anos. As vítimas souberam que a fazenda estava funcionando a pleno vapor e a casa sede era, eventualmente, frequentada. Havia, inclusive, uma movimentação recente. Considerava-se até a possibilidade do próprio Abdelmassih ter ficado escondido lá algum tempo. Na cidade, existiam boatos a esse respeito e todo mundo considerava a fazenda, ainda que extraoficialmente, propriedade do fugitivo.

O fluxo de informações só se acelerou quando as vítimas começaram a operar por vias menos ortodoxas. A qualidade das pistas dos informantes também melhorou e gente com capacidade para descobrir senhas e invadir e-mails, contas em mídias sociais e conseguir cópias de contas telefônicas e extratos bancários se aproximou do grupo de mulheres que queria pegar Abdelmassih. Certo dia, Vanuzia começou a mostrar para Teresa, Ivanilde, Helena, Monika e Nelma um valioso material que vinha recebendo. Eram cópias de

---

* Claudio Tognolli e Malu Magalhães, *Bem-vindo ao inferno: a história de Vana Lopes, a vítima que caçou o médico estuprador Roger Abdelmassih*. São Paulo: Matrix, 2015.

e-mails trocados no Outlook da irmã de Larissa, Elaine. Contou para as parceiras que um simpatizante da causa tinha conseguido invadir a conta e estava enviando tudo o que conseguia para ela. Embora a invasão do e-mail não tenha sido decisiva, as mulheres conseguiram mais nomes de pessoas ligadas à Colamar e também informações sobre a operação da farmácia de manipulação. Tudo estava sendo feito com extrema discrição. Elaine não conseguia imaginar que estava sendo vigiada tão de perto.

Monitorando as pessoas que circulavam em torno da farmácia, as vítimas perceberam a importância de um outro personagem da história, Dimas Campelo Maria, o gerente administrativo da empresa. Ele morava em Jaboticabal, se mantinha em contato direto com Elaine e era, oficialmente, o principal responsável pela Colamar. Dimas trabalhava com Abdelmassih desde longa data, tinha sido anteriormente o administrador da fazenda de Avaré e se mudara para Jaboticabal para cuidar dos novos negócios do chefe. Monitorar Dimas e entender melhor como ele operava se tornou um dos focos da investigação particular das vítimas.

Desde sua entrada no caso, Sant'Anna havia viajado para o exterior e para várias cidades brasileiras, visitando propriedades de familiares e amigos de Abdelmassih e de supostos compradores de suas fazendas de laranja. Passou por Araraquara e Bebedouro, no interior de São Paulo, e também por Sinop e Sorriso, no Mato Grosso. Outra cidade vigiada pelas vítimas foi Presidente Prudente, onde Stela tinha propriedade. Mas, com a munição pesada de informações que começou a chegar através de e-mails e contas de mídias sociais invadidos, começaram a perceber que o lugar a ser vigiado era Jaboticabal, onde funcionava o núcleo de sustentação de Abdelmassih. Em Avaré estavam as propriedades, mas não as pessoas. Em pouco tempo ficou evidente para as vítimas e para Sant'Anna que Dimas cuidava dos interesses de Abdelmassih e resolvia seus problemas no Brasil. Atuava como uma espécie de lugar-tenente do ex-médico fugitivo.

Jaboticabal é uma cidade média do interior de São Paulo com cerca de 75 mil habitantes. Por causa dos tradicionais colégios e de cinco faculdades, incluindo um campus da Universidade Estadual Paulista (Unesp), recebeu o epíteto de "Atenas Paulista". É um lugar tranquilo, embora abrigue mais de duzentas indústrias, incluindo empresas do setor sucroalcooleiro e fabricantes de refrigerantes. Seu PIB per capita ultrapassa 25 mil reais e a cidade não tem favelas. Não é um lugar minúsculo, mas está longe de ser uma metrópole. O caso Abdelmassih trouxe um foco negativo para a cidade, desde os tempos em que a promotoria de defesa do consumidor passou a investigar os negócios de Larissa Sacco e da Colamar, quando os bens do ex-médico estavam bloqueados. A polícia local havia averiguado sua possível presença depois da fuga, mas não tinha descoberto nada. Seria quase impossível para Abdelmassih permanecer tanto tempo escondido em uma cidade, inclusive pelo fato de sua mulher ser uma pessoa conhecida em Jaboticabal.

Mas com cuidado um jornalista esperto conseguiria passar despercebido por ali. Haveria de ser muito precavido. Se Dimas ou Elaine percebessem que estavam sendo espionados reagiriam rápido e se tornariam ainda mais cuidadosos. Era fundamental para o trabalho das vítimas que a cidade fosse observada mais de perto com absoluta discrição, e nenhuma das mulheres, por conta de seus compromissos pessoais e familiares, poderia se dedicar a uma tarefa desse tipo. Era uma missão jornalística. Sant'Anna passou a circular pela cidade e vigiar os principais endereços dos envolvidos com a rede que protegia Abdelmassih. Sem ser visto, espionou o endereço de Dimas, Eliana, e também outros endereços da família, como o da granja do pai de Larissa, Vicente, e, principalmente, a farmácia, que era a sede informal da Colamar, já que o endereço oficial da empresa, ali perto, na mesma rua Sete de Setembro, permanecia desocupado.

Com a indicação das vítimas, Sant'Anna conseguiu uma informante fundamental, uma pessoa próxima a Elaine, a fonte Y, que passou a fazer a diferença na sua busca pelo ex-médico. A jovem mulher se sensibilizou com o drama das vítimas vendo a página do Facebook para caçar o estuprador e decidiu dar alguma contribuição. Estava disposta a ajudar. Revoltava-se com a impunidade do condenado e entrou em contato com Vanuzia. Era alguém que sabia que encomendas, principalmente de medicamentos, eram preparadas e saíam da farmácia, com certa frequência, para serem enviadas para o esconderijo do ex-médico. Quem pegava as cargas era Dimas. A informante ouvia, às vezes, os nomes de Larissa e Roger serem mencionados e passou a contar para Sant'Anna quando descobria algo relevante. Sant'Anna emprestou um celular para sua fonte com a finalidade de manterem um canal de comunicação privilegiado. Pediu também que ela tirasse fotos se tivesse oportunidade. A informante poderia avisá-lo no exato momento em que uma dessas encomendas fosse transportada.

Todas as vítimas trocavam informações com Sant'Anna, mas Vanuzia tornou esse contato mais assíduo. Na medida em que o cerco sobre o ex-médico estava se fechando, os dois praticamente assumiram um pacto de fidelidade e passaram a fazer um trabalho em dupla. Esperava-se que, pelo compromisso que tinha com a investigação, Sant'Anna tivesse alguma vantagem no recebimento das informações, no que todas as vítimas concordavam. Para um jornalista que se envolve em um caso profundamente, a melhor recompensa é uma informação exclusiva, e ele confiava em Vanuzia, mas também cuidava dos seus próprios interesses e conversava com Dal Poz e com outras fontes no Ministério Público e na polícia.

A relação entre jornalista e vítimas se desenvolvia bem, mas ainda não tinha dado qualquer fruto noticioso, ou seja, se transformado em uma reportagem no *Domingo espetacular*, que esperava resultados de Sant'Anna. Entre abril e maio de 2014, tanto o jornalista como as vítimas percebiam que tinham atingido o limite de uma investigação privada e sentiam certa ansiedade. Tinham obtido centenas de documentos que poderiam ser úteis para localizar o ex-médico, mas não sabiam onde exatamente ele estava nem podiam prendê-

-lo se o encontrassem. Sem a volta firme do Ministério Público e da polícia para o caso, o trabalho das vítimas poderia se perder. Elas estavam cheias de provas obtidas de maneira extraoficial, às vezes até irregular, e precisavam dar uma finalidade para tudo que tinham encontrado.

As vítimas compartilharam seus documentos e todas as pistas mais sólidas que conseguiram com Dal Poz, com quem vinham se consultando desde que começaram sua caçada. A estratégia de Dal Poz, que, mesmo fora do Gaeco, mantinha uma coordenação geral sobre o caso, foi encaminhar a abertura de uma nova investigação criminal para desvendar a rede que garantia apoio a Abdelmassih. Um novo inquérito acabou sendo aberto pelo núcleo do Gaeco em Bauru, com jurisdição sobre a cidade de Avaré. Abdelmassih passou a ser investigado por lavagem de dinheiro e formação de quadrilha. Não se olhava mais para os crimes anteriores do ex-médico, pelos quais ele já havia sido condenado, mas se buscavam novos crimes que vinham sendo cometidos para viabilizar sua vida no esconderijo. Como a fuga em si não é um delito, então era necessário encontrar outros pretextos para localizá-lo e prendê-lo.

O Ministério Público via consistência no esforço de investigação das vítimas e contava com um longo trabalho feito pela promotoria de defesa do consumidor, nos anos anteriores, para mapear a estrutura financeira montada em torno de Abdelmassih. Todos os suspeitos de colaborar com a fuga passaram a ser investigados pelas mulheres, o que incluía familiares de Larissa, funcionários da Colamar e da fazenda e parentes de Abdelmassih. A abertura do inquérito permitia que se pensasse em grampear telefones, o que seria fundamental para capturá-lo. Outra iniciativa quase imediata foi entrar na fazenda de Avaré, onde sabiam que encontrariam pelo menos indícios de seu paradeiro e quem sabe o próprio ex-médico. No dia 28 de maio, a Justiça concedeu, sem qualquer alarde, um mandado de segurança para invadir a fazenda de Avaré, o que foi feito no dia seguinte. O lugar já vinha sendo monitorado pela polícia há algumas semanas. Uma equipe de 14 policiais, distribuídos em três viaturas e um helicóptero, participou da operação, coordenada pelo delegado titular do Grupo Armado de Repressão a Roubos (Garra), Arthur Dian. Funcionários foram rendidos na frente do portão principal da fazenda e a polícia pôde chegar até a casa sede.*

Qualquer dúvida de que o médico estivesse escondido lá por fim se dissipou. Em compensação, fora possível reconstruir sua vida nos tempos de fuga e concluir, definitivamente, que Abdelmassih não estava tão longe assim. Ele e Larissa mantinham controle sobre a propriedade e davam instruções para os funcionários com regularidade. Seria difícil fazer isso estando na França, por exemplo. Notava-se que os cuidados com a casa eram rotineiros. Ela estava limpa e bem cuidada. Ninguém usava as camas, os banheiros e os quartos. Lixeiras vazias e ausência de sabonetes nos boxes indicavam que o banheiro não vinha sendo usado. Para todos os efeitos, a fazenda, que pertencera ao ex-médico, tinha um novo proprietário, uma empresa de Bebedouro. Havia sido vendida por 170 mil reais, em dezembro de 2010, embora estivesse avaliada em cerca de 5 milhões de reais, e, oficialmente, não fazia mais parte do patrimônio imobiliário de Abdelmassih.

A casa funcionava como um depósito dos pertences pessoais do casal. Toda a memorabilia familiar estava na fazenda, além de centenas de roupas, especialmente camisas de grife, a maioria branca e azul-clara, sapatos italianos, ternos de alfaiataria, perfumes, gravatas; só gravatas eram quase duzentas, e muitos documentos deixados para trás. O carimbo de procuradora de Larissa ficou lá. Eram objetos trazidos da mansão de São Paulo, depois da venda, que estavam guardados em Avaré.

Havia vários porta-retratos e, em um deles, aparecia a foto de Abdelmassih e Larissa felizes no dia do casamento. Outras fotos

---

* "Fazenda de Abdelmassih em Avaré era monitorada pela polícia e Gaeco", TV Globo, 20 ago. 2014.

mostravam Abdelmassih com a ex-mulher Sônia em férias com os filhos adolescentes, nos anos 1980, ou recebendo condecorações. Um objeto que reluzia era o vestido de noiva de Larissa, branco, colocado suavemente sobre a cama de uma das suítes da casa. A fazenda de Avaré era um ambiente de intimidade. Como todas as roupas e pertences do ex-médico e de Larissa estavam armazenados nos seus cômodos dava para deduzir que eles fugiram com pouco, talvez só com a roupa do corpo e algumas malas.

Na procura de provas, a polícia descobriu papéis com nomes, números de telefone e algumas listas que comprovavam a atividade recente na fazenda. Duas listas de produtos domésticos chamavam atenção. Em duas delas, a primeira com data de março de 2013 e a outra de janeiro de 2014, apareciam dezenas de utensílios domésticos, quase todos de cozinha, como colheres, descascadores de legumes, escumadeiras e pegadores de sorvete. Só objetos banais que precisavam ser remetidos de um lugar para o outro. O mais revelador era o destino. Eles sairiam da fazenda e seriam enviados para Jaboticabal, para um endereço da irmã de Larissa. Quem deveria cuidar de fazer a remessa era o administrador da fazenda, Sérgio Molina Jr., outro funcionário de confiança de Abdelmassih. Ele foi ouvido pela polícia e passou a ser investigado. Larissa assinava o pedido e informava a irmã que havia mandado a remessa por intermédio de Sérgio. Havia uma outra lista mais antiga de móveis que haviam feito caminho inverso e sido trazidos de Jaboticabal para Avaré.

A conexão Jaboticabal para proteger Abdelmassih ficava evidente para a polícia e aparecia também um novo endereço na cidade, na rua Ana Ramos de Carvalho, 310, alugado por Elaine Sacco. Dessa casa discreta, cercada de muros e árvores, teriam vindo móveis e roupas que antes da fuga estavam em São Paulo e tinham ido parar na fazenda. O endereço passou a ser considerado um dos possíveis refúgios de Abdelmassih. O imóvel foi investigado. Vizinhos foram ouvidos, mas nunca o tinham visto nem fora nem dentro da casa. Havia boatos de que o casal poderia ter passado um tempo ali, mas o que parecia mais provável é que a casa tivesse servido apenas como depósito provisório dos pertences do ex-médico e de Larissa. Alguns vizinhos observaram móveis entrando e saindo do local.

O primeiro resultado jornalístico da busca de Abdelmassih só apareceu no *Domingo espetacular* em junho.* O pretexto da matéria era justamente a invasão da fazenda de Avaré, mas a reportagem fazia um balanço completo da fuga e expunha o longo trabalho de investigação que vinha sendo feito por Sant'Anna há mais de dois anos. O produtor aparecia fazendo entrevistas com personagens-chave da rede, mas não era identificado. A cobertura da invasão, especificamente, foi acompanhada com exclusividade pelo repórter Michael Keller. A matéria dizia com clareza que a rota de fuga passava por Jaboticabal e ouvia vários familiares e pessoas próximas do médico, incluindo Elaine e o pai de Larissa, Vicente. Ambos diziam que não viam o ex-médico nem Larissa há muito tempo. Para o sogro, Abdelmassih estava no Líbano. Elaine foi confrontada com a informação da casa na rua Ana Ramos de Carvalho e informou que tinha alugado o imóvel para ela própria. Em Genebra, por telefone, a filha Mirella também foi ouvida e negou que o pai morasse na cidade ou que o tivesse visto desde que se tornara foragido. Quem não aparecia em nenhum momento era Dimas.

Grande espaço tiveram as vítimas. Apareciam no começo e no final da reportagem. Teresa, Vanuzia e Helena foram ouvidas primeiro para contar o que tinham sofrido nas mãos do ex-médico e depois para falar da frustração em vê-lo solto. De maneira tocante, Teresa dizia que a violência sexual era como uma cicatriz, algo que nunca desaparecia. Vanuzia, que estava ansiosa e transpirava sem parar, denunciava os crimes horrendos do ex-médico e o sumiço de seus óvulos e embriões na clínica. Explicava que tinha sido vio-

---

* "Operação secreta descobre seu último refúgio", *Domingo espetacular*, Record, 15 jun. 2014.

lentada não só fisicamente, mas também nos seus sonhos. Helena tinha perdido a fé na Justiça. Lamentava o fato de Abdelmassih ter saído de cena rindo da cara delas. Para Vanuzia, a liberdade do ex--médico transformava sua vida em uma prisão. Era uma afronta. Para Teresa, o mais estranho, o que não dava mesmo para acreditar, é que em um mundo de alta tecnologia, onde se acha qualquer coisa em segundos, não se achasse um sujeito como Abdelmassih.

— Ele é um foragido com poder aquisitivo, o que dificulta a captura, mas nós temos expectativa de conseguir — dizia Dal Poz.

Fazia três anos e meio que Abdelmassih estava vivendo em liberdade, apesar de dever uma pena de 278 anos de prisão. Embora parecessem um pouco tensas e abatidas pelo tempo de luta, impressão deixada pela entrevista de Vanuzia, depois da invasão da fazenda e da reportagem do *Domingo espetacular* o grupo de vítimas unidas ganhou um novo ânimo. Sabiam que o objetivo estava mais próximo e, como em uma maratona, quando aqueles que estão mais preparados conseguem se estimular no final, partiram para o que tinham esperança de ser o último ataque. Estavam trabalhando articuladas com o Ministério Público e a imprensa, mas sentiam falta do engajamento da polícia e de mais apoio político. A divisão de buscas e capturas poderia trabalhar um pouco mais para achar o ex-médico. Vanuzia vinha tentando marcar uma reunião com o secretário de Segurança, Fernando Grella Vieira, para alertá-lo sobre as dificuldades que as vítimas enfrentavam e municiá-lo com os documentos obtidos desde 2011.

No campo das mídias sociais, trataram de lançar uma campanha no Facebook pedindo ajuda para prender o foragido. No anúncio aparecia em destaque "278 anos de cadeia", ao lado da foto do ex-médico, e o texto "Justiça condena médico Roger Abdelmassih por crimes sexuais cometidos contra suas pacientes". Ao lado, organizadas as fotos de Vanuzia, Helena, Ivanilde, Monika e Teresa e o e-mail para contato vitimas-unidas@hotmail.com. Ao mesmo tempo, decidiram ser ainda mais agressivas com as pessoas que acreditavam ser do grupo de proteção do ex-médico, em especial com a família Sacco, e expor a imagem delas na internet. Publicaram, por exemplo, uma foto de Larissa, sua mãe e suas irmãs, tirada no dia do casamento e chamavam a família de "quadrilha".

Quem conseguiu marcar uma audiência do secretário de Segurança com as vítimas de Abdelmassih foi o empresário do ramo do transporte e da comunicação Roberto Nogueira. Bem relacionado, Nogueira tinha contas publicitárias do governo, conhecia o governador, secretários e políticos do PSDB e era simpatizante da causa das vítimas. Ficou amigo de Vanuzia pelas mídias sociais e conseguiu que ela se encontrasse com Grella Vieira e com seu chefe de gabinete, Fabio Bechara. A reunião foi oportuna porque naqueles dias o governo estava lançando seu *hot site* com os dez suspeitos e condenados mais procurados do estado. Abdelmassih iria se tornar o destaque da lista de fugitivos, o único que valia uma recompensa de 10 mil reais.

Desde maio, a Secretaria de Segurança vinha se movimentando para dar visibilidade ao Decade, seu recém-criado departamento de capturas. Queria colocar o departamento para funcionar e cumprir sua função mais evidente, caçar foragidos, algo que pode trazer resultados positivos em períodos eleitorais. Pegar Abdelmassih naquela altura começava a parecer uma barbada e seria um acontecimento de grande impacto, que deixaria a opinião pública satisfeita, em um momento em que a área de segurança só produzia más notícias.

Para Alckmin, candidato à reeleição, seria um grande lance de marketing. Prender um peixe grande estava em linha com os desafios de seu recém-lançado Programa Estadual de Recompensas, inédito no país pelo tamanho dos prêmios que pagava. Abdelmassih aparecia no grupo de elite dos procurados, era a cereja do bolo, junto com Maria do Pó, de outro traficante, Marcelo Coelho, o Marcelo Boy, e do estuprador Manoel Lopes de Araújo Filho, fugitivo da Penitenciária do Tremembé. Todos nesse grupo rendiam recompensas de 5 mil reais, mas agora o ex-médico tinha se distanciado dos outros foragidos. Maria do Pó e Marcelo Boy tinham ficado para trás. Era o fugitivo mais valioso de São Paulo. Sua posição tinha realmente mudado muito. Em outros tempos, quando ainda era respeitado, era um apoiador ativo do governador e um homem que circulava nas altas rodas da política paulista. Agora era um criminoso qualquer.

Grella ouviu as queixas das mulheres, suas críticas, soube do empenho pessoal que vinham demonstrando para encontrar o ex-médico e recebeu centenas de documentos que Vanuzia e suas amigas tinham colhido na sua investigação particular nos últimos anos. Esperavam que a polícia pudesse utilizá-los para encontrar novas pistas que levassem até Abdelmassih. Havia desde contas de telefone até documentos da Colamar e e-mails de suspeitos. Grella acolheu as denúncias e prometeu fazer tudo que estivesse ao seu alcance para encontrar Abdelmassih. As mulheres deram instruções explícitas sobre a necessidade de seguir Dimas e Elaine para descobrir onde o ex-médico estava. Grella destacou Bechara para cuidar do assunto como prioridade máxima. Nos dias seguintes a sua conversa com as vítimas, foi ativada uma dupla da divisão de capturas do Decade para ficar no encalço de Abdelmassih. Os investigadores Marcelo Biondi e Johnny Silvatti Adams foram destacados para encontrá-lo. E o primeiro destino da dupla foi Jaboticabal, último elo para descobrir o esconderijo do ex-médico.

Sant'Anna se descolou um pouco de Vanuzia e das outras vítimas depois da invasão da fazenda de Avaré e passou a ser mais fornecedor de informação do que receptor. Trabalhando na linha de frente da investigação, seguindo os movimentos do Gaeco de Bauru, de seus conhecidos na polícia e conversando com Dal Poz, ele se concentrava em entender direito a conexão Jaboticabal e mais especificamente em seguir os passos de Dimas. Comunicando-se permanentemente com sua fonte na cidade, a fonte Y, tentava descobrir como funcionava a logística de apoio a Abdelmassih. Sabia que dinheiro e pequenas cargas especiais de medicamentos, inclusive manipulados na própria farmácia, saíam da cidade e eram enviados para o refúgio do ex-médico. Quem conhecesse a rota dessas remessas descobriria onde Abdelmassih estava. Para isso, era preciso seguir Dimas. Ele fazia viagens curtas, regulares e misteriosas. Era Dimas que fazia chegar até Abdelmassih tudo o que ele precisava. O gerente da Colamar conversava regularmente por telefone com o chefe. Sant'Anna tinha assumido a dianteira da investigação e se situava inclusive à frente da polícia.

Em julho, Vanuzia se destaca claramente das outras vítimas e aparece como a liderança do grupo em uma matéria publicada na *Veja* e escrita pela repórter Bela Megale.* Vanuzia disse, por exemplo, que decidiu criar formalmente a associação, em 2011, quando Abdelmassih fugiu, mas antes disso trocava mensagens com as outras vítimas que se identificavam. Disse que elas sempre se comunicaram por meio de redes sociais e que as conversas se intensificaram depois que o ex-médico desapareceu. Resumiu sua organização dizendo que ela contava com um núcleo duro de seis ex-pacientes abusadas e afetadas por erros médicos de Abdelmassih que mostravam o rosto, mas que atraía outras mulheres anônimas, cerca de vinte, com quem ela falava regularmente. Algumas viviam fora do Brasil — na Europa e nos Estados Unidos.

Vanuzia explicou direito a divisão de tarefas no grupo. Ela ficava responsável pelos contatos com denunciantes e pela recepção dos documentos, pelos quais, inclusive, respondia civil e criminalmente, e as outras mulheres davam suporte às vítimas. Contou que até estava estudando direito para se aparelhar melhor. Quanto ao futuro, anunciava que mesmo depois da prisão do ex-médico, pretendia continuar ouvindo vítimas e denunciantes e ajudar na busca de outros procurados. As outras mulheres, duas das quais, Helena e Ivanilde, também apareceram na matéria, concordaram com o protagonismo de Vanuzia e acharam que a reportagem ajudava no esforço

---

* Bela Megale, "Associação das vítimas caça Abdelmassih pelo mundo", *Veja*, 20 jul. 2014.

de captura de Abdelmassih e reconhecia a inteligência investigativa das vítimas unidas. Quanto à criação formal da associação, todas consideravam que era de fato, mas não de direito.

A família de Larissa se sentia incomodada com a pressão crescente das vítimas e com a movimentação da imprensa ao seu redor. Em uma cidade como Jaboticabal, onde acontecimentos rumorosos são raros, a situação dos Sacco havia se transformado em um escândalo. O que mais tinha incomodado Elaine era a invasão de sua conta no Facebook e a publicação de uma foto roubada e de ofensas a ela e sua família nas mídias sociais. No começo de julho, enquanto trocava as senhas de seu perfil na rede para se proteger, preparava uma reação mais vigorosa contra as agressões. Contando com os serviços de uma parente advogada, ela dava os retoques finais em uma ação por danos morais contra Vanuzia, Monika, Helena, Teresa, Ivanilde e o próprio Facebook. Estava cansada de postagens ofensivas.

Embora sob responsabilidade da parente, a ação seria distribuída em São Paulo pelo escritório de Oliveira Lima, que concentrava a maior parte dos assuntos de interesse de Abdelmassih. A advogada de Elaine previa um processo longo e trabalhoso e antecipava uma certa dificuldade para a citação dos réus. As acusadas moravam em locais diferentes. Vanuzia e Helena tinham endereço em São Paulo, Teresa vivia em Sumaré; Monika, em Ubatuba; e Ivanilde, em Sorocaba. Estava difícil encontrar o endereço atualizado de algumas delas. O processo ficaria parado até que todas as mulheres fossem notificadas e apresentassem suas defesas. Elaine providenciaria registros em cartório de algumas provas das ofensas cometidas pelas vítimas unidas contra ela e sua família na internet. A advogada de Elaine sugeria que se utilizasse a postagem do Facebook que chamava sua família de quadrilha. Quanto ao site, a advogada temia que o processo fosse travado porque a empresa não aceitava citações judiciais de outros países, apenas dos Estados Unidos, onde está sediada, e isso tornaria o desenrolar do caso mais moroso do que o normal. Foi feito imediatamente um pedido de antecipação de tutela pela advogada para garantir a exclusão sumária de todas as publicações relacionadas à família Sacco no Facebook.

Se havia percebido que seu perfil no Facebook tinha ficado sob controle das vítimas, Elaine não se deu conta de que seu e-mail também estava devassado. Sabiam mais de sua vida e de suas rotinas do que ela podia imaginar. Um mês antes de sua captura, as pessoas que participavam da rede de proteção de Abdelmassih não tinham noção da quantidade de informação dos seus perseguidores e do quanto eles estavam próximos de localizá-lo. Além da investigação particular das vítimas e dos jornalistas, das provas obtidas em Avaré, de todo trabalho de inteligência, começavam a circular as primeiras informações obtidas nas escutas telefônicas autorizadas pela Justiça na investigação do Gaeco. Havia uma estrita vigilância sobre o grupo e Jaboticabal estava sendo esquadrinhada. A polícia já quase tinha certeza de que Abdelmassih estava no Paraguai. Considerava também a possibilidade de seu esconderijo estar localizado em algum ponto no caminho do Paraguai, do lado brasileiro da fronteira, no Paraná ou no Mato Grosso.

As informações que faltavam para a localização exata de Abdelmassih começaram a chegar na polícia e na promotoria pelas gravações telefônicas das conversas do ex-médico com quatro pessoas. Abdelmassih havia comprado celulares pré-pagos para seus contatos regulares no Brasil. Eram pessoas com quem ele precisava estar em conexão permanente. O grupo incluía Dimas, o gerente da fazenda, Sérgio Molina Jr., a irmã Stela e o psiquiatra Carlos Alberto Saad, com quem Abdelmassih tinha uma sessão semanal. Na invasão de Avaré, o esquema de comunicação foi desvendado e a polícia descobriu vários números de telefone do Brasil e do Paraguai e, na sequência, grampeou as quatro linhas principais. Abdelmassih nunca recebia ligações. Só ele telefonava e usava um programa randômico que alterava os números da chamada, buscando números não utilizados em qualquer lugar do mundo. Os chips eram mudados com regularidade pelos quatro usuários e Abdelmassih era atualizado do novo número por um código que usava a palavra-chave Pernambuco, que tem dez letras. Cada letra equivalia a um número, de 0 a 9. Se o novo celular fosse 38597-6543 ele receberia uma mensagem com o código NCMOUBMAN. Quando tinha necessidade de conversar com alguém que não fazia parte da rede de colaboradores, um dos quatro cuidava de levar um telefone até o interlocutor.

A promotoria gravou, ao todo, 134 conversas e reuniu 11 horas de gravações.* Não tirou da boca de Abdelmassih nem dos outros grampeados o lugar em que ele se escondia, a cidade e o país, mas somaram pistas fundamentais. Excelentes surpresas vieram do grampo da linha do psiquiatra, que contribuiu para acelerar sua localização e também para a promotoria entender como funcionava a mente do ex-médico e como ele vinha vivendo como foragido ao lado de Larissa e dos filhos. Para superar as agruras da fuga e usando o telefone exclusivo, Abdelmassih participava de sessões de psicanálise remotas. Larissa também participava. Essas conversas revelavam suas rotinas e as principais preocupações. Falava do que bem entendia e estava certamente no ápice de sua sinceridade. As consultas custavam 9 mil reais por mês, pagos diretamente ao psiquiatra por membros da rede de apoio de Abdelmassih. O ex-médico expunha as dificuldades de seu relacionamento com Larissa, lamentava e criticava o afastamento dos filhos, ofendia as mulheres que o denunciavam e falava em suicídio. Dizia que se mataria se fosse capturado, uma possibilidade que o perturbava cada dia mais. Lavava a alma nas sessões psicanalíticas e tentava explicar o seu desafortunado destino.

— Deus quis quebrar o prepotente, o grande metido a isso, a aquilo, o comedor que passava a mulher para trás constantemente,

---

* "Elas são doentes mentais, diz Roger Abdelmassih sobre vítimas", Maurício Ferraz, *Fantástico*, Globo, 12 out. 2014; "Em escuta, Roger Abdelmassih afirma ter feito sexo com pacientes", *Veja São Paulo*, 12 out. 2014; "Grampos revelam que Abdelmassih fazia terapia de casal por telefone", Kleber Tomaz, G1 São Paulo, 28 ago. 2014; gravações no YouTube (youtube.com/watch?v=iu4sG-_XeJE).

o grande comedor que provavelmente achava que estava tudo disponível. A mulher jogava o milho e eu ia comer e levei ferro. Você sabe que mulher é um bicho desgraçado mesmo.

Abdelmassih, 70 anos, admitia que atacava as mulheres e apresentava uma interpretação distorcida dos encontros com as pacientes. Dizia que tinha sido seduzido, "comido o milho que a mulher jogava", demonstrando desprezar o fato fundamental de que tudo acontecia em um consultório médico, onde deveriam vigorar as leis de Hipócrates. Alguns momentos da conversa com o psiquiatra expunham a fraqueza emocional de Abdelmassih e demonstravam que ele vivia no mundo da lua e que não tinha aprendido nada com sua experiência desgraçada. Estava se sentindo abandonado e sem saída e falava de problemas financeiros. Com a família demonstrava ressentimento. O que mais lamentava era o abandono dos filhos adultos. Queixava-se, tristemente, da ausência completa de todos desde sua fuga. Dizia que podiam pelo menos procurar sua irmã Stela, que sabiam ser o contato direto e imediato com ele, para pedir alguma informação sobre o pai, saber se estava bem, demonstrar alguma vontade de encontrá-lo. Sentia-se completamente abandonado. Os filhos nunca perguntavam, nunca queriam saber dele.

Dizia para o psiquiatra que Larissa andava reclamando muito, que não queria ser impedida de viver sua vida, se incomodava de viver escondida e, às vezes, não tomava alguns cuidados necessários para manter a identidade do casal oculta, como utilizar suas próprias fotos em redes sociais. Abdelmassih contava que ele próprio usava disfarces, como andar de boné ou colocar peruca, além de tirar o característico bigode, mas Larissa não via necessidade de deixar de ser ela. Contava que a mulher se mostrava impaciente, e se dizia cansada de carregar um peso tão grande quanto um homem fugitivo da Justiça. Para consolá-lo, o psiquiatra comentou que o ex-médico e a mulher não teriam mais uma vida normal. Sugeriu que eles se comparassem aos personagens do livro *Robinson Crusoé*, de Daniel Defoe, no qual o herói náufrago convive em uma situação de absoluto isolamento com um único amigo, Sexta-Feira. Propôs também a Abdelmassih que se inspirasse no navegador Amir Klink e pensasse em uma família que viajasse pelo mundo com ele em uma grande aventura. Em outra gravação, Larissa lamentava a condição de vida que a fuga impunha, levando a família a ter restrições de circulação e impedindo todos de viverem normalmente.

Ficou paranoico depois que seu nome foi incluído na lista de procurados da polícia de São Paulo. Via pela internet reportagens que passavam na televisão do Brasil e indicavam a aproximação da polícia. Não se conformava em estar sendo perseguido e achava uma sacanagem seu destaque na página de fugitivos e o aumento da recompensa por sua captura. Velhos conhecidos do mundo político tinham se virado contra ele, gente que ele havia ajudado. Não se conformava com a recompensa de 10 mil reais. Estava decepcionado com os políticos e se sentia traído.

— Dez mil por um milhão — ironizava, em certo momento.

Em conversas com a irmã ia mais longe e falava em monitorar o departamento de capturas para saber mais sobre os movimentos da polícia. Abdelmassih sabia que o programa de recompensas do governo recebera 15 denúncias sobre seu paradeiro e estava muito interessado no teor de cada uma delas. Seu maior interesse era saber se a investigação estava chegando perto de seu refúgio e se a Polícia Federal havia entrado no caso. Sua preocupação principal era que se chegasse ao local exato onde ele estava. Abdelmassih dizia para Stela que um policial amigo enfronhado na Secretaria de Segurança deveria ser procurado porque vazaria dados sigilosos sobre as denúncias. Ele começava a pressentir o pior e queria saber rápido o que estava acontecendo. Não dava o nome do contato na polícia.

Abdelmassih falava várias vezes de suicídio, algo contraditório com sua inabalável fé cristã. Conversando com seu psiquiatra confidenciava que tinha um revólver calibre 38 bem guardado e que, se se sentisse sem saída, resolveria tudo em um minuto. Só queria ter tempo para conseguir se matar. Mostrava-se muito objetivo ao tratar de um assunto tão definitivo. Afirmava, com certa naturalidade, com ar *blasé*, que se mataria, se fosse preso. Não queria voltar para a cadeia.

— Resolvo num minuto — decretava.

Explicava, porém, que Larissa ficaria bem. Ele havia feito um seguro de vida de 4 milhões de reais para a mulher e pensava que depois de viúva ela deveria ir para a Europa, o que confirmava mais uma vez que lá eles não estavam. Por mais que se libertasse para falar com o psiquiatra, Abdelmassih não baixava a guarda para dar informações sobre sua localização. Afirmava, em uma das gravações, estar "aqui" no Líbano. Em outro momento, quando considerava a hipótese de ser encontrado, afirmava "adeus pampa mia", sugerindo que iria deixar alguma região coberta pelos pampas, que poderia ser uma grande área da Argentina, o Rio Grande do Sul e o Uruguai, mas não o Paraguai. De alguma forma a expressão confirmava que ele estava na América do Sul.

Para o psiquiatra, Abdelmassih disse que usava identidade falsa com o nome de Ricardo Galeano. Disse também que sua mulher estava buscando vagas em uma escola americana e tinha inscrito as crianças em uma lista de espera. Achava que Larissa tinha razão em querer colocar os filhos em uma escola bilíngue americana e não em um colégio convencional, por causa do padrão de ensino. Provisoriamente, as crianças estavam em uma outra escolinha bilíngue próxima da casa onde eles moravam. Estabelecimentos de ensino americanos restringiam bastante o número de cidades que deveriam ser consideradas na investigação feita pela polícia. Talvez se limitassem a Assunção, San Lorenzo e Ciudad del Este, as maiores do país. Outra informação decisiva que surgiu nas gravações das conversas com Stela dizia respeito às férias dos gêmeos. O ex-médico comentou que eles estariam descansando entre os dias 14 e 28 de julho, o que correspondia ao calendário escolar paraguaio. Dessa forma, a polícia teve certeza do país em que Abdelmassih se escondia.

Os vínculos de Abdelmassih com o Paraguai eram mais antigos do que se podia pensar. Se não tinha grande prestígio científico em outras partes do mundo, Abdelmassih sempre cuidara do intercâmbio de conhecimento com os grupos de medicina reprodutiva da América do Sul. Recebia muitos clientes de países vizinhos. O ex-médico tinha um relacionamento profissional de décadas com colombianos e argentinos, como o próprio Ricardo Asch, e, ao longo da vida, participou de eventos de medicina reprodutiva em todas as capitais da região. Circulou sempre com desenvoltura na Rede Lara, que fazia congressos anuais e que depois dos crimes o denunciou internacionalmente. Assunção não era um lugar tão estranho para Abdelmassih. Ele sabia, por exemplo, desde os anos 1990, que Nakamura tinha uma clínica na cidade e atendia pacientes de ginecologia, obstetrícia e reprodução assistida, junto com sua segunda mulher, a ginecologista paraguaia Maria Madalena, proeminente membro da associação paraguaia de reprodução assistida.

Talvez houvesse uma certa dose de preconceito da polícia, que insistiu durante mais de dois anos em procurar Abdelmassih apenas em lugares glamorosos, paraísos de milionários, e não pensou em lugares mais próximos, onde ele poderia viver com discrição e ter o apoio financeiro de que precisava. Pensava-se erroneamente que, como era um cara esbanjador, ele só poderia estar em algum destino hedonista, cercado de prazeres. Um raciocínio mais simples que explorasse as questões práticas envolvidas na fuga teria sido capaz de encurtar a busca de Abdelmassih em um ou dois anos. Uma limitação pessoal que tornava plausível a busca de um esconderijo em um país de língua hispânica era que seu inglês era sofrível, embora ele não demonstrasse saber disto. Outro fator decisivo em favor do Paraguai era a logística. No país vizinho, Abdelmassih estaria a cerca de 800 quilômetros de sua base em Avaré, nas margens da rodovia Castelo Branco, caminho natural de quem sai de São Paulo de carro e vai em direção ao Norte do Paraná ou à divisa do Mato Grosso. Receberia dinheiro e qualquer mercadoria de que precisasse rapidamente, na pior das hipóteses de um dia para o outro, por via terrestre, e teria um custo de vida três ou quatro vezes mais baixo do que no Brasil, considerando os preços de aluguéis de imóveis de alto padrão e dos carros importados dos quais ele tanto gostava. Além disso, estando em outro país as chances de ser reconhecido seriam sempre menores do que no Brasil.

As informações descobertas no grampo telefônico dos quatro principais contatos brasileiros de Abdelmassih vazavam pelo Gaeco de Bauru e por Dal Poz para Sant'Anna, que se mantinha atento aos movimentos de Dimas em Jaboticabal e trabalhava de maneira independente dos dois investigadores do Decade, recém-chegados na cidade e hospedados no mesmo hotel que ele. Nessa altura, o repórter estava disputando espaço com a própria polícia porque queria garantir para si a notícia exclusiva da localização e da prisão de Abdelmassih. Seria a coroação de seu esforço. Se ele ficasse atrás da investigação oficial, seria impossível evitar que a informação vazasse para outros veículos de comunicação. O *Fantástico* estava em cima e a *Veja* também. Em um assunto de tanta repercussão, a concorrência chegaria junto em dois segundos. Para evitar isso, ele precisava guardar alguns segredos. Não havia cruzamento entre a investigação do Gaeco de Bauru, com a qual ele estava conectado, e o trabalho dos policiais Marcelo Biondi e Johnny Adams, em Jaboticabal. Em meados de julho, nem o Gaeco nem a polícia sabiam tanto quanto Sant'Anna sobre a função da farmácia de Elaine na logística de proteção de Abdelmassih no Paraguai e sobre as andanças de Dimas pelo interior, até Foz do Iguaçu.

Mantinha-se em comunicação com Vanuzia e as outras vítimas, mas as conversas tinham rareado desde a invasão da fazenda. Estava muito ocupado em realizar seu trabalho e deixou de uma vez por todas de confiar que Vanuzia guardasse segredo das informações que passava para ela. Não queria entregar o ouro da localização para ninguém, a não ser para sua fonte no Gaeco. Começou a pressentir que não teria o controle da situação, nem com as vítimas, nem com as fontes oficiais do caso, como Dal Poz, em março, quando leu duas matérias na *Veja* desvendando todo o esquema de operação da Colamar e o funcionamento dos negócios que sustentavam Abdelmassih em seu esconderijo.* Se vacilasse, Sant'Anna perderia o furo jornalístico.

Com cuidados redobrados, ele andava no encalço de Dimas, tratando de descobrir a rota que levava mercadorias e dinheiro até o ex-médico fugitivo por via terrestre. Não podia, em nenhuma hipótese, despertar suspeitas no secretário de Abdelmassih de que ele podia estar sendo seguido. Com sua fonte privilegiada, Sant'Anna teve seu dia D. Soube que uma encomenda enviada por Stela de São Paulo para a farmácia de Elaine estava destinada ao ex-médico.** Era uma pequena caixa de remédios. Dimas retiraria a carga em uma data específica e a enviaria pelo correio. Sant'Anna acompanhou Dimas saindo da farmácia com a caixa e o seguiu por 60 quilômetros, até Ribeirão Preto. Lá, em uma agência dos Correios no Novo Shopping, o maior da cidade, a carga foi despachada. O repórter também tinha obtido o endereço desse outro destino. O pacote com remédios iria para Foz de Iguaçu, na rua Evaristo Veiga, 63, apartamento 203, situado em um prédio de três andares bem próximos da Ponte da Amizade. Sant'Anna descobriu que sempre chegavam encomendas semelhantes no mesmo local. Dois nomes que não tinham nada a ver com o grupo que protegia o ex-médico apareciam como proprietários do imóvel, um paraguaio e um argentino, com residência, respectivamente, em Curitiba e Assunção.

---

* Bela Megale e Alana Rizzo, "Como Roger Abdelmassih financia há três anos sua fuga da polícia", *Veja*, 12 jul. 2014; Mariana Zylberkan, "Cunhada ajudou a sustentar Abdelmassih no exterior", *Veja*, 22 ago. 2014.
** "*Domingo espetacular* revela os detalhes da prisão de Roger Abdelmassih", Record, 24 ago. 2014.

O que se revelou era que Foz do Iguaçu servia apenas como última escala no Brasil para tudo que estivesse destinado para Abdelmassih do outro lado da fronteira. O apartamento situado estrategicamente próximo da ponte era a fachada para a rede de proteção do foragido movimentar suas cargas entre um país e outro. Ciudad del Este poderia ser a primeira possibilidade de residência no Paraguai. Foi considerada pela polícia e por Sant'Anna, mas descartada por não contar com uma escola infantil americana. O produtor do *Domingo espetacular* chegou a percorrer o bairro residencial mais sofisticado da cidade, na Área 1, perto da região do lago, lugar onde provavelmente ele moraria se estivesse na cidade, e tentou descobrir se havia alguma escola que seguia os pré-requisitos que os Abdelmassih buscavam para atender as necessidades de seus filhos gêmeos.*

Acertado com o Gaeco de Bauru, Sant'Anna fez uma primeira viagem de carro ao Paraguai, no dia 22 de julho, para descobrir o local exato em que o ex-médico estava escondido. Vanuzia e as outras vítimas não tinham ideia de onde o repórter andava e tampouco sabiam que Abdelmassih se entocava no país vizinho. Sant'Anna carregava alguns trunfos fornecidos pela polícia: um deles era um número de telefone local que havia sido obtido pela polícia na batida de Avaré e que pertencia a uma mulher chamada Nilda Orreda Miers, moradora de Assunção. No prosseguimento de suas investigações, o Gaeco descobriu que a linha era usada, na verdade, por Larissa Sacco, que, ingenuamente, colocou seu retrato na conta do número utilizado no WhatsApp. Além disso, em um trote passado na usuária da linha, por uma suposta funcionária da companhia telefônica paraguaia, que ligou para confirmar informações de cadastro, quem atendeu foi uma mulher que falava português. Perguntada sobre Nilda, disse que não era ela que falava e que a dona do telefone não se encontrava.

---

* Idem.

A voz parecia a de Larissa. O telefone estava registrado em um endereço no bairro de San Cristóbal, na rua Guido Spano, 1976, um dos metros quadrados mais caros de Assunção. Ficava a uma quadra da avenida Mariscal López, que prossegue longamente até a margem do rio Paraguai, e a duzentos metros da casa do presidente do país, Horacio Cartes, em um lugar arborizado e agradável.

Era uma casa luxuosa, tão grande quanto a da rua Marechal Bitencourt, onde morava no Brasil. Na sua garagem havia dois carros quase novos, um Mercedes-Benz modelo E350 e um Kia Carnival. Por fora, a casa era intransponível, com muros altos, que não deixava entrever nenhum movimento interno. Sant'Anna não teve chance de encontrar o ex-médico ou Larissa no curto espaço de tempo que passou por ali. Temia ser visto, chamar atenção desnecessariamente. Gravou imagens da casa suspeita para levar para o Brasil e pesquisou a existência de alguma escola infantil bilíngue no bairro. Descobriu uma escola a quinhentos metros do endereço da Guido Spano chamada Maria's Preschool, que se enquadrava nas exigências do ex-médico.

Sant'Anna também soube pelas fontes do Gaeco que Ricardo Galeano, o falso Abdelmassih, frequentava um grupo católico de orações que funcionava na periferia de Assunção, chamado Arautos do Evangelho, e também precisava checar a história. Alguns dias antes, Galeano havia participado de um encontro desse grupo, na casa de uma outra participante. Um dos missionários que liderava o Arautos do Evangelho era brasileiro e isso, soube-se pelas escutas, deixava Abdelmassih preocupado em ser reconhecido. Sem expor seus reais objetivos e buscando mais informações sobre o funcionamento do grupo, como se fosse um interessado em participar da reza, Sant'Anna conseguiu confirmar, gravando com uma câmera escondida sua conversa com o missionário, a realização da reunião recente e a notável presença de Galeano e de sua esposa, uma loira alta chamada

Larissa. Descobriu que o grupo de orações realizou seu último encontro na casa de uma mulher chamada Maria Pidal, amiga do casal. O brasileiro passou o endereço de Maria Pidal e a equipe do *Domingo espetacular* visitou o local, que não ficava muito longe da casa onde Abdelmassih estaria escondido. Depois dessa incursão em Assunção, Sant'Anna retornou para o Brasil.

As vítimas estavam à margem dessa derradeira etapa da caçada do ex-médico. Quem tinha responsabilidade em prendê-lo, afinal, era a polícia. Engolido pela sua investigação e integrado com o Gaeco, com o qual se mantinha em conexão direta, Sant'Anna mal falava com elas. Falava menos com Dal Poz porque sabia que ele conversava regularmente com repórteres de outros programas de TV e revistas e fazia a informação circular. Em Jaboticabal, os investigadores do Decade estavam atrasados em relação ao Gaeco, que conseguira a localização exata do foragido. A promotoria só pensava em um bom momento para colocá-lo na cadeia e também sobre a melhor forma de realizar essa tarefa.

O Paraguai não mantinha acordo de extradição com o Brasil, então não bastava passar a ordem de prisão para a polícia paraguaia e esperar que ela pegasse Abdelmassih e o mandasse de volta para casa. Tampouco poderia haver estardalhaço naquela reta final. Se percebesse que iriam pegá-lo, poderia fugir. Ou tentaria resistir a tentativas de deportação na Justiça paraguaia. Contrataria advogados e ganharia mais tempo. Embora tivesse pouca vida social no país fora do ambiente igrejeiro e da escola dos filhos, porque não queria aparecer muito, Abdelmassih tinha conhecidos influentes entre políticos, médicos e dirigentes de futebol. Isso lhe garantia alguma proteção local, a ponto de conseguir documentos falsos e abrir duas contas bancárias como Galeano. Apesar dos problemas financeiros, ainda tinha muito dinheiro. A promotoria temia que ele se safasse no meio de um debate judicial e, ao mesmo tempo, queria prendê-lo legalmente, seguindo as regras paraguaias.

Havia uma ordem internacional de prisão e a decisão do Gaeco foi montar uma operação de baixo impacto para capturá-lo no Paraguai. Sabiam onde Abdelmassih estava e tinham condições de prendê-lo na hora certa, mas precisavam fazer isso em uma ação cirúrgica, sem erros. A promotoria de Bauru entrou em contato com o setor de inteligência da Polícia Federal, que deveria ser a executora de uma prisão em outro país. Para realizar a missão de prender Abdelmassih, a opção da polícia brasileira foi informar a Secretaria Nacional Antidrogas (Senad) da presença no Paraguai do mais notório foragido da Justiça brasileira, que estava sendo investigado também pela formação de uma rede criminosa que fazia remessas ilegais de dinheiro e transportava medicamentos clandestinamente pela fronteira. Uma discretíssima força de captura foi mandada para o Paraguai. Apenas um homem, o delegado da Polícia Federal Marcos Paulo Pimentel, viajou para Assunção, no dia 11 de agosto, para trabalhar em conjunto com a polícia local, em uma missão secreta para capturar Abdelmassih de uma vez por todas.*

A data não foi escolhida por acaso. Através das escutas no telefone de Stela, a polícia havia descoberto que os gêmeos fariam aniversário no dia 12. Naquela semana seria realizada uma festa na escola para comemorar os três anos de vida. Seria um momento em que Abdelmassih haveria de se expor mais do que o necessário, baixaria a guarda e talvez até fosse cantar parabéns com os amiguinhos dos filhos. No mesmo dia que o delegado Pimentel, Sant'Anna também partiu para sua segunda viagem para Assunção, agora com a equipe de reportagem do *Domingo espetacular*, acompanhado do repórter Raul Dias Filho. Por intermédio do Gaeco, o delegado da PF e o jornalista trabalhavam afinados e mantinham comunicação permanente. A polícia agora

---

* "Rede de proteção financiou vida de luxo de Abdelmassih no Paraguai", *Fantástico*, TV Globo, 24 ago. 2014

sabia tudo que Sant'Anna havia apurado. Quanto às vítimas, estavam desinformadas sobre o local da operação de captura de Abdelmassih. Antes de embarcar, Sant'Anna ligou para Vanuzia e avisou que estava viajando com a missão de fazer a cobertura do cerco e da prisão do ex-médico. Mas blefou. Disse que Sorriso, no Mato Grosso, era o lugar onde ele se refugiava. Esperava que ela guardasse segredo. Combinou com Vanuzia que, assim que tivesse uma notícia segura da prisão, telefonaria ou mandaria uma mensagem para ela e para as outras vítimas.*

Para Pimentel, o primeiro dia no Paraguai foi de conversas na Senad e de definições sobre como a polícia local faria para prender o ex-médico. Concluíram que o melhor pretexto para dar voz de prisão a Abdelmassih era sua condição de imigrante ilegal, que vivia de maneira clandestina e com documentos falsos no país. Investigaram Ricardo Galeano e viram que se tratava de uma máscara do ex-médico. Por estar irregular, Abdelmassih poderia ser preso e mandado sumariamente de volta ao Brasil. Ele não poderia, porém, pelas leis paraguaias, ser rendido dentro de sua casa ou de seu carro. A captura teria de ser realizada na rua ou em um lugar público, com um flagrante de falta de documentos e residência ilegal. Agentes do departamento responsável por problemas de imigração da Polícia Nacional entraram no caso e começaram a pesquisar as rotinas do ex-médico e os locais por onde ele circulava, tudo previamente mapeado pela polícia brasileira. Trataram de investigar as escolas bilíngues da cidade e especialmente a Maria's Preschool, onde confirmaram que os gêmeos estavam matriculados.

Sant'Anna voltava aos locais visitados na sua primeira viagem para Assunção e sem chamar atenção tentava registrar alguns lances

---

* Paulo Henrique Amorim, "Moro é uma das vítimas de Abdelmassih — Leandrinho deixa o livro, o autor e a Lava Jato de cuecas...", blog Conversa Afiada, 11 maio 2015.

da vida paraguaia de Abdelmassih e Larissa, algo que ainda não tinha conseguido fazer. Com a equipe de reportagem, voltava ao endereço da escolinha e circulava pelas ruas de San Cristóbal. Soube pela polícia que haveria uma festa de aniversário dos gêmeos na casa da rua Guido Spano para os amigos e as pessoas mais próximas. Para conferir a informação, a equipe da Record decidiu vigiar a casa de Maria Pidal, a amiga da família. Sant'Anna raciocinou que, se houvesse festa, ela certamente seria convidada. Não teve erro. No começo da noite, Maria Pidal deixou sua casa de carro e se deslocou para o endereço de Abdelmassih.

A polícia paraguaia fechou o cerco ao ex-médico, no dia seguinte. Sua casa passou a ser permanentemente vigiada. Pensaram em várias formas de lhe dar voz de prisão, mas a melhor chance de pegá-lo na rua surgiu quando a polícia descobriu que haveria outra comemoração do aniversário dos gêmeos na escolinha, da qual ele provavelmente participaria. Não queriam despertar-lhe qualquer tipo de desconfiança. Haveria um fim de semana pela frente antes do dia da nova festa e tempo suficiente para a polícia preparar o bote certeiro. O desafio era dar um flagrante ao lado de uma escola infantil, em um bairro residencial, onde jovens mães costumavam passear pelas calçadas com seus carrinhos de bebê e velhinhos caminhavam tranquilamente. Não havia necessidade de um grande efetivo policial nem de aproximações traumáticas. Nem pensar em armas. A operação não deveria perturbar a paz das pessoas que circulavam pela rua da escolinha. Deveria ser antecedida por uma vigilância atenta e acontecer no momento oportuno, de maneira vigorosa e efetiva.

No dia 19, logo de manhã, o Mercedes de Abdelmassih chegou à escola, que estava cercada pela polícia. Era dirigido pelo motorista e carregava os bolos e os doces que seriam servidos na festinha dos gêmeos. Um pouco mais tarde, Larissa chegou no mesmo carro trazendo as crianças. Entrou e saiu da escola poucos minutos depois com aparência animada. As crianças só assoprariam as velinhas no começo da tarde, às 13h30, quando se esperava que Abdelmassih chegaria. Agentes da Polícia Nacional vigiavam a porta da casa do ex-médico e a entrada da escola para acompanhá-lo em todo o percurso. O delegado Pimentel participava da operação. A distância, Sant'Anna e a equipe da Record também olhavam tudo. No horário marcado, o Mercedes saiu da rua Guida Spano, deu a volta no quarteirão e se aproximou da entrada da escola. Assim que o carro de Abdelmassih estacionou, uma viatura à paisana parou logo em frente, em uma manobra insuspeita.

Sem imaginar a armadilha, no começo de uma tarde modorrenta, em uma hora de *siesta*, Abdelmassih desceu do carro e foi caminhando tranquilamente ao lado de Larissa em direção à portaria da Maria's Preschool. Eram os últimos segundos de sua festa paraguaia. Seis policiais, inclusive Pimentel, se aproximaram por todos os lados e o cercaram assim que ele pisou na calçada. Encostaram Abdelmassih em um paredão branco e lhe deram voz de prisão. Verificaram que ele estava desarmado. Um dos agentes da polícia paraguaia filmava a operação. A equipe do *Domingo espetacular* se aproximou em seguida, mas foi impedida de gravar. Abdelmassih não acreditava que estava sendo preso. Demonstrava absoluta surpresa. Larissa observava tudo a três metros de distância, ao lado de um poste, e, impotente, com as mãos próximas à boca, dizia coisas desencontradas. Chamou Abdelmassih de meu amor e perguntava se ele estava com o telefone. Cercado de policiais e imobilizado, Abdelmassih falava em suicídio. Afirmou que queria se matar, que não iria voltar para "aquele lugar", o presídio. Chegou a pedir que os policiais o executassem ali mesmo, no meio da rua. Mas a abordagem, apesar da dramaticidade, foi sossegada e sem gritarias. Não durou nem cinco minutos. Todo mundo falou baixo, os policiais agiram com calma. Abdelmassih não reagiu. Não parecia que estavam prendendo o homem mais procurado do Brasil. O ex-médico foi colocado na picape da polícia e levado para o aeroporto.

Assim que a polícia levou Abdelmassih embora, Sant'Anna cumpriu sua função e ligou para a Record para dar a notícia exclusiva da prisão. Era terça-feira e ainda faltavam cinco dias para o *Domingo espetacular*. O estuprador foragido voltava para a cadeia, finalmente, depois de três anos e seis meses desaparecido. Fora preso na frente de uma escola infantil, em Assunção, com a inestimável contribuição de Sant'Anna. Cumprindo o combinado, ele telefonou em seguida para Vanuzia e comunicou o fato. Disse que Abdelmassih acabava de ser preso. Vanuzia só comemorou muito e agradeceu a contribuição que ele tinha dado. Não perguntou e nem ele disse a cidade onde estava. No caminho entre San Cristóbal e o aeroporto, seguindo os carros da polícia, quando a notícia da prisão ainda não era conhecida no Brasil, Sant'Anna recebeu um SMS do promotor Dal Poz, que lhe perguntava onde Abdelmassih fora capturado. Dal Poz estava com uma repórter da *Veja* que queria confirmar se a prisão acontecera no Mato Grosso, em Sorriso. Sant'Anna comprovou que Vanuzia passava suas informações para outros jornalistas.* Minutos depois, a notícia da prisão em Assunção começaria a ser divulgada com estardalhaço em informativos urgentes na TV Record e no portal R7, para invadir, na sequência, todos os meios de comunicação do país.

O *Domingo espetacular* foi ao ar cinco dias depois. O caso Abdelmassih era a reportagem da semana. Em tom de suspense, mostrava todo o caminho percorrido pelas vítimas, pela promotoria, a polícia e a produção do programa para colocar o bandido na cadeia. A prisão de Abdelmassih tinha grande efeito midiático e sua captura estava integrada a um excelente trabalho jornalístico. O *Fantástico* também tinha sua reportagem, mas sem a mesma quantidade de detalhes e revelações do programa concorrente. Além de imagens exclusivas do momento em que Abdelmassih foi preso e dos últimos dias de liberdade no Paraguai, lugar onde

---
* Idem.

se refugiou desde o primeiro momento de sua fuga e de onde não mais saiu desde então, o programa mostrava personagens novos e desconhecidos como Dimas e os outros nomes de sua rede de proteção no esconderijo e de pessoas que conviviam com Abdelmassih no Paraguai, como o padre brasileiro do grupo de oração ou a amiga paraguaia de Larissa. Para as vítimas, foi uma oportunidade de lavar a alma depois de uma luta sem tréguas — e inédita no Brasil — de vítimas de crimes sexuais que conseguem colocar seu algoz na prisão. Vanuzia podia se dizer aliviada e sua fisionomia estava muito mais alegre do que dois meses antes, quando apareceu transpirando muito na reportagem em que foi mostrada a invasão da fazenda de Avaré. Dessa vez estava alegre e se expressava com placidez. A luz natural ajudava muito a dar mais leveza para seu rosto. Sabia agora que poderia andar pelas ruas sem ser ameaçada. Ela e as outras vítimas tinham alcançado o objetivo com que sempre sonharam. Teresa afirmava que a Justiça voltava a ser feita, que depois de mais de três anos as coisas voltavam ao seu lugar, e lamentava que tivesse demorado tanto. Helena estava feliz. Sorria sem parar e festejava o resultado final do esforço das vítimas.

Depois que chegou ao aeroporto, Abdelmassih foi levado em um avião da Senad para Ciudad del Este, onde foi entregue oficialmente ao delegado Pimentel para voltar para o Brasil por via terrestre, cruzando a Ponte de Amizade, e cumprir sua pena. Liberado pela polícia, Sant'Anna acompanhou o transporte desde Assunção e conseguiu gravar imagens exclusivas dentro do avião. Abdelmassih olhava para os lados, aturdido, tentando entender como sua sorte mudara tanto de uma hora para outra. Respondia perguntas e perguntava sobre Larissa. Queria saber se a mulher estava bem. E as crianças? Seu esquema tinha entrado em colapso. O ex-médico demorou para perceber que estava enredado pelas forças do bem e acabaria na cadeia. Não falava mais em suicídio. Parecia mais conformado com as ironias do destino. Via que estava cercado por policiais que o observavam atentamente, mas percebeu, em certo momento, que outros personagens haviam invadido sua história. Durante o voo para Ciudad del Este, depois de um comentário sobre Larissa, Abdelmassih perguntou a Sant'Anna quem ele era.

— Eu sou o Leandro.

— Ah, você que é o Leandro...

Epílogo

A antimedicina

Hipócrates foi um médico grego que viveu no século 5 a.C, na ilha de Cos, na região da Tessália. Pode ser considerado uma espécie de médico primordial — o fundador da medicina no Ocidente. Sua prática e seus ensinamentos deslocaram o conhecimento do corpo humano e das doenças do plano místico e religioso, dominado por temores e superstições, para o plano da racionalidade. No seu pensamento, não há menção a doenças causadas por razões sobrenaturais. Ele mostrou que as doenças não eram um castigo aplicado pelos deuses e sim a consequência de fatores ambientais, da alimentação e dos hábitos do indivíduo. Hipócrates separou os campos. Dissociou a medicina da filosofia e deu o passo decisivo para afastá-la das subjetividades e estabelecer a distância ideal entre médico e paciente.

Sua pesquisa esteve sempre limitada por um tabu religioso dos gregos, que não permitiam que seus cadáveres fossem dissecados, impedindo uma descrição mais acurada da anatomia e da fisiologia. Mesmo assim foi um pioneiro em várias especialidades. O filósofo Aristóteles escreveu sobre Hipócrates e comprovou sua existência e o prestígio de que gozava em sua época. No diálogo *Protágoras*, de Platão, o médico é citado como a mente brilhante da escola de Cos e chamado de "asclepíade", membro da sociedade de Asclépio, deus grego da saúde e da cura. Descendia de uma longa linhagem de médicos, iniciada com o próprio deus da medicina. Seu pai, Heráclides, era médico e seus filhos também foram. O símbolo da profissão é um bastão com uma serpente enrolada, o Bastão de Esculápio, como Asclépio era chamado na mitologia romana.

A obra que Hipócrates deixou para a posteridade foi o *Corpus hippocraticum*,* um conjunto de sessenta tratados manuscritos, em grego jônico, que sintetizou a medicina da Grécia Clássica. Entre os volumes se inclui o *Livro dos prognósticos*, uma coletânea de aforismos e estudos sobre o regime alimentar durante as doenças agudas ou sobre a influência dos ares, das águas e dos lugares na saúde. O *Corpus* não é a obra de um homem só, mas uma compilação de textos médicos da escola de Cos e inclui contribuições de estudantes, discípulos e antecessores, reunidos sob o nome de Hipócrates, mais proeminente médico da escola. Estudiosos consideram que até dezenove autores podem ter contribuído para a obra, dada a variedade de temas e estilos. As lições, estudos, notas e ensaios filosóficos de Hipócrates e seu conhecido juramento, que integra o *Corpus*, começaram a ser resgatados mais fortemente na Europa a partir do século XVIII, quando era utilizado como manual prático, e estabeleceram os fundamentos da clínica médica e da medicina moderna. A primeira tradução do tratado para o inglês foi feita em 1849 pelo médico escocês Francis Adams, com o título *The Genuine Works of Hippocrates*.

Foi Hipócrates que começou a classificar as doenças como agudas, crônicas, endêmicas, epidêmicas e também a usar termos como "exacerbação", recaída, resolução, crise, paroxismo, pico e convalescência, recuperados pela medicina dos séculos XVIII e XIX. Sua escola de Cos rivalizava com uma outra corrente da medicina grega que se desenvolvia na cidade de Cnido. As duas se diferenciavam pela forma de tratar as doenças. Para os médicos de Cnido, o foco era o diagnóstico, enquanto os de Cos dirigiam sua atenção para os prognósticos e eram extremamente cuidadosos nos seus tratamentos.

---

* *Código hipocrático*, Biblioteca Clássica Gredos. Madri: Editorial Gredos, 2014.

EPÍLOGO

Os de Cos seriam mais acadêmicos e os de Cnido, mais práticos e orientados para resultados rápidos. Hipócrates observava a doença e tentava estabelecer seu curso mais provável. Baseava-se no poder regenerativo da natureza e acreditava que o corpo possuía uma capacidade intrínseca de se curar. Defendia que o repouso e as restrições de mobilidade eram de grande importância, assim como manter o paciente limpo e estéril — só utilizava água limpa e vinho para limpar as feridas, ainda que preferisse tratamentos secos. Não exagerava em emplastros e linimentos balsâmicos nem em remédios mais potentes. Preferia não usar medicamentos e costumava adotar tratamentos mais generalistas.

Com suas recomendações de repouso absoluto, tinha muito sucesso para tratar ossos quebrados e todo tipo de fratura. Criou um equipamento, que veio a ser batizado de "banco hipocrático", com a finalidade específica de imobilizar pacientes. Percebeu que a acropatia, dor ou vermelhidão que afeta as extremidades, era um indicador importante da doença pulmonar obstrutiva crônica e do câncer no pulmão. Definiu os sintomas, o tratamento cirúrgico, que ele mesmo realizava, e o prognóstico do empiema torácico, a supuração do revestimento da cavidade torácica. Hipócrates deixou lições até hoje aproveitáveis para estudantes de gastroenterologia e pneumologia. Com diagnósticos mais gerais, observação atenta e prolongada dos pacientes e tratamentos passivos, os médicos de Cos, diante de todas as limitações técnicas da época, conseguiam resultados melhores e mais consistentes do que os rivais de Cnido, cujos ensinamentos tendiam a funcionar melhor com doenças conhecidas do que com enfermidades incomuns.

Simbolicamente, Hipócrates poderia ser considerado o primeiro cirurgião gástrico, o primeiro pneumologista e também o primeiro ginecologista da história. Tratou com frequência de questões ligadas à saúde feminina e à reprodução. Analisou as mudanças no corpo e no comportamento da mulher durante o ciclo fértil e a gravidez. A tensão pré-menstrual, por exemplo, foi uma percepção hipocrática.

Nos seus tratados, já se verificava que as mulheres sofriam com maior incidência de dores de cabeça, queixas somáticas e com o aumento da tensão emocional no período que antecede a menstruação. Os médicos gregos, inclusive, viam o sangramento periódico como algo benéfico à saúde feminina. Hipócrates descreveu várias situações e mudanças no corpo relacionadas com a fertilidade e a fecundação. Notou que "nas mulheres grávidas o orifício do útero está fechado" e concluiu que "uma mulher grávida está arriscada a abortar se é sangrada, tanto mais quando o feto está mais desenvolvido". Observou também que as mulheres excessivamente magras, ficando grávidas, abortarão enquanto não fiquem em melhor estado e que as mulheres muito gordas não concebem porque o epíploo, espécie de ligamento que compõe o revestimento da cavidade abdominal, comprime o orifício da matriz e impede que elas levem sua gravidez adiante.

Algumas das primeiras ideias sobre herança biológica vieram de Hipócrates. Ele desenvolveu a teoria da pangênese, que resistiu até o século XIX e serviu de base para as primeiras pesquisas genéticas do botânico Jean-Baptiste de Lamarck e para o evolucionista Charles Darwin. Embora sem microscópios e sem saber que existiam micróbios, espermatozoides e óvulos, o médico grego pressupunha que havia uma vida minúscula fora do alcance da visão. Acreditava que cada órgão do corpo de um organismo vivo era capaz de produzir micropartículas hereditárias chamadas gêmulas, que eram transmitidas aos filhos no momento da fecundação. Segundo Hipócrates, na relação sexual se transferiam miniaturas das partes do corpo, como cabelo, nariz e unhas, e dos órgãos do homem para a mulher. Essa transferência explicava as características dos filhos, que misturavam traços e particularidades do pai e da mãe. Na visão desses médicos do passado, a fêmea garantia a matéria básica do novo ser, o acolhimento e o alimento, e o macho era responsável pela essência, injetando-lhe alma e movimento.

EPÍLOGO

De maneira mais ampla, Hipócrates fortaleceu a noção de que os médicos são uma classe única que pertence a um clube fechado e restrito. Costumava ser exigente em questões de comportamento e postura. Exigia que os profissionais fossem asseados, educados e atenciosos e tivessem um comportamento impecável, respeitoso e ético, a ponto de estabelecer um juramento. Fazia isso pensando em criar as melhores condições para a cura, em favorecer a volta do paciente ao seu equilíbrio natural. Mesmo sem saber da existência de micróbios contaminantes, percebeu a importância da assepsia na execução das práticas de saúde. Preconizava que nenhum procedimento médico para diagnóstico ou tratamento poderia prejudicar o paciente. "Em primeiro lugar, não prejudicar", *primum non nocere*, foi uma de suas frases fundamentais.

Esse é o princípio da não maleficência, que fundamenta todo sistema moral e a ética médica, em particular. Antes de expressar atos de misericórdia, bondade ou caridade, o que o médico não pode fazer é causar qualquer prejuízo ao seu paciente, por maldade, imperícia, imprudência ou negligência, e causar dano intencionalmente a qualquer pessoa e, em especial, para aquelas que passam pelo seu consultório em busca de conforto e bem-estar. Deposita-se no doutor a confiança na recuperação e na cura. A ascensão do médico sobre o paciente, uma condição fragilizada por natureza, é grande. Desde um passado remoto, quem passava por um atendimento de saúde podia sempre esperar muitas coisas, menos ser ameaçado, atacado ou estuprado.

O juramento é a herança mais conhecida que o mestre grego deixou para a medicina moderna. Alguns equipamentos, doenças ou deformações de membros ainda levam seu nome, mas é pelo juramento que ele se manteve lembrado e até popular. É uma tradição que recomeçou na Europa há dois séculos e se espalhou para universidades do mundo inteiro. Todos os anos, centenas de milhares de médicos se formam e juram pela preservação de alguns princípios éticos da medicina em nome do mestre-fundador. É o juramento de formatura, um momento ritualístico em que os recém-formados se tornam doutores e entram, de vez, na grande e exclusiva comunidade dos médicos. Não se espera que os médicos tratem isso como tolice ou palavras vazias, mas como um compromisso sério, que será seguido em suas bases por todos aqueles que realmente tiverem vocação para a profissão. Quem pensa em trair seu juramento ou não acha que será capaz de mantê-lo, não deveria estar jurando e muito menos se preparando para exercer a medicina.

No juramento, há referências a um passado remoto e determinações que não significam nada hoje em dia, como jurar por Esculápio, Higeia e Panaceia ou proibir a realização da talha, uma cirurgia grosseira feita para abrir uma saída alternativa para a urina quando a uretra é obstruída. Mas há também compromissos bastante atuais e pertinentes, expressos com toda clareza, que nada têm de simbólicos e que devem mesmo balizar a profissão. De modo geral, o juramento parece envolvido por muita sabedoria e destaca a relação de fidelidade e o respeito que o aprendiz deve ter pelo seu mestre, por exemplo. O médico jura estimar aquele que lhe ensinou a profissão tanto quanto a seus próprios pais, a ponto de com ele partilhar seus bens, se necessário for. Hipócrates era zeloso dessa relação entre mestres e discípulos porque em torno dela se organizava e se hierarquizava o funcionamento da sua clínica. Se hoje soa como um certo exagero o aprendiz ter uma dívida de gratidão com seu mestre, o juramento chama atenção para o fato de que sempre se aprende as coisas com alguém e que não se pode esquecer ou ser ingrato com aqueles que nos trilham no caminho do conhecimento.

Abdelmassih ofendeu Hipócrates e a medicina em todos os sentidos. Hoje se sabe que quando fez seu juramento, em 1969, na festa de formatura da primeira turma da Unicamp, certamente estava falando da boca para fora e cometendo uma impostura com todos que estavam ao seu lado participando do mesmo ritual. Preparava-se para vilipendiar sua profissão e via mais possibilidades se abrirem para manifestar sua lascívia, mas ninguém sabia que havia um monstro na turma. Para uma boa parte, o "turco" era um cara legal. Mas passou a vida sem controlar seus impulsos e sem se solidarizar com o sofrimento alheio. Ao longo de sua carreira, negou cada frase do juramento. Com desfaçatez, jogou no lixo seus compromissos profissionais e subverteu a ordem médica no pior dos sentidos.

Foi especialmente irresponsável quando jurou que "só entraria nas casas para fazer o bem aos doentes e se manteria longe de todo dano voluntário e de toda sedução, sobretudo dos prazeres do amor com as mulheres", como preconiza o juramento. Milhares de anos depois fez justamente o contrário, não numa casa, mas em hospitais e clínicas. Passado pouco mais de um ano de sua formatura, em uma demonstração clara de que estava na profissão errada, atacou Teresa Cordioli no Hospital Irmãos Penteado, em Campinas. Transformou o quarto de Teresa no hospital em um cárcere privado, não permitindo que nenhum outro paciente, a não ser uma cega, ocupasse a segunda cama, em uma manobra sádica que só poderia ser adotada por alguém perturbado. Circularam boatos na sociedade campineira e entre os médicos da cidade de que ele atacara uma enfermeira no Hospital Santo Antônio na mesma época. O caso repercutiu mais do que o esperado e teria motivado o seu discreto afastamento do hospital.

Mais tarde, Abdelmassih encontrou na sua clínica verticalizada, sem controle externo, o ambiente perfeito para manifestar sua perversão e exercer sua antimedicina. Usou sua posição privilegiada de médico para conquistar ou violentar as mulheres que o procuravam para resolver suas dificuldades reprodutivas. Beijava, abraçava, fazia galanteios, telefonava para suas pacientes de maneira inconveniente para tentar conquistá-las. Em vez de cuidar, constrangia e humilhava. Incorria em dois delitos com diferentes graus de gravidade, mas ambos impeditivos da prática médica. Se a violência que o condenou era criminosa, a tentativa de sedução era antiética e abjeta. Abdelmassih mentiu quando jurou que praticaria sua arte com pureza e santidade. Nunca fez isso e tampouco viu qualquer incompatibilidade entre suas taras e o exercício da profissão. Maculou sua vida e a medicina e negou completamente Hipócrates. De maneira diabólica, entregou dois comprimidos de Citotec para sua paciente, sem dizer para que serviam, porque queria vê-la abortar e esconder que os filhos que carregava na barriga tinham sido fecundados com espermatozoides que não pertenciam ao seu marido. Nada poderia ser mais sórdido.

Seria ocioso e até ingênuo cobrá-lo ou condená-lo, nesta altura, por alguma traição ou pelo não agradecimento ao mestre Milton Nakamura, por exemplo, que o iniciou nas artes da reprodução assistida. Seria algo tão pequeno perto das outras vilanias que Abdelmassih cometeu que nem merece mais ser considerado. De qualquer forma, para ficar no essencial, sua falta de humildade impediria que ele tivesse, no mínimo, uma relação de respeito cerimonial com quem quer que fosse, por mais que essa pessoa tivesse lhe facilitado caminhos. Nakamura, muito menos do que como mestre, sempre foi tratado por Abdelmassih como um rival, como mais um concorrente. Na verdade como o pior rival, porque era quem o ofuscava. Dizia para os conhecidos em tom de chacota que Nakamura não sabia ganhar dinheiro e costumava chamar especial atenção para o fato de que Nakamura só realizara seu feito porque teve ajuda de médicos australianos, como se ele não tivesse se pendurado a vida inteira no conhecimento que importava da Colômbia, dos Estados Unidos ou da Bélgica.

A morte de Nakamura, no primeiro dia de 1997, aconteceu no período em que Abdelmassih estava sendo lançado ao estrelato. Superar Nakamura em glória e sucesso foi sempre mais um desafio de adversário do que um elogio de aprendiz e aliado. Rigorosamente, porém, Abdelmassih nunca atingiu seu objetivo por completo. Por mais que se esforçasse em parecer o melhor da medicina reprodutiva, não superou a importância histórica do outro. Nakamura foi o responsável pelo nascimento do primeiro bebê de proveta brasileiro e o criador da primeira clínica de reprodução assistida no Brasil. Foi

EPÍLOGO

realmente o fundador de um negócio na área de saúde, algo que Abdelmassih sempre quis ser. Além do mais, Nakamura era um médico vocacionado e abnegado, além de um romântico da medicina, que exerceu a profissão com dignidade, sem nunca colocar o dinheiro como o principal objetivo do seu trabalho.

Diante de tantos disparates, Abdelmassih teve a condenação merecida pelos deuses da medicina. Como não cumpriu seu juramento com fidelidade, perdeu a honra e deixou de gozar com felicidade da vida e da profissão. Abdelmassih fazia suas pacientes sofrerem, desequilibrava famílias em vez de uni-las e se tornou um criminoso em série. O número de ataques sexuais que praticou impressionam e o transformam no maior caso de violência sexual da história do Brasil. Um ato isolado já deveria comprometer fortemente a carreira de um médico antes que ele começasse a se repetir incessantemente. Ainda que o juramento de Hipócrates possa ser acusado de obsolescência e, em um trocadilho sofrível, tenha virado o "juramento do hipócrita", no caso Abdelmassih ele se mostra perfeitamente apropriado e atual em muitos aspectos. A desgraça pública daqueles que fingem virtudes que não possuem é uma grande condenação.

Seu caso é individualizado, isolado, mas revela algo sobre a cultura médica, orientada para preservar os segredos e os bastidores da profissão e fechada a qualquer exame de suas próprias entranhas. Até o momento em que a Justiça aceitou as denúncias de estupro contra Abdelmassih, ele contou com a solidariedade ou pelo menos com a omissão de alguns de seus pares sobre seus atos, principal razão para explicar sua longa impunidade. Não teve escrúpulos para fazer qualquer manobra a fim de esconder sua personalidade doentia, porque encontrou tolerância em sua comunidade profissional. Vários ginecologistas ouviam reclamações de ex-clientes de Abdelmassih, dez anos antes que ele fosse acusado formalmente de violência sexual, e desconfiavam que aconteciam coisas estranhas no seu consultório. Nunca ninguém se mexeu, possivelmente por causa do receio de ser chamado de invejoso ou coisa parecida. E as vítimas sempre se calaram, porque se sentiam oprimidas pela elevada posição social e profissional de Abdelmassih.

Não se pode entender seu caso sem olhar para as condições especiais de sua profissão e para uma cultura que se perpetua de maneira enviesada e talvez faça surgir um número anormal de especialistas sem vocação real. Dá para avançar um pouco para compreender a longa sobrevivência profissional de Abdelmassih quando se pensa, por exemplo, nos trotes universitários das faculdades de medicina de São Paulo. Embora seja um fenômeno generalizado, que acontece em outras profissões e em outros estados e países, na medicina paulista, em particular nas melhores faculdades da capital e de Campinas, incluindo a Unicamp, onde Abdelmassih estudou, o trote extrapolou todos os limites da sensatez e atingiu um ponto extremo em termos de violência física e emocional.

O fenômeno foi bem dimensionado por uma comissão de sindicância formada por professores, alunos e funcionários da Faculdade de Medicina da USP, que funcionou entre junho e outubro de 2014,* e, em seguida, pela Comissão Parlamentar de Inquérito do Trote, realizada na Assembleia Legislativa paulista, entre janeiro e março de 2015. A sindicância aberta na USP, encabeçada pelo médico patologista Paulo Saldiva, especialista em doenças causadas pela poluição atmosférica, recolheu denúncias de violência sexual contra mulheres e de intolerância racial e sexual contra calouros de ambos os sexos. O relatório final incluía oito acusações de estupros, desde 2011, que motivaram a abertura de um inquérito civil pelo Ministério Público. Em nenhum desses casos de ataque, a maioria consumado nas festas promovidas pela associação atlética da faculdade, as alunas receberam qualquer suporte da diretoria da instituição, que, segundo a promotora Paula de Figueiredo Silva, "deixou de dar prosseguimento a procedimentos administrativos de apuração". Ficou claro

---

* "Médico que apura estupros na USP pede afastamento: 'Foi a gota d'água'", G1, 14 nov. 2014.

em alguns casos que a faculdade tentava ocultar as acusações de abuso sexual para evitar uma exposição pública negativa.

Diante da imobilidade da faculdade, que não encampou o relatório da comissão de sindicância, Saldiva, em uma reação de protesto, pediu afastamento do cargo de professor titular da USP. Depois de comparecer a uma audiência pública na Assembleia Legislativa, afirmou que "a faculdade se comportou mal, que houve demora na congregação, que há uma crise de conduta e de valores e que cansou de engolir sapo". Disse também que seria muito difícil "mudar a chave e tratar melhor o paciente" enquanto os alunos de medicina e profissionais de saúde não aprendessem a se respeitar.

— A faculdade nunca fez nada. Como professor, sinto que falhei, não desempenhei meu papel. Todos os professores deveriam se sentir assim. Isso diz respeito a todos nós — declarou para a imprensa.

A direção da faculdade afirmou em nota que lamentava, mas respeitava a decisão do professor Paulo Saldiva de pedir afastamento da instituição. Garantiu também que vinha fazendo "todos os esforços para apurar os casos de abuso que chegaram ao conhecimento da diretoria, tendo aberto sindicâncias e construído uma comissão de alunos e professores para acompanhar as apurações, avaliar as circunstâncias e propor soluções para que tenhamos um ambiente de permanente respeito aos direitos humanos em nosso campus". Para criar um fato que lhe fosse favorável, a faculdade anunciou a criação de um Centro de Defesa dos Direitos Humanos, afirmando que era uma medida pioneira para garantir o acolhimento às vítimas.

Instaurada em pleno recesso parlamentar, a CPI do Trote, presidida pelo deputado estadual Adriano Diogo, do PT, aprofundou a discussão, ampliou a investigação do trote para outras faculdades paulistas e mostrou que além de prática momentânea, sazonal, realizada no início de cada ano letivo, ele se prolonga ao longo do tempo, e que as obrigações financeiras e ritualísticas do calouro persistem durante todo o curso de cinco anos. Cria-se uma relação que se assemelha à da escravidão. Por meio dos grêmios esportivos, atléticos e associações de alunos e ex-alunos se estabelece uma rede de influência que enquadra mentalmente o estudante de medicina para que ele contribua com dinheiro para a realização de festas e siga uma série de códigos de conduta deturpados que são testados em momentos de lazer e confraternização. Os futuros médicos se amarram ao seu coletivo profissional com o compromisso de reproduzir nos anos vindouros a mesma selvageria da qual foram vítimas ao ingressar na faculdade, garantindo a perpetuação de manifestações que se sustentam em um machismo selvagem, na absoluta intolerância com minorias e no *bullying* desenfreado.

A CPI revelou que em pleno século XXI, poucos são os que se atrevem, dentro da universidade, a questionar esse ciclo doentio, que é consentido por médicos mais velhos e experientes, diretores de faculdade, supervisores, gente supostamente sensata, que se mostra conivente com a espiral de violência que exclui os "fracos" da medicina, aqueles que não querem se sujeitar e questionam o jogo sujo e mafioso da iniciação profissional. Grupos de elite que deveriam estar, desde sempre, comprometidos com os princípios de sua profissão perpetuam uma tradição de irracionalidade e permitem que o pior da profissão consiga se proteger por um pacto de silêncio. Na seleção profissional, indivíduos carrascos, estupradores e mentirosos contumazes acabam sobrevivendo com louvores e ocupando, inclusive, papéis de liderança.

Convocados desde o início do curso a ficarem calados sobre os atos mais abjetos cometidos nos rituais de iniciação e na rotina universitária por alguns de seus colegas, que são populares, quase sempre ricos e, às vezes, bons alunos, os jovens médicos — a imensa maioria dos quais pretende trabalhar honestamente e seguindo as regras da profissão — não costumam ver muitas saídas além de se render ao sistema. Desde que colocam o pé na universidade, sabem que o ritual de iniciação lançará em uma espiral de mentiras e perseguições todo aquele que se atrever a desvendar seus mistérios. Quem é escolhido para sofrer não pode reagir. Os altruístas

EPÍLOGO

devem se calar. Quem não concorda publicamente com os trotes e denuncia seus excessos corre o risco de ser defenestrado da profissão ou tratado como ralé. Afinal, aceita-se que um semelhante seja humilhado e beba urina, que seja cuspido, estuprado e jogado na piscina alcoolizado e sem saber nadar, como aconteceu com o estudante Edison Tsung Chi Hsueh, que, depois de participar de uma festa para os calouros, morreu afogado no clube da Faculdade de Medicina da USP, em São Paulo, em fevereiro de 1999. Tudo é aceito, menos a deduragem.

Ouvindo o depoimento das vítimas na CPI, ficou evidente que, se a mulher bebe demais, corre o risco de sofrer algum abuso. E as testemunhas não podem falar nada. Alguém pode dizer que foi o propofol. Em vez de ajudar uma caloura em dificuldades a sair de uma situação difícil, a ordem é prejudicá-la.

— *Primum non nocere* — deveriam lembrar os veteranos.

Para as vítimas que aceitarem as regras só restará repetir os atos de seus algozes e fazer os outros se submeterem às mesmas torturas nos anos seguintes. Quando chegar na residência médica, se resistiu às tentativas de opressão e humilhação, esse jovem médico só vai encontrar portas fechadas e frequentemente vai ser obrigado a procurar outras cidades ou outros estados para fugir do jugo de seus contemporâneos de faculdade. E mesmo em lugares distantes muitas vezes vai ser apontado como um cara suspeito, um delator que trai seus parceiros. Muitas vítimas desses trotes não são menos relevantes do que as vítimas de Abdelmassih. São situações semelhantes nas suas motivações e na impunidade que beneficia seus autores. Só é lamentável que as vítimas ainda tenham tanta dificuldade, por causa da lei do silêncio que vigora no ambiente universitário, de acusar formalmente e culpar alguém pelas sequelas e traumas causados pela perseguição que sofreram. As diretorias das faculdades sempre preferiram abafar os casos e evitar escândalos, para preservar sua imagem.

As histórias levantadas pela CPI são chocantes e mostram que o nível de crueldade dos trotes da medicina é mais alto do que se espera de qualquer ser humano e principalmente de futuros profissionais da saúde. Gostar de fazer o outro sofrer parece ser a norma dos que organizam esses rituais de iniciação. Fica claro por que caras como Abdelmassih acabam escapando ilesos em um sistema que deveria espirrá-lo da profissão desde o início, antes de ele cruzar a porta da faculdade. Disse bem uma das alunas entrevistadas em uma série de reportagens especiais sobre trotes na PUC e na Unicamp, em Campinas, realizada pela EPTV, emissora afiliada à TV Globo, quando acusou o assédio e a tentativa de extorsão que tinha sofrido do grêmio acadêmico da Unicamp, em 2011.*

Ela afirmou que os trotes ajudam a forjar o corporativismo médico, integram a mesma estrutura de poder que funciona na profissão. Essa ex-aluna foi boicotada quando era residente em um hospital e não conseguia apoio de nenhum colega para aprender a fazer uma amnioscopia, um exame para avaliar visualmente o líquido amniótico com o objetivo de verificar a vitalidade do bebê. Diziam claramente que para ela não ensinariam. Outro aluno humilhado, dessa vez da PUC, afirmava que a universidade, em vez de combater a violência, a reproduz. As faculdades paulistas de medicina podem ser consideradas, em 2015, lugares inóspitos. As estatísticas do trote mostram que 1 em cada 9 alunos do curso de medicina da USP sofreu algum tipo de agressão ao ingressar na faculdade, nos últimos dez anos.

O caso Abdelmassih chama atenção para um problema de governança e *compliance* nas clínicas de reprodução assistida, e também para uma vulnerabilidade sistêmica que afeta a medicina em geral e as instituições que deveriam transmitir e zelar pelas boas práticas

---

* "Alesp instala CPI para apurar casos de abuso sexual no campus da USP", Agência Brasil, 17 dez. 2014; "Audiência pública da CDH ouviu vítimas de abusos", site da Assembleia Legislativa do Estado de São Paulo, 11 nov. 2014.

da profissão: a falta de transparência. *Compliance* é um termo inglês, derivado do verbo *to comply*, que significa cumprir as regras, fazer as coisas direito, seguindo as normas e regulamentos. Instituições e empresas de todo o mundo tratam, hoje, de andar na linha porque sabem que atuar dentro da lei é bom para os negócios. Para evitar problemas futuros analisam os riscos de eventuais desvios e inconformidades e procuram ter uma política interna rígida e não sair da rota. De modo geral, as instituições de saúde brasileira estão atrasadas em relação à questão de governança, mais do que empresas de outros setores. O Hospital de Clínicas de Porto Alegre foi o primeiro no país a implantar um comitê de bioética, em 1993. Nas clínicas de reprodução, onde se maneja material genético humano, só depois do escândalo de Abdelmassih verificou-se que havia um enorme déficit de informação.

Os médicos preferem viver em um mundo à parte e só se medir pela própria régua do que mostrar como funcionam os bastidores de sua atividade. Situações como a de Abdelmassih são incômodas pois revelam algo que a corporação gostaria que permanecesse escondido — seus podres. O próprio Hipócrates tem um pouco a ver com essa situação. O juramento exige que o médico seja discreto em relação a tudo que fala. Mais do que discreto, ele deve fechar a boca sobre o que diz respeito à vida alheia. Não só na profissão como na vida. O juramento estabelece que o médico não deve divulgar nada que vir ou ouvir sobre outras pessoas, tenha ou não relação com a prática da medicina, respeitando tudo aquilo que deva ficar secreto. É vago, mas indica que uma obrigação dos médicos é não falar, por exemplo, sobre o que outros profissionais, concorrentes ou não, fazem de errado, principalmente para pessoas de fora da profissão.

Durante anos, o Cremesp tratou Abdelmassih com uma conivência só explicável por essa cortina de silêncio que separa as atividades médicas e a sociedade. Desde que começou a trabalhar em reprodução assistida, Abdelmassih se mostrou um médico-

-problema, mas nunca foi, de fato, investigado. Em 1991, três anos depois de entrar no negócio, foi alvo de uma primeira denúncia por propaganda enganosa, por começar a exagerar seus índices de sucesso e garantir resultados que não podia assegurar. Nos anos seguintes, até janeiro de 2009, quando começaram a chover as novas acusações de estupro, o conselho recebeu outras 15 acusações contra Abdelmassih, mantendo uma média de quase uma por ano, incluindo propaganda enganosa, fraudes comerciais, não cumprimento de contratos, manipulação genética, realizar procedimentos que o paciente não queria e uma, em 1997, de assédio sexual. Apesar de ser um médico-problema, merecia toda confiança do Cremesp.

O atual presidente do órgão, João Ladislau, informa que a denúncia não prosperou porque foi negada pelo médico e não se encontraram provas ou testemunhas do assédio. A palavra da denunciante foi neutralizada pela defesa do acusado. E como não apareceram outras reclamações de assédio e violência sexual, ela se tornou um caso isolado. "Para que possamos tomar alguma providência é importante a reincidência", afirma. Ladislau diz que a investigação desse tipo de desvio ético é extremamente difícil e quando só há um caso, sem provas materiais, normalmente é arquivada. Entre 2010 e 2013, no estado de São Paulo, onde há 122 mil médicos ativos, 66 médicos tiveram o registro cassado e, desse total, 14 cassações foram confirmadas pelo Conselho Federal de Medicina. Nove desses profissionais deixaram de trabalhar e os outros cinco continuaram trabalhando apoiados por decisões judiciais. Dos nove, dois foram excluídos da profissão por causa de denúncias de assédio sexual, um dos quais é Abdelmassih. "Depois desse caso, criamos uma Câmara Técnica de Assédio para julgar todas as denúncias relacionadas a abusos praticados por médicos", afirma.

Apesar dos esforços posteriores, ainda é surpreendente que um sujeito com o perfil de Abdelmassih não fosse alvo de uma vigilância mais sistemática. O órgão tinha excelentes motivos para desconfiar que Abdelmassih trabalhava sem preocupação real com a ética e no limite da lei, beirando com frequência a ilegalidade, e adotava práticas anticoncorrenciais, mas nunca tomou qualquer atitude contra o médico e sua clínica nem chamou sua atenção publicamente ou causou qualquer mínimo arranhão em sua imagem ao longo de sua bem-sucedida carreira. Todas as denúncias contra ele feitas no passado, antes da divulgação da existência da investigação por estupro no Ministério Público, se resolveram em conversas de gabinete, em um ambiente de compadrio, e foram, invariavelmente, arquivadas.

Em uma prova de falta de governança, o Cremesp mantinha Abdelmassih como um consultor regular. Reconhecido por seus pares como grande sumidade, produzia pareceres técnicos para o órgão. Mesmo com uma folha corrida considerável que deveria ao menos deixá-lo sob suspeita, era considerado, na pior das hipóteses, um médico polêmico e muito invejado. O Cremesp só decidiu abrir uma investigação contra ele a reboque da promotoria e da polícia e só cassou provisoriamente sua licença às vésperas de sua transformação em réu pela Justiça. Em um lapso de lucidez institucional, as informações desabonadoras contra Abdelmassih foram sempre esquecidas. Evidentemente, depois do caso, o Cremesp e o CFM trataram de dar um salto de governança, reforçar seus regulamentos e aperfeiçoar seus mecanismos de controle.

De qualquer forma, há de ser crítico também com os números oficiais do Cremesp referentes ao caso porque eles mascaram a realidade e não incluem mulheres que se sentiram inibidas de fazer acusações formais contra o ex-médico. Várias vítimas de Abdelmassih declararam que procuraram o órgão para acusá-lo de assédio sexual, ao longo dos anos, e desistiram de fazer a denúncia depois do primeiro atendimento telefônico ou presencial. O discurso receptivo do órgão evoluía na direção de mostrar as dificuldades que a vítima teria se fizesse uma acusação. Em outros casos, a reclamação era simplesmente ignorada, como aconteceu com a consultora de viagem Cristina, outra ex-paciente abusada, que procurou o Cremesp para protocolar sua reclamação.* O atendente não mostrava disposição de checar se havia alguma veracidade no que estava sendo dito. A conversa inicial normalmente se direcionava para o "vai ser você contra ele e no final você pode ser até processada". Criava-se um clima de medo que só não desanimava as muito resolutas e que não tinha a ver apenas com o caso Abdelmassih, mas era esse o padrão básico de atendimento.

Mais falha ainda do que a vigilância dos médicos era a das clínicas de reprodução humana, que funcionam em uma zona de interseção entre a pesquisa científica e a medicina, onde convivem embriologistas e médicos, e devem ser fiscalizadas pela Anvisa desde 2005. Como acontece em novas especialidades, com rápido desenvolvimento tecnológico, a fiscalização costuma ficar a reboque dos saltos evolutivos. Por manipularem material genético humano, esses estabelecimentos seguem uma legislação específica e, antes do caso Abdelmassih vir à tona, tinham se tornado quase invisíveis para a agência sanitária, que acompanhava com dificuldade os estoques de embriões, óvulos e espermatozoides em mais de 120 clínicas em todo o país, algumas com capacidade para fazer pesquisa científica de alto nível com células-tronco e pouco dispostas a abrir seus prontuários e bases de dados. A situação atualmente está equacionada. Desde que a Anvisa implantou seu Sistema Nacional de Produção de Embriões (SisEmbrio), em 2008, e o aperfeiçoou em 2011, depois das denúncias publicadas na revista *Época* sobre a clínica, há um controle individualizado dos óvulos e embriões produzidos em cada clínica do país. Segundo o 8º relatório do SisEmbrio, que consolida dados de 2014, há 106 clínicas

---

* Cecília Araújo, "Vítimas de Abdelmassih interagem entre si na rede", Veja.com, 27 ago. 2009.

de reprodução cadastradas no sistema, 37 das quais estão em São Paulo, com um total de 47.812 embriões congelados e 227 doados para pesquisa com células-tronco embrionárias. No ano passado, foram realizados 27 mil ciclos no Brasil, produzidos 257.006 óvulos pelas pacientes dos tratamentos e 60 mil embriões foram transferidos, tendo sido 41.830 descartados.*

Clínicas de reprodução eram lugares pouco vigiados, inacessíveis para qualquer órgão fiscalizador, que serviam perfeitamente para Abdelmassih manifestar sua perturbação psicológica e exercitar sua perversão específica sem ser visto. Em uma clínica fechada, protegida, privada, verticalizada, Abdelmassih manifestou seus vícios livremente por mais de uma década. Ele se escondia à luz do dia, como o traficante Walter White, da série americana *Breaking Bad*. Fazia o que queria na frente de todo mundo e ninguém via. Em uma clínica própria, pagando bons salários, Abdelmassih teve condições de comprar o silêncio de assistentes e subordinados, médicos ou não. Se estivesse trabalhando na universidade, por exemplo, seria obrigado a lidar o tempo inteiro com o olhar crítico de outros professores e pesquisadores sobre qualquer desvio ético de seu trabalho.

Depois que a crise acontece, fica mais fácil vislumbrar os sinais que a antecediam. Se a percepção fosse mais precoce, muitos problemas poderiam ser evitados. Em se tratando de falta de governança, era exemplar o estilo de atendimento de Abdelmassih, que se permitia abraçar e beijar seus pacientes de forma intensa, como se estivesse lidando com amigos íntimos. Ainda que muitos médicos façam isso e não sejam maníacos sexuais, havia um evidente exagero na demonstração de afeto de Abdelmassih pelas pessoas que buscavam seus serviços, em especial as mulheres bonitas. Não é normal um médico segurar o rosto de suas pacientes

---

* "SisEmbrio — 8º Relatório do Sistema Nacional de Produção de Embriões", Portal Anvisa, 2015.

com as duas mãos e dar beijos muito próximos da boca. Entrava sozinho com algumas delas em sua sala de reunião; circulava sorrateiro, à distância das enfermeiras, pelas salas onde as pacientes se recuperavam.

Seu comportamento profissional era inapropriado e muitos maridos só toleravam esses excessos com suas mulheres porque ficavam constrangidos pela sua condição de celebridade gente fina, que só dava bola dentro, e temiam contrariar um cara famoso e importante. Sem se estender muito em exemplos internacionais, como o de Boston, nos Estados Unidos, por exemplo, onde mulheres e crianças não entram em nenhum consultório sem um acompanhante, o que acontecia na clínica de Abdelmassih em termos de desrespeito a regras básicas de conduta e relacionamento profissional só encontra justificativa em uma situação de caos institucional ou em uma organização liderada por alguém sem qualquer respeito pelas regras estabelecidas que tem certeza de que ficará impune porque mesmo que aconteça o pior os seus cupinchas irão protegê-lo. Achava que um bom gerenciamento de crise poderia resolver seu problema ou que as palavras de defesa de seus amigos seriam mais fortes do que qualquer acusação que viesse de ex-pacientes.

Abdelmassih nunca imaginou que seria pego em flagrante justamente no seu momento de glória, quando era mais rico, poderoso e famoso. Sentia-se invencível e não achava que fazia nada de errado, como até hoje não acha.* Ser acusado de estupro por constranger suas pacientes e terminar a vida na cadeia nunca esteve no script que fez de sua própria vida, que vinha sendo uma sucessão de êxitos, até surgirem as primeiras denúncias e Sônia morrer. Superava todos os obstáculos de mercado, não dava chance para os concorrentes e só prosperava e enriquecia. De repente, desapareceu a mulher que o apoiou a vida inteira e

---

* Daniela Pinheiro, "Na cadeia com Abdelmassih", *piauí*, agosto de 2015, n. 107.

veio a desmoralização. Abdelmassih nunca se preparou para isso. Desde a infância em São João da Boa Vista deu uma de bonzinho e conseguir ludibriar todo mundo até o fim. No começo das investigações, para se defender, argumentava para a repórter Lilian Christofoletti que um médico tão bem-sucedido quanto ele não poderia ser um criminoso sexual, como estavam dizendo. Como alguém que chegou tão longe, atingiu a glória, um pai de família exemplar com título de cidadão honorário de quatro cidades paulistas, pode ser um estuprador? Questionava a repórter como se isso fosse impossível e ninguém fosse capaz de enganar tanta gente por tanto tempo.

Rigorosamente, era difícil imaginar o grau de obscuridade que havia no comportamento do ex-médico. Quando as investigações se iniciaram, o promotor José Reinaldo Carneiro, que bancou o caso nos seus primórdios, lembra bem que o herói da história era Abdelmassih. Os promotores e as vítimas eram os vilões, os invejosos, os sabotadores da elite, os aproveitadores, os frustrados que agiam escondidos para prejudicar um médico ilustre. Não se conheciam fatos desabonadores a Abdelmassih. As poucas informações que surgiam se dissipavam como boatos. Até que surgissem os primeiros e-mails com denúncias anônimas no final de 2007, mesmo seus assessores e consultores de comunicação só tinham ouvido, no máximo, alguém falar vagamente de problemas do Cremesp, não necessariamente relacionado com assédio sexual. Viam-no posando de garanhão, envaidecido com a própria beleza, e jogando dinheiro pela latrina, mas não imaginavam que fosse um estuprador. Para todos os efeitos, Abdelmassih era um sujeito sem graves máculas.

Além do mais, era uma fonte de notícias para muitos repórteres e colunistas importantes. As informações que passava para a imprensa não tinham qualquer relação com reprodução assistida. Abdelmassih fazia circular informação dos bastidores da política, do mundo empresarial, da área médica, que obtinha com seus conhecidos, amigos ou pacientes e compartilhava de maneira calculada para manter relações sólidas com jornalistas e, em alguns veículos, diretamente com seus donos. Era uma fonte privilegiada da imprensa, que distribuía informação correta e exclusiva. Além de ser amigo de muitos políticos, Abdelmassih contribuía para o financiamento de campanhas. Tinha também relações de negócios antigas e especialmente próximas e consistentes com laboratórios farmacêuticos, processadores de laranja, gente do mundo do espetáculo e donos de hospitais. Mas ninguém imaginava que fosse um criminoso sexual.

Investigar Abdelmassih, um sujeito com tanta influência, era penetrar em um campo minado. Todos os cuidados foram tomados pelo Ministério Público quando este decidiu entrar no caso. Sabia que se houvesse qualquer erro, viria chumbo grosso. Antes de mais nada, porém, Carneiro tinha muito medo de cometer uma injustiça, e o sigilo absoluto da investigação durante vários meses era também uma decisão para preservar o suspeito. Ecoava tanto na promotoria como na imprensa o caso da Escola Base, símbolo das acusações precipitadas que destroem reputações injustamente. Na *Folha*, a primeira notícia da investigação foi publicada com extremo cuidado e sem qualquer exagero ou incorreção. Sob todos os aspectos, tratou-se de um trabalho jornalístico perfeito de Lilian Christofoletti, incluído, em 2011, em uma lista com as noventa reportagens da *Folha* que fizeram história.

Desde o início, o caso seguiu um claro roteiro de mídia. O mesmo jornalismo, alimentado por um exemplar trabalho de assessoria de imprensa, que serviu para elevar Abdelmassih à condição de gênio da reprodução assistida e médico das estrelas, desconstruiu sua imagem e o devorou. Sua derrocada começou na produção do *Jornal Nacional*, a partir da denúncia de uma vítima jornalista que fez questão de permanecer anônima; passou pela *Folha*, que deu visibilidade à investigação, gerando uma reação em série, materializada em dezenas de novas denúncias,

EPÍLOGO

e cresceu na revista *Época*, na *Veja* e na redação do *Fantástico* para terminar na redação do *Domingo espetacular*, da TV Record. O caso Abdelmassih começou e terminou com dois grandes esforços de investigação jornalística, primeiro de Lilian, que teve coragem e competência para expor a história, e depois de Sant'Anna, que descobriu o paradeiro do ex-médico em Assunção, fechando o ciclo. São exemplos de um jornalismo proativo que interfere na realidade de maneira legítima e traz uma evidente contribuição para a sociedade. Combinado com esse esforço da grande imprensa, houve um uso permanente e inteligente das mídias sociais, primeiro por Iris Saga e as vítimas que começaram a espalhar na internet denúncias anônimas de abusos sexuais cometidos pelo médico, em 2007, e depois, a partir de 2009, no perfil das vítimas de Abdelmassih no Facebook. Jornalistas, vítimas e, obviamente, promotores públicos, que decidiram reagir contra um sujeito poderoso e inescrupuloso, compõem um grupo de pequenos heróis e heroínas que conseguiram desmascarar o médico e colocá-lo na espiral do fracasso.

Depois de ser preso e enviado de avião para Ciudad del Este, Abdelmassih foi deportado para o Brasil e chegou no fim da tarde em Foz do Iguaçu. Seguiu imediatamente para a delegacia da Polícia Federal, onde passou a noite. Vanuzia só soube de sua localização no Paraguai e de sua captura pela TV Record, que deu a informação transmitida com exclusividade por Sant'Anna de Assunção. Telefonou, efusiva, para Helena, que havia acabado de chegar em casa, depois de deixar as filhas na escola. Orgulhosas da própria conquista, combinaram de se encontrar à noite, na casa de Helena, para conversar sobre a prisão. Outra vítima da clínica do ex-médico, a artista plástica Silvia Franco, que passou pelo tratamento para engravidar, em 1997, também apareceu. Comeram omelete de brócolis, tomaram suco de laranja e começaram a planejar seus próximos passos.

O primeiro deles seria esperar Abdelmassih no aeroporto para festejar publicamente sua captura. E, num plano mais estratégico, resolvida a pendência do crime sexual, era hora de discutir o futuro. Para algumas, o caso tinha acabado. Para outras, não. Vanuzia, por exemplo, pensava em ampliar o campo de discussão e avançar com mais determinação no debate sobre outros possíveis crimes do ex-médico, principalmente para o sumiço de embriões e o uso inadvertido de células sexuais de terceiros em serviços de fertilização. Desde sua entrevista para Ana Maria Braga, em 2010, ela chamou atenção para o problema da gestão do estoque de embriões na clínica e acusava o médico de ter dado destinos não autorizados para esse material genético que pertencia a ela. Silvia também enfrentava o mesmo problema. Seus embriões tinham desaparecido.

No dia seguinte à sua prisão no Paraguai, a polícia transferiu o foragido mais procurado do país para São Paulo. Por volta das 15h30, assim que chegou em Congonhas e tirou o pé do avião, foi levado até a delegacia do aeroporto, no piso de embarque do terminal de passageiros 2, onde colheram suas digitais, fizeram exame de corpo de delito e registraram o boletim de ocorrência da captura. Como a polícia temia algum tumulto ou tentativas de agressão ao ex-médico, havia uma faixa de isolamento na área próxima à entrada da delegacia. Sabendo de sua chegada iminente, uma multidão de curiosos se aglomerava no saguão, além de dezenas de jornalistas e cinegrafistas. As vítimas, agora finalmente satisfeitas com a Justiça, estavam representadas por Vanuzia, Helena, Ivanilde e Cristina, além de Silvia Franco. As cinco decidiram ir ao aeroporto olhar Abdelmassih nos olhos, ficar cara a cara com o estuprador, tornar sua recepção mais hostil. Queriam mostrar sua coragem e, principalmente, que tinham rosto. Vanuzia disse em tom de sarcasmo que estava no aeroporto para lhe dar boas-vindas "ao inferno", que seria sua volta à prisão.

— Bem-vindo ao inferno — falou em alto e bom som.

Com um policial de cada lado, Abdelmassih apareceu no saguão. Usava camisa branca e colete à prova de balas. Estava algemado e olhava para a frente, de cabeça erguida, mas evitando encarar as pessoas. Gritos de "monstro", "vagabundo" e "safado", além de vaias, ecoaram pelo aeroporto. O ex-médico passou rapidamente e, a certa altura, sorriu para as câmeras. Ao vê-lo próximo, Silvia chamou Abdelmassih e disse para olhar suas vítimas, mas ele não se abalou. Abraçadas, as vítimas o viram se afastar. Vanuzia ergueu as mãos aos céus e agradeceu a Deus. Um carro da polícia esperava Abdelmassih na saída do terminal para levá-lo à Penitenciária do Tremembé, que voltaria a ser sua morada. Outra três viaturas fariam a escolta do preso durante a viagem. "Não quisemos fazer escândalo, apenas mostrar que nosso pesadelo acabou", disse Silvia. "A sensação é de dever cumprido. A gente agora só pede que a Justiça seja feita e ele continue preso para que possamos ter uma vida em paz", completou Ivanilde, abraçada a Helena e Vanuzia.*

O prêmio de 10 mil reais oferecido pelo governo para quem desse informações que levassem à prisão do ex-médico não foi pago. Para reivindicá-lo seria necessário denunciar Abdelmassih de maneira sigilosa pelo *hot site* da Secretaria de Segurança e seguir o roteiro do programa de recompensas de Alckmin. Chegaram quinze denúncias sobre o esconderijo do ex-médico, mas nenhuma foi acertada. As pistas fundamentais vieram de fontes das vítimas, pessoas que não tinham contactado a polícia. Helena disse que as vítimas sugeririam ao secretário Fernando Grella que a recompensa fosse entregue para a pessoa de Jaboticabal, a fonte Y, que dava informações para Sant'Anna sobre as encomendas destinadas ao ex-médico. Helena argumentou que se tratava de uma pessoa humilde que ajudara o grupo das

---

* Marcella Fernandes, "Vítimas de abuso por Roger Abdelmassih tentam agredi-lo em sua chegada ao Aeroporto de Congonhas", Brasil Post; "Vítimas de Roger Abdelmassih contam detalhes dos abusos sofridos", SBT Brasil, 20 ago. 2014, <youtube.com/watch?v=TGnIFNIjP2w>; Lívia Machado, "Vítimas revoltadas vaiam ex-médico Abdelmassih na chegada a São Paulo", G1, 20 ago. 2014.

vítimas e a Justiça de maneira desinteressada e fora fundamental para localizar o fugitivo. A ideia não prosperou porque a fonte não seguiu os trâmites formais exigidos para os informantes. O governo, além de arrumar uma notícia positiva e impactante na área de segurança pública, muito bem-vinda em um ano eleitoral, fez uma economia de 10 mil reais.

Naqueles dias, as conversas sobre a ativação da associação foram retomadas. Ferraz já não mantinha contato com o grupo. Nos primeiros encontros com a imprensa, depois que Abdelmassih foi preso, as outras vítimas se apresentavam como membros da associação. O sucesso na empreitada de pegar o ex-médico tinha dado visibilidade e uma nova função social para elas, que apareciam agora como heroínas e serviam de exemplo de cidadãs que lutavam pelos seus direitos. Negavam a resignação que, em geral, se espera de vítimas do que quer que seja. Mostravam-se poderosas e desafiadoras. Enfrentar um homem rico e levar a melhor duas vezes, para prendê-lo e condená-lo e depois para capturá-lo no Paraguai, foi um grande mérito coletivo. As solicitações da imprensa se intensificaram e a casa de Helena, em São Paulo, passou a ser o quartel-general dos encontros do grupo. As entrevistas para jornais e TVs passaram a ser marcadas lá. Assim que Abdelmassih foi preso, Thomaz Bastos e Oliveira Lima entraram com um recurso em que pediam a anulação da sentença e as vítimas imediatamente reagiram. Teresa Cordioli sugeriu a criação de uma petição virtual no site change.org para pressionar a Justiça pela rejeição do apelo. O recurso, que poderia tirar Abdelmassih da cadeia, foi julgado e negado no começo de outubro.

Mais detalhes sobre o esquema de proteção do ex-médico foram divulgados pelo Ministério Público depois de sua prisão. Uma novidade que surgiu foi o nome do empresário Ruy Marco Antonio, ex-dono do Hospital São Luiz, amigo de Abdelmassih dos tempos de Unicamp e personagem da festa do Leopolldo, que estava sendo investigado pela suspeita de colaborar com a rede.* Pelas escutas telefônicas, a polícia pôde perceber que os dois tinham intimidade. Marco Antônio chamava Abdelmassih de "turco". Falava com o ex-médico sempre pelo celular de Sérgio Molina Jr., administrador da fazenda de Avaré, que, segundo a investigação, recebia dinheiro vivo de Antônio e depositava na conta da Colamar. Em Jaboticabal, Dimas Campelo Maria sacava o dinheiro no banco e o transportava em seu carro para Foz do Iguaçu. Segundo a polícia, Dimas viajou nove vezes para Foz do Iguaçu entre março de 2013 e maio de 2014. Fotos divulgadas na edição do *Fantástico* do dia 24 de agosto mostravam que uma das últimas viagens do secretário de Abdelmassih para Foz acontecera no dia 1º de maio. Na ocasião, o carro de Dimas atravessou a Ponte da Amizade às 10h41 e retornou para o Brasil 37 minutos depois.**

As conversas com Ruy Marco Antônio eram francas, de amigo do peito. Abdelmassih dizia que a história que o envolvia era "um absurdo" e chamava as vítimas de doentes mentais. Ironizava mais uma vez o tamanho da recompensa pela sua captura e comentava que estava valendo pouco. Graças a parte dessas gravações que a polícia exibiu para a imprensa, deu para saber que Abdelmassih tinha uma espécie de dívida rotativa com Marco Antônio. Em uma das ligações gravadas pelo Gaeco, o ex-médico agradeceu um empréstimo recente e garantiu que iria pagá-lo, mas pedia ajuda por mais algum tempo. Queria honrar a dívida em duas parcelas. Logo pagaria a primeira parte, de 200 mil reais, e explicava que, em 2015, teria uma sobra em torno de 900 mil reais, talvez 1 milhão, e ficaria com folga para quitar o restante. Lamentava a falta de dinheiro. Comentava que, no passado, 1 milhão "era brincadeira", mas os tempos mudaram. Abdelmassih dizia pre-

---

* Maurício Ferraz, "Elas são doentes mentais, diz Roger Abdelmassih sobre vítimas", *Fantástico*, TV Globo, 12 out. 2014.
** "Rede de proteção financiou vida de luxo de Abdelmassih no Paraguai", *Fantástico*, Globo, 24 ago. 2014.

cisar de alguém que o ajudasse a fazer alguma coisa para ganhar mais dinheiro. Pedia "pelo amor de Deus". Reclamava que onde ele estava não conseguia mudar essa situação. Antônio falou que não haveria problemas, que continuaria ajudando, mas perguntou para Abdelmassih se só ele e a família estavam se beneficiando do dinheiro emprestado.

— Você está focando só em vocês aí, né? Você não está distribuindo, né?

— Não, não, não — garantiu Abdelmassih.

Marco Antônio aconselhou Abdelmassih a continuar mantendo a discrição.

— Caramujo não sai no sol. Caramujo fica na sombrinha.

Posteriormente, o advogado de Marco Antônio, Paulo Esteves, negou, em entrevista ao *Jornal Nacional*, que seu cliente tivesse mandado dinheiro diretamente para Abdelmassih. Admitiu a existência de um empréstimo, como aparece na conversa gravada, mas disse que a quantia seria destinada para a irmã e para a filha de Abdelmassih, que estavam passando por algumas necessidades. Afirmou que era um empréstimo feito "por pena, para auxílio de alguém que um dia você conheceu e que precisa de dinheiro, quase que para comer". Dimas, por sua vez, também negou que tivesse viajado para Foz ou atravessado a fronteira alguma vez, assim como desmentiu que fizesse parte de uma rede de favorecimento ao ex-médico. Quanto às fotos de seu carro, ironizou que talvez ele tivesse ido ao Paraguai sozinho.

Todos os supostos participantes da rede desmentiram sua existência. Já o Ministério Público conseguiu entender perfeitamente o seu funcionamento e investigou possíveis crimes associados com o apoio ao fugitivo, como lavagem de dinheiro e contrabando. A tendência de uma investigação desse tipo, porém, que é mais um pretexto para encontrar um foragido do que um fim em si mesma, é se enfraquecer quando o objetivo principal é alcançado. Ela praticamente perde sua razão de existir depois da captura do fugitivo, a não ser que realmente se descubram novos crimes que justifiquem sua continuidade. Enquanto a própria fuga não agrava os crimes cometidos ou representa um novo crime, a ajuda a foragidos costuma render, na pior das hipóteses, penas brandas. Em um caso como esse, protegido por bons advogados, nem isso. Nem a mulher, nem parentes de primeiro grau podem ser responsabilizados por proteger um criminoso fugitivo. O psiquiatra que atendeu Abdelmassih também estava isento de punição porque o Código de Ética Médica garante sigilo ao paciente. Atender condenados procurados não é criminoso nem antiético e, neste sentido, os advogados tampouco cometem crime de favorecimento pessoal quando protegem seus clientes. No Paraguai, Larissa foi investigada por ter entrado ilegalmente no país. Nos dias que se seguiram à captura do marido, a Interpol tentou acompanhar seus movimentos, mas acabou perdendo-a de vista. Soube-se que deixou o Paraguai e se refugiou com os filhos na casa de parentes, em São Paulo.

A vida de Abdelmassih, Larissa e dos gêmeos no Paraguai foi esquadrinhada pela polícia local e pela imprensa brasileira, depois da prisão. Com o nome falso de Ricardo Galeano, o ex-médico desfrutou de um excelente período de descanso em Assunção. Passou lá, vivendo confortavelmente, como um cidadão respeitável, um rico plantador de laranja, todo o tempo em que ficou foragido.* O Paraguai foi seu primeiro e único destino. O contrato de locação da casa na rua Guido Spano teve início em fevereiro de 2011, um mês depois da fuga. O valor do aluguel chegou a 4.800 dólares. Ele próprio calculava que uma casa parecida em São Paulo, nos Jardins, custaria, no mínimo, uns 8 mil dólares por mês. Sua mansão paraguaia tinha seiscentos metros quadrados, quatro suítes e sete banheiros. Contava também com uma boa estrutura de lazer,

---

* Bela Megale e Alana Rizzo, "Roger Abdelmassih: traído pela ostentação no Paraguai", *Veja*, 22 ago. 2014.

com piscina, sauna e uma churrasqueira. Cercada e discreta, de fora só se via a garagem, onde reluziam dois carros, ambos 2012, um Mercedes modelo E 350 e um Kia Carnival, que servia exclusivamente os filhos. O Mercedes estava em nome de Juan Gabriel Cortaza, o antigo dono, e o Kia pertencia à empresa Gala Import e Export S/A. Ao todo, quatro pessoas trabalhavam fixas na casa do foragido, incluindo motoristas, empregadas e babás. Larissa cuidava de levar as crianças para a escola, que ficava bem próxima da casa da família Galeano. Abdelmassih só visitava a Maria's Preschool em situações especiais, como as reuniões de pais e a festa de aniversário dos gêmeos.

Abdelmassih vivia praticamente para cuidar dos filhos, que nasceram em Assunção. Com 70 anos, avô de dez netos, tratava de aproveitar os novos prazeres de uma paternidade tardia, como se fosse um paizão normal. Tinha muito tempo livre para ficar com as crianças. Durante a maior parte dos seus dias, o ex-médico ficava em casa, escondido. A polícia verificou que ele não trabalhou durante o tempo em que morou na cidade. O bairro de San Cristóbal, nas proximidades da Villa Morra, lhe era aprazível. Três vezes por semana, pela manhã ou no fim da tarde, Abdelmassih e Larissa saíam para caminhar pelas imediações. Ele sempre usava disfarces. Andava de cabeça baixa, em geral com uma peruca ou com um boné na cabeça. Também frequentavam o restaurante San Pietro, um dos mais caros da cidade. Ele e Larissa costumavam sentar em uma mesa lateral, na parte de cima do restaurante, da qual conseguiam enxergar perfeitamente a rua, sem ser vistos por quem chegava. Evitavam churrascarias pelo temor de encontrar brasileiros. Estava com o aluguel da casa atrasado cinco meses quando foi preso. Miguel Portillo, dono do imóvel, avaliado em 1 milhão de dólares, informou que ele costumava atrasar, mas depois pagava tudo de uma vez.

Seus relacionamentos de amizade na cidade eram fortes e ele se sentia "um querido" por todos. Citava, por exemplo, seu amigo Nicolas Leoz, presidente da Confederação Sul-Americana de Futebol, que teve dois filhos graças ao tratamento na clínica de Abdelmassih e o tratava muito bem.* Era frequentador assíduo da igreja católica perto de sua casa, em que ia à missa todos os domingos, às 11 horas, onde era considerado um homem educado e afável e também integrava alguns grupos de reza, que promoviam encontros periódicos nas casas de seus membros. Esse sossego paraguaio tinha chegado ao fim, assim como a farsa da família feliz. Nos três anos que passou em Assunção, ninguém desconfiou que Abdelmassih era o ex-médico brasileiro condenado por estupro e foragido. A polícia paraguaia descobriu, depois de sua captura, que Abdelmassih havia sido ajudado, desde o início de sua fuga, pelo empresário Atilio Juan Gabriel Cortázar, de 71 anos, que aparecia nos documentos encontrados na casa da rua Guido Spano como suposto dono dos carros e empresas relacionados a Ricardo Galeano.** Em outubro de 2014, Cortázar foi detido por agentes da Divisão de Investigação de Delitos de Assunção. Descobriu-se que foi ele que cuidou do transporte de Abdelmassih pela fronteira, lhe deu proteção nas primeiras semanas de fuga e depois o ajudou a providenciar os documentos falsos.

Passado o baque inicial da captura e um período de desconcerto em que preferiu sair de cena, Larissa decidiu escrever um artigo defendendo as virtudes do marido publicamente. Justificava sua decisão dizendo que não podia impor-se silêncio "diante de verdades propaladas aos quatro ventos como se verdades absolutas fossem". Explicava que o amor foi, justamente, um dos motivos que a levaram a acompanhar um condenado em sua fuga. Disse que não foi movida por qualquer tipo de devaneio. O outro motivo foi sua inabalável confiança na ausência de culpa do marido e "em seu caráter reto". Queria dar uma prova cabal de que confiava nele. Nos tempos de

---

* Idem, p. 246.
** "Imputan a cómplice del 'Dr Horror'", ABC Color, 16 out. 2014.

Paraguai, Larissa testemunhou "a dor dilacerante" de Abdelmassih cada vez que se referiam a ele como estuprador em alguma reportagem. "Como mulher dele", declarou, "posso assegurar que não existe pessoa mais carinhosa e voltada a seu cônjuge." E completava: "Na função de pai, pude assistir ao seu amor incondicional e protetor aos nossos amados filhos."*

Larissa lamentava a separação abrupta que a volta à prisão representava. Emocionava-se com a inocência do filho, que em uma visita no presídio do Tremembé atirou-se no colo do pai e pediu para ficar sozinho com ele. Disse, afinal, que se solidarizava com as vítimas de qualquer crime, "em especial o delito de estupro, desde que ele tenha de fato ocorrido". Para Larissa, Abdelmassih nunca fez nada. "Não existe uma dúvida sequer em minha mente acerca da inocência do Roger, meu marido, pois, se tivesse uma só, não teria permanecido ao lado dele por todo esse tempo", declarou para fechar o artigo. Assinava Larissa Sacco Abdelmassih, advogada, procuradora da República e procuradora da Fazenda Nacional, além de mulher do médico Roger Abdelmassih.

Com Abdelmassih aniquilado e sofrendo atrás das grades, as vítimas deveriam estar mais unidas do que nunca. Mas, em vez disso, a relação entre elas azedou. Diante do grande assédio da imprensa, uma batalha de egos se insuflou. A antiga coesão em torno de um interesse comum, que tinha parecido funcionar durante toda a fase de busca do ex-médico, já não se desenvolvia tão bem quando se tratava da disputa pelo protagonismo da captura. O polo principal de conflito era Vanuzia, que tentava se destacar do grupo e exaltar seu esforço pessoal, parecendo esquecer o trabalho coletivo. Como sempre centralizou as conversas com a imprensa, era naturalmente mais procurada pelos jornalistas do que as outras vítimas. Nessa fase, se tornou, sem dúvida, o rosto mais visível da luta.

---

* Larissa Sacco, "Quem é Roger Abdelmassih", Tendências/Debates, 2 out. 2014.

EPÍLOGO

Helena acabou concluindo que Vanuzia se movimentava orientada por uma agenda própria e que tinha mais motivações do que as outras mulheres do grupo para continuar com sua jornada de vítima. Enquanto para as outras participantes do grupo a volta de Abdelmassih à prisão concluía uma jornada, para Vanuzia ela parecia representar um começo. Ela queria criar fatos novos, não deixar a chama do ódio coletivo contra o ex-médico esmorecer. Sua nova ofensiva foi no Cremesp, onde denunciou Abdelmassih por crimes contra a humanidade, pensando em novas investigações que se abririam por conta de manipulação genética e dos vários crimes horríveis supostamente praticados na clínica. Helena, Teresa, Ivanilde e Nelma percebiam que Vanuzia não estava disposta a dividir as glórias da caça de Abdelmassih com ninguém e que queria ser a vítima das vítimas. Sant'Anna tinha se afastado totalmente de Vanuzia, depois de confirmar que ela repassava informações que recebia dele para outros jornalistas. Conversava ainda com Helena e as outras vítimas, mas perdera a confiança na antiga parceira.

O pomo da discórdia no grupo foi uma ideia de escrever um livro sobre o caso. As vítimas achavam, com toda razão, que tinham uma aventura e tanto para contar e que suas peripécias despertariam o interesse de investidores e agradariam ao grande público. A saga das mulheres que tinham capturado Abdelmassih poderia render até um bom filme. Abdelmassih foi o protagonista de um dos maiores casos de violência sexual do direito criminal brasileiro, talvez o maior. Vanuzia se empolgava com esse projeto. Assim como Helena, Ivanilde, Teresa e Nelma. Sempre foi um sonho coletivo. Teresa planejava escrever a história. Também cogitavam contratar uma jornalista para produzi-lo ou em produzi-lo em coautoria com Sant'Anna. Ivanilde negociava a realização de uma série de TV.

Suas mentes fervilhavam quando imaginavam a possibilidade de colocar tudo aquilo que viveram no papel. Quanta emoção elas sentiram naqueles últimos anos. E a alegria de ouvir a sentença? E a desilusão da fuga? E o enfrentamento com a família de Larissa? Todas achavam que o projeto era viável, mas precisavam de algum contato editorial. Vanuzia tinha ficado amiga de Beto Nogueira, que se tornou apoiador incondicional das vítimas e deu mais uma ajuda providencial. Ele gostou muito da ideia e considerava, inclusive, a possibilidade de ser o escritor. Conversou com conhecidos em editoras e, no começo de setembro, abriu as portas para as vítimas na editora Matrix, de São Paulo, que se entusiasmou com o projeto. Como Vanuzia monopolizava as conversas com Nogueira, só ela participou das negociações. E tudo que era decidido com a editora, ela repassava para as outras integrantes do grupo.

Quando Vanuzia apresentou o contrato pronto, porém, apareceram divergências que nunca se acertaram. As vítimas preferem não falar do assunto, mas o impasse sobre o livro complicou o relacionamento entre as integrantes do grupo. As Vítimas Unidas se desuniram. Helena e Vanuzia deixaram de ser amigas no Facebook e se afastaram. Teresa também se afastou de Vanuzia e começou a desconfiar das suas intenções.* Mesmo com a desaprovação do grupo, Vanuzia dava sinais de que levaria o projeto do livro adiante de qualquer jeito. Mas uma triste notícia teve que adiar seus planos: Beto Nogueira foi internado no hospital Albert Einstein, no final de setembro, por causa de um infarto. Não resistiu às complicações e morreu, alguns dias depois. O plano de editar o livro murchou e, momentaneamente, a beligerância entre as vítimas, em luto por terem perdido seu apoiador, diminuiu, mas a amizade estava estremecida.

Outro conflito exposto depois da prisão envolveu Abdelmassih e o filho Vicente, que passou a usar o sobrenome do pai biológico, Ghilardi, assim como a irmã Soraya Vicente decidiu mover um

---

* Emilio Sant'Anna, "O inferno são as outras", *Folha de S.Paulo*, 31 maio 2015.

processo contra o pai por danos morais e materiais e pediu uma indenização milionária, alegando que o sobrenome Abdelmassih lhe havia trazido prejuízos imensos.* A desmoralização do pai afetou seus negócios e ele teve uma redução significativa no número de pacientes que atendia. Vicente alegava que havia se tornado um perfeito bode expiatório de Abdelmassih e refém de um nome sujo. Enquanto seu pai estava vivendo folgadamente no Paraguai, ele ainda enfrentava as consequência de ter seus bens bloqueados entre 2009 e 2010 por causa de seu 1% de participação na clínica. Sozinho, teve que responder por dívidas e processos judiciais deixados por Abdelmassih. Desde a fuga, como havia prometido, nunca mais falara com o pai. O advogado de Vicente, Marcelo Giraldes, disse que ele teve carros penhorados e a imagem desgastada.

O problema do sumiço dos embriões, por exemplo, estava caindo nas suas costas e o obrigou a vir a público para explicar o que estava acontecendo. Mais uma vez, quem soltou a história exclusiva foi o *Fantástico*, que, depois de superado pelo *Domingo espetacular*, graças ao trabalho de Sant'Anna, tentava reagir na cobertura dos desdobramentos do caso.** Vanuzia era a personagem que abria a reportagem, e depois outras três mulheres diziam que a clínica havia sido negligente ou feito alguma barbaridade com seus embriões. Ivanilde e Silvia Franco eram as outras mulheres do grupo de vítimas ouvidas na reportagem. Cinco embriões excedentes de Ivanilde haviam desaparecido na clínica. Vanuzia mostrava um documento, assinado por Abdelmassih, que atestava que 20 óvulos foram retirados dela e 14 embriões, produzidos. Quatro desses embriões foram implantados no seu útero. O documento era a certidão de existência de seus embriões e atestava o desapa-

---

* "Vicente abre processo contra o pai por perdas e danos", Jornal do SBT, 30 out. 2014, <youtube.com/watch?v=amq09VTM7dU>.
** "'Queria não acreditar', diz filho ao falar sobre o pai, Roger Abdelmassih", *Fantástico*, TV Globo, 21 dez. 2014.

recimento de dez deles. Vanuzia suspeitava de que Abdelmassih havia usado seus embriões em outras mulheres e que dez crianças podem ter nascido deles.

Um casal que fez tratamento com Abdelmassih e teve dois filhos na clínica reclamava do desaparecimento dos seus embriões excedentes e dizia que quando o marido tentou resgatá-los na clínica, no final dos anos 1990, foi enxovalhado. Dois seguranças o acompanharam até o portão principal. Abdelmassih disse para o ex-paciente que não havia embrião algum, que o homem estava ficando louco. Como Vanuzia, a mulher, que se chamava Danielle, estava certa de que seus embriões se desenvolveram e que tinha filhos gerados na barriga de outras mães. Já Gislaine, a quarta personagem da matéria, dizia que o médico descartava a maior parte dos embriões, sem nenhum tipo de controle e sem comunicar as autoridades ou seus legítimos donos.

Nos anos 1990, quando as quatro mulheres foram atendidas por Abdelmassih, nem a Anvisa e muito menos a vigilância sanitária estadual ou municipal controlavam o material genético das clínicas brasileiras de reprodução assistida. Não se cobrava dos médicos responsáveis pelas clínicas relatórios periódicos sobre o estoque de embriões e células sexuais congeladas e nem havia muitas regras para descarte ou utilização dos embriões em pesquisas. Só depois do escândalo de Abdelmassih é que a fiscalização passou a existir de verdade.

Com base na reportagem, a Anvisa, junto com as vigilâncias sanitárias estaduais e municipais, procurou Vicente para cobrar uma posição sobre o destino dos embriões. Fechada no primeiro ano de coleta de informações do SisEmbrio, a clínica de Abdelmassih nunca enviara qualquer relatório para a Anvisa. A agência sanitária recebeu uma lista com os nomes dos donos de 2 mil embriões armazenados na clínica que agora ficavam sob a guarda de Vicente. Eram embriões congelados a partir de 1999 e até o final de 2009. Do período anterior a 1999, não havia sobrado nada. Vicente afirmava que só seu pai poderia saber o que foi feito com esse estoque de material genético do passado, já que todos os prontuários médicos daquele período tinham desaparecido depois que a clínica foi fechada. Ele também reforçava que a clínica era um negócio do seu pai, que Abdelmassih centralizava tudo com mão de ferro e que, rigorosamente, todos os pacientes da clínica eram pacientes dele, minimizando qualquer responsabilidade de outras pessoas na maneira como o negócio era conduzido.

Negligência, erro médico e fraude eram o foco das novas investigações da polícia contra Abdelmassih e também de ações judiciais movidas contra o ex-médico. Dessa vez o inquérito da Delegacia da Mulher não estava restrito à violência sexual e avançava nas suspeitas de manipulação genética fraudulenta e, inclusive, na possibilidade de o médico utilizar seu próprio material genético em algumas fertilizações. Desde a condenação no primeiro processo, Abdelmassih se tornou alvo de uma outra investigação, na qual mais de vinte mulheres prestaram depoimentos, sendo quatro casos relacionados a problemas de manipulação genética.* Em algum momento, esse novo inquérito poderá ser enviado para a Justiça, para se transformar num novo processo criminal contra Abdelmassih.

Também pipocam, desde 2014, ações privadas, sigilosas e completamente fora do radar da polícia e do Ministério Público, de gente que quer ser ressarcida por fraudes de Abdelmassih no passado mas não quer aparecer em nenhuma hipótese. Um mês antes de ser preso, Abdelmassih foi condenado, em primeira instância, a pagar uma indenização de 500 mil reais a um casal de gêmeos gerados na clínica — 250 mil reais para cada um.** Os

---

* Livia Machado, "Novas vítimas denunciam Abdelmassih por abuso sexual em SP", G1.
** "Abdelmassih foi condenado por troca de sêmen feita em 1994", *O Estado de S. Paulo*, 22 ago. 2014; Giba Bergamin Jr., Rogério Pagnan e Angela Pinho, "Roger Abdelmassih é condenado por troca de sêmen", *Folha de S.Paulo*, 22 ago. 2014.

irmãos fizeram exame de DNA e descobriram que seu código genético não era compatível com o do pai que os criou, só com o da mãe. Mais uma vez se tratava de uma fertilização realizada na primeira metade dos anos 1990, quando Abdelmassih testava as novas tecnologias de injeção do espermatozoide diretamente no óvulo.

Os gêmeos moveram a ação em 2010, quando tinham 16 anos, e pediram uma indenização de 4 milhões de reais, acusando o ex-médico de usar células de terceiros para fertilizar os óvulos de sua mãe. O juiz reduziu bastante o pedido inicial dos ofendidos. A defesa de Abdelmassih negou a acusação e entrou com um recurso contra a condenação. Há outros casos desse tipo, inclusive de vítimas que optam pelo silêncio — na verdade, a maioria delas. Ivanilde foi procurada por um outro casal que fez um tratamento bem-sucedido na clínica e foi fraudado pelo ex-médico. Ela comunicou a existência do caso para o Ministério Público. O pai descobriu que o DNA do filho era de outro homem, mas decidiu não processar Abdelmassih receoso de sofrer um constrangimento público e envergonhar sua família.

Somando as condenações financeiras que vieram a público, Abdelmassih pagou poucas indenizações até agora. Suas vítimas de crimes sexuais, porque achavam que nenhum ressarcimento compensaria seus danos ou porque os casos eram antigos e caducaram, desistiram de ações com pedidos de indenização. Nenhuma mulher do grupo de vítimas de estupro jamais tirou um tostão de Abdelmassih. Diziam que queriam sua prisão, não seu dinheiro. E ele gastou muito mais dinheiro com advogados de defesa do que compensando as pessoas que prejudicou. Nesse sentido, os crimes podem até ter lhe saído barato. Mesmo o pagamento de 500 mil reais aos gêmeos ainda está sujeito a recursos.

O promotor Roberto Senise Lisboa, na época da prisão do ex-médico, disse que, potencialmente, cerca de 20 mil pacientes, praticamente todas que passaram por sua clínica, foram fraudadas ou prejudicadas de alguma forma por Abdelmassih, através de irregularidades em contratos ou por causa de erros médicos.* Na prática, porém, pouca gente decidiu pedir ressarcimento por fraudes que tenham sido cometidas por Abdelmassih. Nessa altura, mesmo aqueles ex-pacientes com os melhores motivos para processá-lo já sentiam que a Justiça fora feita. Quem ainda pode receber uma polpuda indenização do ex-médico é o filho Vicente, se suas demandas judiciais contra o pai forem vitoriosas.

Abdelmassih recebeu de seus advogados, no dia 16 de outubro de 2014, a notícia de que sua pena havia sido reduzida em quase 100 anos, de 278 para 181 anos, 11 meses e 12 dias de prisão, pelos desembargadores da 6ª Câmara do Direito Criminal do Tribunal de Justiça de São Paulo, que acataram, parcialmente, recurso do ex-médico e o livraram de oito condenações em primeira instância, por causa do prazo de prescrição dos crimes.** Thomaz Bastos e Oliveira Lima pediam a anulação do julgamento e alegavam que nunca existiram provas cabais contra seu cliente e que os depoimentos das vítimas não poderiam ter esse valor. A decisão final deveria ter sido tomada 15 dias antes, mas um dos três desembargadores da Câmara pediu um tempo para estudar melhor o caso. Embora tenha reduzido a pena, o Tribunal de Justiça acatou um pedido do Ministério Público para retirada do artigo da primeira condenação que permitia que Abdelmassih fosse solto depois de cumprir 30 anos de prisão. Sem esse artigo, a condição para pedir progressão penal é o cumprimento dos mesmos 30 anos, correspondente a um sexto da pena, o mínimo que o preso tem que cumprir para exercer esse direito nos crimes em geral. Seus crimes não foram considerados hediondos.

---

* Kleber Tomaz e Livia Machado, "Ex-pacientes de Abdelmassih podem pedir indenizações individuais, diz MP", G1, 25 ago. 2014.
** "Justiça de SP reduz de 278 para 181 anos pena de Roger Abdelmassih", G1, 16 out. 2014.

Foi esse um dos últimos enfrentamentos de Thomaz Bastos, de 79 anos. Um mês depois ele morreria por causa de complicações relacionadas a um câncer no pulmão. Havia um mês ele tossia bastante e se sentia fraco. Bastos foi internado no Sírio Libanês na volta de uma viagem de trabalho aos Estados Unidos em que apresentou um quadro de embolia que afetou seu coração. O advogado já havia sido atormentado por um câncer logo depois de deixar o Ministério da Justiça, no governo Lula. Vinha se tratando nos últimos anos, fazendo exercícios e cuidando da saúde. Para Abdelmassih foi uma perda sensível. Embora Oliveira Lima tivesse demonstrado condições de tocar o caso, deixar de contar com a inteligência de Thomaz Bastos sempre era negativo e desfavorável para seus clientes.

Vanuzia não perdeu de vista o livro. As outras vítimas esqueceram do assunto, ao menos momentaneamente, depois da morte de Roberto Nogueira. Mas Vanuzia, não. Ela queria levar seus planos adiante, até porque manter o projeto era uma forma de homenagear o amigo empresário que tanto a ajudara. Queria acabar seu livro o mais rápido possível. Voltou à Editora Matrix com a proposta de encontrar um novo autor, alguém para escrever a obra junto com ela e sua amiga escritora Malu Magalhães. As amigas do grupo, com exceção de Ivanilde, desconheciam seus objetivos. Houve um inevitável afastamento no final de 2014. A Matrix topou publicar o livro e chamou o jornalista Claudio Tognolli para escrevê-lo. O que Vanuzia queria era contar sua própria história, a sua saga para capturar Abdelmassih, uma vontade legítima, ainda que com uma visão mais individualista do que colaborativa. O livro saiu em maio de 2015 com o título *Bem-vindo ao inferno*, fazendo menção à frase dita por Vanuzia quando foi receber seu algoz no aeroporto.

A defesa trabalha agora para tentar rediscutir o caso, reduzir a pena do ex-médico ou até anular a sentença no STF, que, em algum momento, julgará os recursos finais. Oliveira Lima disse, em julho, em uma entrevista ao jornal *Valor Econômico*, que tem uma tese fortíssima a favor de seu cliente no STF.* Segundo ele, "as denunciantes perderam o prazo de seis meses para fazer a representação contra Abdelmassih e a jurisprudência é pacífica para absolver em casos como esse". Mesmo demonstrando otimismo com o futuro do seu cliente, reclamou que estava cada vez mais difícil ser advogado de defesa no Brasil por causa da cobertura parcial da imprensa e falou do clamor popular despertado pelos grandes meios de comunicação contra o ex-médico. Em agosto, em reportagem de Daniela Pinheiro publicada na revista *piauí*, os advogados deram outros detalhes sobre seu arsenal de defesa e adiantaram alguns argumentos que estarão no novo recurso.** A intenção é atingir o processo em seu âmago. E mais uma vez eles dirão que a ação não poderia ter partido do Ministério Público — deveria ter partido das vítimas — e que simples relatos não poderiam ter sido admitidos como provas no processo que condenou o ex-médico.

Abdelmassih, com todo estardalhaço midiático e comoção social que rendeu seu caso, só cumpriu, até agora, um ano e três meses da pena de 181 anos em regime fechado a que está condenado, o que não é quase nada. Perdeu, é verdade, todos os títulos honoríficos que recebeu ao longo da vida. Desonrado, deixou de ser cidadão campineiro, avareense, paulistano e de São João da Barra. Como descreveu Daniela, que entrevistou Abdelmassih no presídio do Tremembé, ele está abatido, "com os ombros caídos, a voz lenta e pálida, as lágrimas recorrentes", mas não doente: e diz que foi abandonado pelos amigos — um dos poucos que o visitam é o empresário Marcelo de Carvalho, da RedeTV! Mesmo assim, ele permanece convencido da própria inocência e se acha vítima de diversas injustiças. Plenamente

---

* Juliano Basile, "Em defesa da defesa", *Valor Econômico*, 15 maio 2015.
** Daniela Pinheiro, "Na cadeia com Abdelmassih", *piauí*, ago. 2015, n. 107.

apoiado por Larissa, nega todos os crimes que o levaram à prisão e ainda admite os fatos, que trata com naturalidade, de tentar seduzir pacientes, realizar várias conquistas amorosas e começar casos extraconjugais dentro do consultório diversas vezes ao longo de sua carreira. "Mas foram todos consensuais. Todos", completou, como se não tivesse entendido até agora onde errou e o que aconteceu com ele.

Ao lado da mulher, uma ex-paciente, nem percebeu que, na sua situação, considerando a relação médico-paciente, o toque sexual consentido era quase tão desviante e transgressor como o não consentido. Ao converter seu consultório em um espaço de relacionamentos amorosos, Abdelmassih cometeu seu erro imperdoável. Conspurcou o juramento de Hipócrates durante toda sua vida profissional e foi desmascarado quando vivia seu momento de glória e era considerado o maior e mais inovador especialista em sua área no Brasil. Egocentrado e sem sensibilidade para perceber no outro os limites entre o prazer e a dor, de distinguir um ato amoroso de um estupro, achou que seus vícios privados eram pequenos demais para serem considerados crimes. Não achava que fazia coisas erradas e considerava um favor às mulheres agarrá-las à força para satisfazer seus desejos incontroláveis no ambiente de trabalho. Em um claro desvio de percepção, não parecia dimensionar bem a gravidade de seus atos. Vivia alegre e libidinosamente e, de repente, descobriu, com mais de 60 anos, que tentar dar um beijo de língua em uma paciente dentro do consultório ou mesmo fora dele eram comportamentos proibidos e inaceitáveis. E, para seu azar, além de ser, em alguns casos, um ato criminoso, um atentado violento ao pudor, passou a receber, depois de uma providencial alteração no Código Penal, uma pena de prisão equivalente à do estupro.

As barreiras comportamentais subiram, os códigos morais mudaram, o Código de Ética Médica se aperfeiçoou e Roger Abdelmassih, um sujeito machista, poderoso e pervertido do século passado, foi pego desprevenido pela transformação do mundo enquanto se esgueirava pelas sombras do sistema. A investigação detalhada e transparente de sua conduta e sua condenação são provas claras de evolução social. Abdelmassih está preso só para provar que a sociedade e a Justiça brasileira melhoraram. E o mínimo que se espera é que não haja nenhum retrocesso nesse caso.

São Paulo, 27 de outubro de 2015.

Nota do autor

Essa história que você acaba de ler é pública e poderia ser contada por qualquer um que se debruçasse sobre a cobertura da imprensa do caso Abdelmassih, que começa em janeiro de 2009, com a publicação da matéria da *Folha de S.Paulo*, e termina, em agosto de 2014, no dia de sua prisão no Paraguai. Ela já estava pronta quando decidi contá-la, e só tratei de alinhavar os acontecimentos em ordem cronológica. Toda a narrativa se articula com o noticiário dos jornais, revistas e da TV, disparado evidentemente pelo trabalho do Ministério Público e da polícia e pela dedicação das vítimas. Trata-se de uma história essencialmente midiática, que se desenvolveu com grande tensão e dramaticidade nos seus momentos decisivos e que tem dois atos bem definidos. O primeiro é o da condenação, que vai até o final de 2010 e termina de maneira decepcionante para a sociedade; e o segundo, a fuga, que acaba com o ex-médico encarcerado em uma cela do presídio do Tremembé. Para contar o caso Abdelmassih e preencher algumas de suas lacunas narrativas, além de esmiuçar o noticiário do período no acervo do *Estado de S. Paulo*, da *Folha de S.Paulo* e da *Veja*, ver centenas de vídeos relacionados ao ex-médico no YouTube e ler exaustivamente a sentença da juíza Kenarik Boujikian Felippe e outros documentos judiciais, entrevistei cerca de sessenta pessoas, entre vítimas e ex-pacientes (dez), advogados, promotores, médicos, executivos de laboratórios, membros distantes da família, jornalistas e assessores de imprensa que trabalharam com Abdelmassih ao longo de sua carreira ou na cobertura do caso, e amigos de infância e da maturidade do condenado. Com exceção das mulheres que assumiram a linha de frente das denúncias contra o ex-médico e decidiram tornar públicos os seus casos e nomes para a imprensa, ao longo do processo ou depois da captura, as demais vítimas ou ex-pacientes citados neste livro tiveram sempre suas identidades preservadas.

*Juramento de Hipócrates**

Eu juro, por Apolo médico, por Esculápio, Hígia e Panacea, e tomo por testemunhas todos os deuses e todas as deusas, cumprir, segundo meu poder e minha razão, a promessa que se segue:

Estimar, tanto quanto a meus pais, aquele que me ensinou esta arte; fazer vida comum e, se necessário for, com ele partilhar meus bens; ter seus filhos por meus próprios irmãos; ensinar-lhes esta arte, se eles tiverem necessidade de aprendê-la, sem remuneração e nem compromisso escrito; fazer participar dos preceitos, das lições e de todo o resto do ensino, meus filhos, os de meu mestre e os discípulos inscritos segundo os regulamentos da profissão, porém, só a estes.

Aplicarei os regimes para o bem do doente segundo o meu poder e entendimento, nunca para causar dano ou mal a alguém.

A ninguém darei por comprazer, nem remédio mortal nem um conselho que induza a perda. Do mesmo modo não darei a nenhuma mulher uma substância abortiva.

Conservarei imaculada minha vida e minha arte.

Não praticarei a talha, mesmo sobre um calculoso confirmado; deixarei essa operação aos práticos que disso cuidam.

Em toda casa, aí entrarei para o bem dos doentes, mantendo-me longe de todo o dano voluntário e de toda a sedução, sobretudo dos prazeres do amor, com as mulheres ou com os homens livres ou escravizados.

---

* Versão emoldurada na recepção do Cremesp, o Conselho Regional de Medicina de São Paulo.

Àquilo que no exercício ou fora do exercício da profissão e no convívio da sociedade, eu tiver visto ou ouvido, que não seja preciso divulgar, eu conservarei inteiramente secreto.

Se eu cumprir este juramento com fidelidade, que me seja dado gozar felizmente da vida e da minha profissão, honrado para sempre entre os homens; se eu dele me afastar ou infringir, o contrário aconteça.

Cronologia

Agosto de 2007 Surgem os primeiros boatos nas mídias sociais sobre a ocorrência de assédio sexual no consultório de Abdelmassih.

Janeiro de 2008 Cristiane da Silva Oliveira é atacada pelo médico e procurada algum tempo depois pela produção do *Jornal Nacional*.

Maio de 2008 Gaeco abre a primeira investigação sobre Abdelmassih.

Agosto de 2008 Morre Sônia Abdelmassih.

Setembro de 2008 Justiça rejeita denúncia contra médico e encaminha investigação para a Delegacia da Mulher.

Novembro de 2008 Inquérito desaparece no Fórum da Barra Funda.

Janeiro de 2009 *Folha de S.Paulo* publica a primeira matéria sobre a investigação do médico, que envolve nove denúncias. Várias vítimas decidem expor seus nomes e aparecer na imprensa.

Fevereiro de 2009 Mais de quarenta mulheres haviam procurado o Ministério Público ou a polícia para formalizar suas denúncias contra o médico.

Junho de 2009 Abdelmassih depõe pela primeira vez e é indiciado por estupro e atentado violento ao pudor.

Julho de 2009	Abdelmassih é denunciado à Justiça e se torna réu de uma ação criminal.
Agosto de 2009	Sancionada mudança no Código Penal, e as penas para crimes de atentado violento ao pudor e estupro passam a ser as mesmas. Abdelmassih é preso, por causa do risco de fuga.
Setembro de 2009	Cremesp suspende provisoriamente licença de Abdelmassih para exercer a medicina. Justiça congela bens do médico.
Novembro de 2009	Clínica de Roger Abdelmassih fecha as portas.
Dezembro de 2009	Decisão do ministro Gilmar Mendes, do Supremo Tribunal Federal (STF), põe o médico em liberdade.
Fevereiro de 2010	Abdelmassih se casa no civil com Larissa Sacco.
Novembro de 2010	Abdelmassih é condenado a 278 anos de prisão e é absolvido de oito acusações.
Janeiro de 2011	Abdelmassih e Larissa fogem e desaparecem. Larissa está grávida de gêmeos.
Maio de 2011	Revista *Época* publica reportagem "Doutor Horror". Anvisa reforça controle das células e embriões nas clínicas de reprodução assistida. Conselho Federal de Medicina suspende registro de Abdelmassih definitivamente.
Junho de 2014	Polícia invade fazenda de Roger Abdelmassih, em Avaré, e descobre números de telefone dos membros da rede de apoio à fuga do ex-médico. Graças às escutas, ele é localizado.
Agosto de 2014	Abdelmassih é capturado no Paraguai.

Bibliografia

Abdelmassih, Roger. *Tudo por um bebê*. São Paulo: Globo, 1999.

_____. *Guia da fertilidade: tudo que você precisa saber sobre reprodução*. São Paulo: DF5, 2004.

Assis, Joaquim Maria Machado de. *Várias histórias*. São Paulo: Martin Claret, 2004.

Foucault, Michel. *Vigiar e punir*. Petrópolis: Vozes, 1977.

_____. *O nascimento da clínica*. Rio de Janeiro: Forense Universitária, 2011.

Hollingham, Richard. *Sangue e entranhas: a assustadora história da cirurgia*. São Paulo: Geração Editorial, 2011.

Manual Merck. Edição centenária. São Paulo: Roca, 1999.

Mitnick, Kevin e Simon, William. *A arte de enganar*. São Paulo: Pearson Education, 2003.

Nakamura, Milton. *O casal estéril: conduta diagnóstica e terapêutica*. Rio de Janeiro: Atheneu, 1990.

_____. *Inseminação artificial humana*. São Paulo: Roca, 1984.

_____. *Semiologia do casal estéril*. São Paulo: Manole, 1980.

Pignarre, Philippe. *O que é o medicamento?* São Paulo: Editora 34, 1999.

Tognolli, Cláudio e Magalhães, Malu. *Bem-vindo ao inferno*: a história de Vana Lopes, a vítima que caçou o médico estuprador Roger Abdelmassih. São Paulo: Matrix, 2015.

Este livro foi composto na tipologia Palatino
Lt Std, em corpo 11/16, e impresso em
papel off-white no Sistema Cameron da
Divisão Gráfica da Distribuidora Record.